政风行风热线：全媒体时代的舆论传播

李晓雷　著

中国矿业大学出版社

图书在版编目(CIP)数据

政风行风热线 ：全媒体时代的舆论传播 / 李晓雷著.
徐州 ：中国矿业大学出版社，2017.12

ISBN 978 - 7 - 5646 - 3838 - 2

Ⅰ. ①政… Ⅱ. ①李… Ⅲ. ①舆论—传播学 Ⅳ.
①G206

中国版本图书馆 CIP 数据核字(2017)第 319145 号

书　　名　政风行风热线：全媒体时代的舆论传播
著　　者　李晓雷
责任编辑　齐　畅
责任校对　孙　景
出版发行　中国矿业大学出版社有限责任公司
（江苏省徐州市解放南路　邮编 221008）
营销热线　(0516)83885307　83884995
出版服务　(0516)83885767　83884920
网　　址　http://www.cumtp.com　**E-mail**:cumtpvip@cumtp.com
印　　刷　徐州市今日彩色印刷有限公司
开　　本　787×960　1/16　**印张** 15　**字数** 286 千字
版次印次　2017 年 12 月第 1 版　2017 年 12 月第 1 次印刷
定　　价　68.00 元

序

20世纪90年代末以来，在改革开放的大潮中，中国经济高速发展、社会形态急剧变革，建立、健全与市场经济体制相适应的制度、监督并重的惩治和预防腐败机制，让权力在阳光下运行是纪检监察工作面临的新形势、新任务。此时，政风行风热线节目如燎原之火，在全国普遍展开。

徐州市级《行风热线》栏目是2003年12月1日开播的。这项工作以高度的政治站位，秉承以人民为中心的宗旨，着力解决群众反映强烈的热点、难点问题，通过广播媒体的连接，密切了党委政府与人民群众的联系。这项跨世纪的创新之举，有效地将纪检监察机关的监督与媒体的舆论监督、群众的社会监督以及人大政协的专门监督结合起来，不断完善监督制约机制，促进行政权力规范运行，受到人民群众的欢迎和拥护，被称为党委政府通过媒体施政的典范。

2003～2014年十年之间，徐州市级《行风热线》不断成长壮大，不断创新发展：上线单位由最初的25家，发展到2014年的114家，实现了与人民群众生活密切相关的机关、企事业单位和社会领域的全覆盖；广电节目周一至周五，实现了行风热线节目工作日全覆盖。以徐州市级行风热线为龙头，全市各县(市)区全部开通行风热线节目，实现全市行风热线工作的全覆盖；市级《行风热线》节目也由最初的广播媒体一家独唱，变为广播、电视、网络、报纸“声屏网报四位一体”的全媒体传播，形成联动监督的有效合力。《行风热线》节目形态，也由最初的广播直播室上线单位领导访谈，变成省市县政风行风热线“四位一体”联动直播，徐州市市长带领主城区区长和市直各部门负责人走进直播现场与群众对话，现场办公处理问题，极大地促进了政务公开、依法行政，开创了纠风工作的新局面。2014年，《行风热线》节目更是深入探索与“12345”政府服务热线的协作联动，整合各行业领域的热线监督资源，形成新的监督合力，回应人民群众对行风热线解决民生问题与日俱增的期待与关切。十年之间，徐州市级《行风热线》节目为民办实事，解决各类问题难题近四万件，群众满意率超过90%，社会影响力不断加大，美誉度不断增强。《行风热线》节目的每一个发展进步，都深刻体现了人民的力量、监督的力量和民主政治建设的进步力量。

浩渺行无极，扬帆但信风。时代在前进，热线在继续，政风行风建设永远在路上。徐州市级《行风热线》始终坚持以人民为中心的价值追求，听民声、察民情、解民忧、聚民心，坚持人民的利益高于一切，让人民群众在公开、公平、公正的环境下，安居乐业，共享改革发展成果。我们不忘初心、牢记使命。

尽管《行风热线》的主办主体、承办的形式、节目的内容会有些许调整变化，我们坚信，在习近平新时代中国特色社会主义思想指引下，行风热线工作将继续遵循尊重人民、依靠人民、服务人民的原则，以人民群众满意为工作的唯一标准，以为民解忧、为民办实事为工作抓手，畅通热线，回应群众关切。《行风热线》节目必将成为党和政府倾听群众呼声、了解社情民意的连心桥；成为宣传解读党和国家政策法规、推行政务公开的服务台；成为促进政府有关部门转变职能、改进工作，依法行政的监督岗。

本书作者李晓雷同志一直负责《行风热线》节目的媒体策划、管理和运行等具体工作，与徐州市纪检监察机关相关部室密切协作多年。他把2003～2014年间徐州市级行风热线工作发展的好经验、好做法，以及在全媒体时代行风热线节目引导主流舆论传播的实践和体会，系统思考，形成专著，既有资料价值，又不乏专业思考和工作教益。这在全国同行中并不多见，在此，我为作者点个赞吧。

徐州市纪委副书记、徐州市监察局局长　**刘章华**

序

在中国传媒历史上，从来没有一档节目像“行风热线”那样对社会发展和变革产生如此巨大的影响。

“行风热线”节目诞生于20世纪90年代末，以倾听群众呼声、解决百姓烦难、化解社会矛盾、促进和谐为宗旨，呼应了改革开放这个大时代党和政府的期望、人民群众的期待及社会发展需求。今天，“行风热线”节目在全国声势浩大，赢得各方赞誉，其节目模式不仅在传统媒体的传播场域中成为传播主流，在当下网络新媒体环境中，传媒势头更为强劲，甚至成为中国社会文化的传媒符号，对社会各领域持续产生广泛而深远的影响。

2003年12月1日，徐州广播《行风热线》节目开播，我当时在市委宣传部，作为徐州市《行风热线》协调小组成员，参与筹备并见证了这个经典的热线理政节目的创办过程。十几年过去了，徐州广播《行风热线》节目成为全市宣传思想战线的优秀品牌，在省市纪委的推动下，徐州市级《行风热线》实现广播电视网络报刊“四位一体”联动新模式，率先开启徐州广播电视台全媒体传播的新时代。

站在徐州广电融合发展的新起点上，我想，徐州《行风热线》要继续贯彻习近平总书记以人民为中心的理念，充分发挥其党和政府与人民群众的“连心桥”、行风建设的“监督岗”的作用，持续引领民生监督类节目再上新台阶、再上新水平。

这本书是以徐州广播《行风热线》的发展为考察对象的。徐州广播与全国政风行风热线一样，是在新时期新闻改革的大背景下不断演变和发展的。《行风热线》对于舆论监督模式的创新之举，是遵循广播传播规律、发挥广播媒介特性的一次本体回归，是创新广播传播理念、传播手段，提升广播媒体政治地位和社会影响力的一个非常成功的媒体实践。我们需要更多的编辑记者，在传媒发展的历史中思考和沉淀，在节目理念和形态的变革中探索和总结，在面对新的传播环境的挑战中，不断创新，有所作为。

能用学术的眼光和角度，去探讨我们的工作，这是我感到欣慰的地方。

徐州广播电视传媒集团党委书记、董事长、台长　**李爱彬**

心的方向

——徐州《行风热线》主题歌

李晓雷

穿越你的声音，我流泪的眼睛
期盼你的笑容，我全部的生命
在每一次热切的期望里
总有一种信任，让我坚强
总有一份真情，让我感动

握住你的手，心与心的桥梁
温暖你的心，手与手的方向
在每个人的故事里
总有一缕阳光，给我力量
总有一个梦想，带我飞翔

2009年3月

目　录

第一章　行风热线:源起发展与成功模式

第一节　《市民与社会》及行风热线源起

一、美国总统与上海人民广播电台《市民与社会》

历史聚焦在 1998 年 6 月 30 日 12 时 10 分,正在中国访问的美国总统克林顿,走进了上海人民广播电台《市民与社会》节目直播室,就中美关系的发展前景,与上海市民对话交流 50 分钟。

美国总统克林顿走进中国上海人民广播电台直播室,与上海市民直接对话沟通,颇具亲民色彩。尽管这是一次外交活动,但上海听众反响热烈,中外媒体报道火热,评价很高。很多人不曾想到,这次直播,不仅成为中国有史以来最引人瞩目的传媒事件,更引发了中国传媒节目形态的大变革,直接引发一场席卷全国的舆论监督节目风行天下长达十年之久,至今仍然创新不已、经久不衰。

克林顿不是第一位访问中国的美国总统,中国民众对这位美国总统以及美国文化的认知与关注,不完全是因为中美关系这个国际政治因素,更重要的是改革开放的中国社会民众,被异域文化所吸引,有一些探究、好奇的因素。其一,克林顿是美国第一位出生于第二次世界大战后的总统,46 岁入主白宫。1998 年 6 月 25 日,美国总统克林顿对中国进行为期九天的正式访问,这是他任内首次访问中国,也是 1989 年 2 月布什访华九年后,美国在任总统首次访华,为中美关系的跨世纪进程确立了战略框架。这本身就是中美外交史上的重大历史事件,因而举世瞩目。其二,克林顿的访华班子极尽庞大而奢华,吸引全球目光,自然也刺激了中国民众的好奇心。随克林顿总统访华的代表团有 1 200 多人,创历史之最;随团采访的记者有 375 人,仅通信器材就达 60 吨。除总统专机"空军一号"外,代表团还配备了两辆黑色的专用安全通信车,10 辆防弹车,甚至包括演讲用小台架及饮用水。白宫安全助理曾开玩笑说:"几乎要把整个白宫都搬到中国去了。"其三,克林顿出身草根而入主白宫的传奇经历,他那美貌、智慧的第一夫人希拉里律师,他们只生一个女儿的独生子女家庭,以及他爱阅读并随身携带加西亚·马尔克斯的小说《百年孤独》,擅吹萨克斯,养一只名叫索克斯的宠物猫等诸多私人生活细节,都成为中国民众了解美国文化的独特元素,因而在年轻人中形成一股克林顿热,不足为奇。

值得一提的是,克林顿总统访华期间,还有几件事首创中国纪录:一是央视首次向全国转播中美首脑会谈,这在过去,无论政治因素或技术因素都是不可想象的。二是在北京大学克林顿总统演讲后,几位学生就中美关系台海问题等提问尖锐,成为当年最引人关注的文化事件。三是克林顿总统历史性地访问一家媒体,来到上海人民广播电台《市民与社会》直播室与听众直接对话交流。从传媒角度来看,像一记重锤猛然敲击在中国媒体僵化而脆弱的节目形态的大鼓上,其震耳欲聋的响声,至今犹在!又像按动了舞台大幕的电钮,让你看到新闻节目改革的新时代在你面前徐徐展开。

大幕是这样打开的:在《市民与社会》50分钟的节目里,上海市民争相打通热线电话向克林顿总统提问:"如何进一步发展中美贸易?""对中国加入世贸组织有何看法?""如何发展中美教育合作?"克林顿总统对此认真地谈了自己的看法。

随访的庞大美国记者团,以及多国驻华记者,一时间聚焦上海人民广播电台。他们的新闻报道和评论使《市民与社会》的广播直播节目形态瞬间引发了全世界的关注,《市民与社会》也注定在中国传媒史上写下了重要一笔。

20世纪90年代,新闻改革已是激流涌动,人心思变,一些新构想新形态已经在悄悄尝试,美国总统的到来,只是把幕后的东西曝光在镁光灯下,成为世界关注的新闻焦点而已。

《市民与社会》是上海第一个大型新闻谈话类直播节目,1992年10月26日正式开播,中午12点10分到13点,每天50分钟,每周5档节目。节目主要邀请政府官员、专家学者作为嘉宾走进直播室,主持人和节目嘉宾接听市民热线电话,与听众双向沟通交流。

这个节目的诞生,是上海改革发展的必然!

1992年,上海浦东大开发开始启动,社会各领域的改革发展进入关键期,社会矛盾非常突出,乘车难是诸多社会矛盾中最为突出的问题。

上海人民广播电台新闻部副主任陈接章是《市民与社会》节目创办者之一。他说:"当时我们思考能否开设一档真正体现民众声音的节目,让广播捕捉改革中的时代气息?我们把这一档节目定位为一方面是公众的一个表达平台,还有一条就是政府官员和社会民众通过这样一个广播节目平台进行交流沟通。"

上海人民广播电台《市民与社会》节目选择以解决乘车难为突破口,做系列报道,听众反响热烈,引起市领导的重视,为解决问题营造了较好的舆论氛围。1992年11月4日,上海市副市长夏克强与上海市交警总队和公交公司的负责人一同走进《市民与社会》直播室,参与节目。许多市民通过热线电话反映了乘车难的问题,市长和相关部门负责人现场探讨了改善交通、解决问题的办法和思路,直播取得成功。上海市副市长夏克强成为中国传媒史上第一位走进广播直播室、参与广播直播互动节目的政府高官。

陈接章说,这样一场政府高官和民众的集体讨论其实非常融洽。我们所谓的市长热线应该是一炮打响。节目结束后大家非常高兴,我记得夏克强副市长说了一句话:"以后你们再请我,随叫随到"。

多年以后,上海市副市长夏克强已转任上海机场有限公司董事长,他回忆第一次走进直播室参与《市民与社会》节目时说:"以前没有这个方式,提出这个方式我认为这是很好的,提供了我作为一个分管副市长怎么更好地跟百姓沟通的渠道,了解当时百姓的疾苦或者需求,也能够把政府的一些想法跟百姓进行交流,所以我就欣然同意去参加这样一个节目。"

《市民与社会》节目一炮走红,随后,上海市以及各区县的领导纷纷走进《市民与社会》直播室。据统计,《市民与社会》开播一年零四个月,已经有市长和7位副市长与市民"空中对话"11次,市政府有关部门和区县负责人与市民对话80多次,解决的实际问题不计其数。

像上海市副市长夏克强这样的政府官员走进直播室,与市民直接交流,让街谈巷议、市井言论直达市长,让这些不一样的声音能够对社会事件、政府决策形成影响,这铸就了《市民与社会》的独特风格和价值追求。一时间,《市民与社会》的节目片头"时事热点的讨论,公众意见的论坛"成为街头流行语,上海听众亲切地称《市民与社会》节目为"市长热线"。它不仅是上海影响最大、听众最喜欢的广播节目之一,而且节目模式和影响也波及全国,创一代风流。

上海人民广播电台《市民与社会》节目被听众誉为"信息交流的渠道,官民对话的桥梁,公众意见的论坛",1999年荣获"中国新闻名专栏奖"。

美国总统克林顿也是为《市民与社会》节目做了一次效果惊人的广告,上海人民广播电台的《市民与社会》节目当年被《美国国家地理杂志》称为"中国独特的公众论坛"。

随后,与《市民与社会》相类似的节目在全国风行一时:

1995年6月,湖北武汉人民广播电台开播《市民之声》;

1997年1月,吉林人民广播电台开播《738百姓热线》;

1997年9月,河北邢台人民广播电台开播《行风热线》;

1998年4月,重庆人民广播电台开播《时政热线》;

1999年3月,山东临沂人民广播电台开播《行风热线》;

2002年6月,河北人民广播电台开播《阳光热线》……

不少节目和《市民与社会》的创新理念相同、运行模式相似,社会效果相近,在全国范围内获得巨大成功。

二、谁在全国第一家开通《行风热线》

(一)河北邢台与山东临沂的“第一”之辨

《市民与社会》节目模式成为一种经典范例,甚至成为新时期中国文化的传媒符号,影响广泛而深远,以至于我们已经把《市民与社会》节目当作“行风热线”节目的源头。但是,《市民与社会》与后来的“行风热线”节目无论内容性质还是传播意义等方面,都不可同日而语。十年之间,“行风热线”节目在全国浩浩汤汤,已成传播主流。十年之后,我们回眸历史,寻源问道的意义何在?

2006年8月21日,《人民日报》头版头条刊登一篇题为《倾听群众呼声,解决百姓烦难——政风行风热线化解矛盾促进和谐》的通讯。文章说:“自1999年山东省临沂市开通了全国第一条行风热线以来,政风行风热线工作得到了发展,目前全国开通政风行风热线的省份已经达到29个,市(地)一级的开通率普遍达到80%以上……”这是对全国政风行风热线发展的阶段性总结,不料,这篇文章引发了一桩学术公案:第一家开通行风热线的究竟是谁?

当年《中国广播》杂志发表《全国第一条“行风热线”是由哪家电台开通的》,首先对此说法提出质疑:把山东省临沂市作为“行风热线”的率先发起者是不准确的。

文章引述:1998年7月,在河北省邢台市,邢台人民广播电台在早间新闻直播板块《黄金60分》节目中,率先策划了新闻舆论监督栏目《行风热线》。这是贯彻落实党的十五大报告中“完善民主监督制度”“把党内监督、法律监督、群众监督结合起来,发挥舆论监督的作用”的有关精神,结合节目改版策划的《行风热线》节目,邢台市精神文明建设委员会与邢台人民广播电台联合开办、共同运作。

在邢台市委市政府的指导和协调下,确定了19个政府部门和窗口行业负责人,每月定期轮流到电台直播间与群众直接对话,接受听众质询、答复听众提出的问题、汇报部门行风建设情况。这是邢台市民主政治建设的一大创举。一时间,《行风热线》受到群众普遍欢迎,被称为“民主线”、“连心桥”、“服务处”、“监督岗”。

据此,文章宣称,开通全国第一条“行风热线”的城市不是山东省临沂市而是河北省邢台市。文章认为,由河北省邢台市文明办和邢台人民广播电台联合创办的《行风热线》节目,应该是全国创办最早的热线理政节目,节目于1997年9月1日正式开播,从开播时间上看,也是全国第一家开播的行风热线节目。

此外,也有资料显示:河北人民广播电台《阳光热线》节目与河北省民主评议办联合开办,2002年6月3日开播,每天7:30～8:00播出,是全国省级电台开办的第一个政风行风热线节目。

那么,第一家“行风热线”究竟是谁?

首先,“行风热线”在全国取得巨大成功,被领导和专家称为“党委政府通过媒体施政的典范”,成为中国改革发展,推进法制建设和民主化进程的一个时代符号。我们回过头去根究十年前谁是第一家开播,意义何在?

其次,“行风热线”节目在全国各地电台开播,时间有早晚,名称不尽相同,但运行模式基本一致,联办方式基本相同,在国务院纠风办及各级纪检监察机关的强势推动下,已经成为遍及全国的常设节目,我们回过头去,从开播时间上排座次,究竟意义何在?

第三,“行风热线”节目开播第一家之谓,是否还分层次排列?谁是县级广播第一家?谁是地市级广播第一家?谁是省级广播第一家?那么评判标准又是什么?是开播时间、解决问题的行政影响力、社会关注度,还是行风热线节目本身获得的荣誉?

如果认真地、科学地总结十几年来全国政风行风热线的发展成果,似乎又回避不了这个问题。尤其是传媒圈里的这桩学术公案:河北邢台与山东临沂的“第一”之辨,已经无法回避。

从节目理念、节目形态、运营模式和影响力,以及开播时间来看,应该说全国“行风热线”这类听众与主持人互动、在节目直播状态嘉宾参与话题讨论的新闻访谈节目,都是借鉴上海人民广播电台《市民与社会》节目的发展与延伸。

就节目社会影响力、节目辐射力、获得政府高官的参与度与关注度而言,《市民与社会》有着独特的地位。据资料统计,走进《市民与社会》直播室的嘉宾有当时的上海市委市政府徐匡迪等主要领导、多位副市长,节目不仅有上海市委市政府各委办局、各区县领导参与,还邀请全国各省市、自治区、直辖市甚至国务院部委的有关领导走进直播室参与节目。1998 年来访的美国总统克林顿也获邀到直播室,就中美关系发展前景与上海市民进行直播对话。这些记录至今在全国无人企及。

关于河北邢台与山东临沂开播行风热线的“第一”之辨,不时有业内人士著文释疑,有的还延伸到在全国媒体中的首位度、对同类节目的影响力和指导意义。

《中国广播》又刊载《新闻名牌到民心工程——邢台电台行风热线十年实践的思考》一文,披露河北省邢台市文明办和邢台人民广播电台联合创办的《行风热线》节目,1997 年 9 月 1 日正式开播,节目开播意义重大、空前成功:在全国广播同行中引起共鸣,辽宁、山东、河南等兄弟电台和文明办或纠风办的同志来邢台,真切感受《行风热线》节目的魅力所在。同时,也引起业内专家、学者的关注……此后不久,河北省委宣传部、河北省记协向全省新闻界推介“邢台经验”。

2000 年夏天,中国社科院新闻与传播研究所所长尹韵公到邢台调研《行风热线》节目后,大声呼吁:"《行风热线》是我们一个地方精神文明的名片,希望地方能够珍惜它,现在办三年,我希望一直办下去,十年、三十年。走出河北,走向全国。"2001 年,邢台《行风热线》荣获第二届中国新闻名专栏奖,实现了邢台市委提出的"把行风热线办成群众满意、全国叫响的名牌栏目的要求"。

2002 年,河北民主评议行风办公室副主任高长水在考察邢台市电台《行风热线》时指出:"行风评议自从有了纠风办就有了,是从 1990 年开始的,那时行风评议只是促进纠风工作落实的一个手段,并没有作为一项工作来部署。2002 年,河北省纪委提出要把行风评议这项工作做大,把民主评议政风行风工作纳入规范化、制度化轨道。民主评议政风行风工作给'行风热线类'节目一个'户口',媒体的行风热线现在已经成为政府纠风工作的一部分。"这真实客观地描述了"行风热线"发展的阶段性和走向,也为解决这桩媒体公案提供了有效论据。

"行风热线"是依靠热线直播互动,嘉宾与听众直接对话的舆论监督类访谈节目,初创时期,因地制宜、百家争鸣,有党政部门参与联办、轮流上线的现实,但节目流程并没有一定之规,直到纪检监察部门加入联办,把这类节目变成纠风工作的一部分进行规范化、制度化推广,才在全国普遍开花,呈燎原之势,成为各地常设节目。

打开山东临沂市"行风热线网站"主页,公开资料介绍:1999 年 3 月 8 日,临沂市政府纠风办与广播电台联合创办了《行风热线》,组织与群众生产生活密切相关的市直部门负责人轮流到电台直播间,以"替百姓说话、为政府分忧"为宗旨,通过热线电话与群众沟通交流,排忧解难,成为全国第一家纪检监察部门与广播电视系统联办的"政风行风热线"节目。

由此,不难理解,如果把纳入纪检监察部门统一指导的时间为标准,邢台电台与文明办联办《行风热线》,时间虽早,但不在统计之列。临沂市政府纠风办与广播电台联合创办的《行风热线》,时间虽晚,但"户口之说"确实名副其实,因而确定临沂台是全国第一家开播行风热线是有依据、有共识的。

临沂广播电视台副台长赵学芝介绍,临沂《行风热线》是学习上海人民广播电台《市民与社会》的节目模式创办的,每天固定 7:30～7:55 播出,四个广播频率,一个电视频道,同步播出,节目组人员达到 25 人。上线单位 30 家,每天一家单位上线,每月一轮回,上线时间固定。比如民政局 5 号上线,下个月仍然是 5 号,每天都有。当年腊月二十五停播,次年正月十五开播,使这项工作有了一个固定的时间表。

赵学芝说,上个月受理的问题,下个月集中跟踪投诉人,回访反馈。只要你电话打进来反映的问题,一定给予解决,解决率达到 100%,而且承诺 25 个工作日内一定解决。2001 年,临沂市委书记乔延春同志走进临沂电台直播室,参与

"行风热线"25分钟节目,线上线下接听电话,收到短信91条,当天所有问题全部解决。当年11月7日,临沂市委副书记、市长李群同志上线,接听电话22个,短信127条,所涉及的问题,短时间内全部解决。临沂台《行风热线》一下子成为群众有难题求助的第一渠道。

多年以来,临沂台选定30家群众关注、领导重视的单位上线,市委书记、市长带头上线,市直单位一把手上线率超过80%,县区一把手上线率达90%。临沂台在全国较早实行广播电视并机直播,发挥广播的直播优势和双向互动优势,实行省市县三级联动全覆盖,为行风热线工作提供了更大的发展空间。临沂台坚持解决问题不拖延,争取当天办理、当天解决,疑难问题一月为限,全面解决问题,增强了政府的公信力。临沂市委书记乔延春说,临沂行风热线解决了大量民生问题,化解了社会矛盾,推动政府效能提高,成为城市品牌。无论到任何时候,临沂这两个品牌不能丢,一个是临沂国际商贸城品牌,一个是行风热线品牌。

至于上海人民广播电台,直到2004年才正式与纪检监察部门专门联办一档实至名归的政风行风热线节目,以响应全国纠风一盘棋的工作大局。

(二)河北开通全国首家省级政风行风热线

2002年6月3日,河北人民广播电台开播的《阳光热线》成为全国省级电台开办的第一个政风行风热线节目,无可非议。

作为全国第一个省级电台开办政风行风热线节目,其影响之大、关注度之高、赢得荣誉之盛都是空前的。

它的意义首先在于把直面群众监督的层次,提升到省级行政层面,其推进民主政治建设的力度,不言而喻。其次就政风行风热线的节目发展而言,河北省电台开通《阳光热线》,打通了地级市热线监督节目向上向前(省级)发展和向下(区县级)开放覆盖的通道,形成纠风工作搭建政风行风热线平台全国一盘棋的重要格局,这类节目得以迅速推广,席卷全国,掀起热潮。对普通群众,尤其对远离城市的农民、城市下岗低保等弱势群体而言,一件生活难事可以越过县级、市级行风热线平台,与省长直接对话交流,《阳光热线》成为高层党委政府与普通群众直接交流的纽带和桥梁。参加河北人民广播电台《阳光热线》的一位副省长说,这个节目重在赢得民心。这才是执政之基。

据统计,参加河北省民主评议的61个省直部门厅级领导,轮流到河北人民广播电台《阳光热线》直播室接听群众电话和接收手机短信,解答政策咨询,受理听众投诉,每次节目接听群众热线电话都在10 000多人次。截至2007年底,6年间共有12位河北省领导、530多位厅局负责人走进《阳光热线》直播室与听众直接交流,解决各类问题45 000多个,退还各种不合理收费2亿多元,问题解决率达98%以上。

河北人民广播电台《阳光热线》赢得广泛赞誉，社会舆论评价：密切干群关系的"连心桥"、解决社会矛盾的"减压阀"、提升党和政府形象的"展示台"、加强政风行风建设的"监督岗"。这些赞誉成为全国同类节目的经典评价，在很多地方成为节目形象宣传的标配。

河北人民广播电台《阳光热线》被不少高校列为研究课题。中国人民大学新闻学院将其列入教学课程，新华社新闻研究所、中国社科院新闻研究所、中国传媒大学、暨南大学的数十位专家教授撰文高度评价《阳光热线》是"对中国舆论监督类节目的创新和发展"，"代表了当代中国广播节目品牌建设的最高成就"。

不少领导和专家赞誉《阳光热线》为河北"阳光模式"，节目辐射全国，产生了深远的影响，并在全国掀起新一轮广播改革的热潮，是"中国新闻改革的一面旗帜"，成为"党委政府通过媒体施政的典范"。

第二节　政风行风热线的发展

一、全国政风行风热线的发展阶段

作为一个重要传媒现象，"行风热线"十年有余，涉及全国各地纪检监察系统，涉及省市县三级媒体，各地行风热线发展历程，形态各有创新、理念各有发展，纷繁驳杂，不一而足。如果进行严谨的历史分期，除了尽可能详细研究部分典型的案例外，以新华社、《人民日报》、中央电台电视台及相关网站公开报道的新闻资料为依据，也是重要选择。

本书将全国政风行风热线划分几个发展时期，冀以客观真实地描画政风行风热线发展的历史阶段。

（一）第一阶段，行风平台初创、形态风行全国

该阶段以山东临沂台《行风热线》开播为代表，各地政风行风热线工作平台萌动初创时期。

这一时期，从20世纪80年代中期开始，以各地各类广播热线直播节目为源头，且以上海人民广播电台《市民与社会》、广东珠江经济广播电台《秘书长热线》为代表，到2004年国务院纠风办在内蒙古包头市组织召开的"政风行风热线"工作座谈会为标志。

综前所述，广东珠江经济广播电台《秘书长热线》、上海人民广播电台《市民与社会》节目，是新时期广播媒体发展理念的创新成果，引起全国多地效仿，一时间全国各地开办不少依靠热线电话进行直播互动的舆论监督类谈话节目，可谓百花齐放，各具特色，直到各地纪检监察部门参与其中，对这类节目进行规范引导。这类舆论监督类谈话节目，省级台一般称为"政风行风热线"，市县台多称为

“行风热线”。以1999年3月8日山东省临沂市政府纠风办与临沂人民广播电台联办《行风热线》为起点，把《行风热线》纳入全市纠风工作范畴，从此，《行风热线》成为纪检监察工作新平台。

2003年7月，时任中共中央政治局常委、中央纪委书记吴官正同志在河南考察期间，专门考察了洛阳电台“政风行风热线”节目，并给予较高评价。此后，吴官正同志又对黑龙江省的《政风行风热线》、辽宁省的《民心网》作重要批示，对政风行风热线工作给予充分肯定。

2004年7月，国务院纠风办在包头市组织召开“政风行风热线”工作座谈会，提出在两年内，省一级和绝大多数市（地）级都要开办“政风行风热线”节目，并逐步实现电台、电视、网络的互联互动。此后，这项工作在全国快速发展。

这一时期的特点，一是各地初创时期形态各异，百花齐放，基本上选择广播媒体作为工作平台。二是节目形态基本相同，具备大板块热线直播、主持人与上线单位嘉宾通过热线电话实时沟通交流、问题统一处理反馈等形式。三是各地电台精心组织专业队伍，人财物倾斜，把政风行风热线作为广播媒体新时期发展的重要平台打造，行风热线热潮迅速扩散到全国范围。四是政风行风热线是各地纪检纠风工作向传媒延伸的风向标。政风行风热线节目一头牵着普通百姓，一头连着党委政府，社会反响热烈，群众参与踊跃，党委政府肯定，职能部门高度重视，工作作风转变，气象更新。五是政风行风热线创新节目形态，传媒意义重大，广播媒体全面走出低谷，重新掌控社会主流舆论。

（二）第二阶段，纳入纠风平台、制度规范创新

该阶段各地政风行风热线围绕广播媒体进行规范化制度化建设，统一纳入全国纠风工作范畴。这一时期从国务院纠风办2004年在内蒙古包头市“政风行风热线”工作座谈会，持续到2009年在山东省临沂市召开纪念临沂市《行风热线》创办十周年暨全国政风行风热线工作座谈会。

这一时期的特点：

(1) 在各级纪委的指导帮助下，行风热线在全国发展迅猛。2004年内蒙古包头市“政风行风热线”工作座谈会明确提出在两年内，省一级和绝大多数地级市都要开办政风行风热线节目，并逐步实现电台、电视、网络的互联互动。这次会议标志着全国各地各具特色、各自为战的舆论监督及热线互动节目统一纳入全国纠风工作范畴，政风行风热线工作正式开始施行规范化、制度化的建设。

据统计，到2006年上半年，全国开通行风热线节目的省份已经达到29个，地市级的开通率达到了80%，其中23个省份达到了100%。

(2) 各地围绕广播媒体平台深入进行规范化建设和制度化创新。各地行风热线工作不断深入和规范，各具特色的行风热线工作模式层出不穷。各地因地

制宜创新制度机制，制定了行风热线群众投诉与咨询处理办法，建立健全了纪检监察部门指导下的行风热线运行反馈处理机制，出台了一系列规章制度，形成了一整套的上线、接听、受理、转办、承办、催办、回复、反馈、评估的工作程序。河南省建立了热线会商制度，纠风办和媒体定期召开碰头会，总结经验、策划报道。山东省青岛市重点建立了预案会商、问题办理、反馈回访等八项制度，确保了热线节目规范有序进行。

国务院纠风办还制发了《关于进一步深化和规范民主评议政风行风工作的指导意见》。借助行风热线平台，民主评议政风行风工作更加广泛深入地开展。各地坚持"管行业必须管行风"的原则，纠建并举，评议涉及部门和行业60多个，乡镇基层站所的参评率达到80%以上，直接参与评议的群众达2 000多万人。许多地方将教育、卫生等行政部门及公用事业单位作为评议重点，集中解决了一些不正之风问题，严肃查处了一批损害群众利益的突出问题，行业作风建设进一步加强。

（3）以广播电台为主，电视、报刊、网络等不同媒体构成政风行风热线工作局面已经初步形成。这一时期，政风行风热线工作席卷整个社会，节目不断成长，形式日益丰富，涉及与民生相关的部门和领域越来越多地加入上线直播节目中来。各地参加政风行风热线直播的职能部门已经发展到几十个。许多省份实现了省市县三级联动，一个部门或行业上线，全系统同时收听收看。各地政风行风热线受理群众咨询投诉问题的办结率和群众对节目的满意率均达到了95%以上。

地方主要领导走进广播电视直播间，倾听群众意见，解答各类问题，帮助群众切实解决生活中的难题，取得了"一人咨询，万人关注；一人解答，万人知晓"的良好效果。

参与的媒体平台也由原来的以广播电台为主，逐步向电视、报刊、互联网等各类媒体全方位扩展。

许多地方广播电台从最初每周播出一两次节目发展成为日播固定栏目，不少地方实现了全天24小时热线接听。临沂台广播电视同时并机直播，成为行风热线的重要创新形态，在不少地方推广。行风热线音频视频直播上网、任意点播，拓展了节目空间，大大增强了传播效果。

广播直播室外，河北人民广播电台《阳光热线》创造性地开拓了广播媒体的传播格局：厅局领导参与行风热线节目，整个系统集中同步收听，厅局领导下节目后组织基层部门梳理分解任务，省市县乡四级联动落实解决问题，媒体跟踪采访报道处理过程和结果，树立政府部门为民解困的形象。《阳光热线》还把直播间搬向广场、社区、农村，与听众实现真正意义上的"面对面"零距离倾情互动。

2006 年 10 月 31 日，河北省纪委监察厅举办“全省民主评议大型阳光服务”活动，《阳光热线》设省会主会场和各市 10 个分会场同步受理投诉、解决问题，进行多方位互动；河北省台主持人、记者和各市台主持人、记者在 11 个会场多向联动，实现了广播媒体纵向深入、横向拓展、多层次全方位立体交叉互动，充分发挥了广播媒体的互动优势，创造了河北广播直播史上多项“第一”的纪录。

江苏淮安把广播、电视、新媒体直播形态融合，行风热线直播室直接搬到城市广场、田间地头，邀请职能部门参与节目，有针对性地解决民生问题，扩大了行风热线的社会效应。2004 年 7 月，在内蒙古包头市举行的全国纠风工作会议上，播放淮安的行风热线电视专题片。中纪委常委、国务院纠风办副主任屈万祥在会上要求全国推广淮安的行风热线户外活动模式。以广播电台为主，广播电台、电视台、报刊、互联网等媒体构成的全方位政风行风热线工作局面已经初步形成。

（三）第三阶段，加快媒体融合、实现全媒体传播

全国政风行风热线加快平台融合，网络问政大行其道，电视问政崭露头角，政风行风热线进入全媒体传播时代。

这一时期，从 2009 年山东省临沂市召开的全国政风行风热线工作座谈会（纪念临沂市《行风热线》创办十周年）至今（2014 年），政风行风热线工作进入一个全媒体传播新阶段。

这一时期的特点如下：

（1）全国纪检监察工作进入新的历史时期，政风行风热线应时代需求，进入一个新阶段。

2009 年 6 月 27 日，国务院纠风办、国家广电总局在山东省临沂市召开全国政风行风热线工作座谈会。这是十年来对政风行风热线工作的一次全面总结，开启了政风行风热线未来工作的新局面。

中央纪委副书记、监察部部长、国务院纠风办主任马驭专门发贺信说，政风行风热线节目创办十多年来，关注民生、为民解难，惠及群众、深受欢迎，在经济社会发展中发挥了重要作用。

中央纪委常委、监察部副部长、国务院纠风办副主任屈万祥到会。他表示：当前，我国正处于改革发展的关键时期，保增长、保民生、保稳定的任务非常艰巨，反腐倡廉建设和纠风工作的任务更加繁重，新的形势和任务呼唤政风行风热线不断创新，广大群众期待政风行风热线不断创新，政风行风热线要适应信息技术进步和新闻传播规律、舆论引导规律、媒体发展规律的要求，必须不断创新。

2009 年以来，基于政风行风热线平台的民主评议工作，成为促进部门和行业作风建设的有效手段，也成为群众有序参与纠风工作的有效途径。各地各级

纠风办针对群众反映强烈的不正之风开展专项治理，深入推进民主评议和政风行风热线，着力解决损害群众利益的突出问题，纠风工作取得新的明显成效。2011年各地依托政风行风热线，加强对民主评议工作的分类指导，全国统一开展了针对公安、国土、环保、住房建设、交通运输、税务、工商、质检、安监等9个具有行政执法职能的部门的重点评议。各地民主评议工作重心下移，全国评议基层站所307 000多个，对群众反映强烈的涉及损害农民利益、教育乱收费、医药购销和医疗服务不正之风、食品安全监管以及公路三乱现象等问题进行专项治理，效果显著。

2012年11月，党的十八大召开以来，全国纪检监察工作进入一个全新时期，政风行风热线工作也应时代需求，进入一个新阶段。2013年1月22日中央纪委十八届二次全会上，习近平总书记强调：

◆ 工作作风上的问题绝对不是小事，如果不坚决纠正不良风气，任其发展下去，就会像一座无形的墙把我们党和人民群众隔开，我们党就会失去根基、失去血脉、失去力量。

◆ 抓改进工作作风，最根本的是要坚持和发扬艰苦奋斗精神，八项规定是一个切入口和动员令。八项规定既不是最高标准，更不是最终目的，只是我们改进作风的第一步，是我们作为共产党人应该做到的基本要求。

◆“善禁者，先禁其身而后人。”各级领导干部要以身作则、率先垂范，说到的就要做到，承诺的就要兑现。

◆ 作风是否确实好转，要以人民满意为标准。要广泛听取群众意见和建议，自觉接受群众评议和社会监督。群众不满意的地方就要及时整改。

◆ 中央纪委、监察部和各级纪检监察机关要加大检查监督力度，执好纪、问好责、把好关。要以踏石留印、抓铁有痕的劲头抓下去，善始善终、善做善成，防止虎头蛇尾，让全党全体人民来监督，让人民群众不断看到实实在在的成效和变化。

◆ 要坚持“老虎”、“苍蝇”一起打，既坚决查处领导干部违纪违法案件，又切实解决发生在群众身边的不正之风和腐败问题。

◆ 各级领导干部都要牢记，任何人都没有法律之外的绝对权力，任何人行使权力都必须为人民服务、对人民负责并自觉接受人民监督。

习近平总书记的重要讲话内涵十分丰富，对全国纪检监察部门指导下的政风行风热线工作，提出了更高要求，也为新时期政风行风热线工作指明了方向，明确了目标。同时，在全国纪检系统内设机构调整的大背景下，政风行风热线工作也应时代需求，进入一个新阶段。

(2)“声屏网报”四位一体横空出世。

2010 年以来，媒体融合发展已是大势所趋，全国各地政风行风热线加快推进各媒体平台资源整合和渠道融合，以广播平台为主的政风行风热线，也融入电视、报纸、互联网平台，转向“声屏网报”统一组织、相互融合、齐头并进的四位一体新的发展模式。各地根据自身特点，统一策划，统一组织，创新形态，丰富内涵，组织大型行风热线问政活动，政风行风热线进入平台高度整合的全媒体传播时代，社会影响效能倍增，社会声誉大幅提升。

政风行风热线为媒体融合发展提供了绝佳的机遇，江苏常州行风热线积极探索广播电视网络报纸平台融合，推进行风热线“四位一体”新模式。2011 年 7 月 8 日江苏省政风热线“四位一体”运行模式正式启动，在全国率先总结推广。

江苏各地推进声屏网报“四位一体”，优势互补、立体互动的政风行风热线江苏模式，为全国创新政风行风热线工作进行有益的探索，湖北、山东、江西等地也快速推进。

2011 年，政风行风热线平台不断拓展，媒体融合也在不断加深，2011 年 6 月统计，全国 31 个省、自治区、直辖市开通了“政风热线”，97％的地级市和部分有条件的县市也开通了“行风热线”，其中近 60％实现了电台、电视台、报纸、网络等多种媒体联动，全国政风行风热线平台共受理问题 270 多万个，问题解决率达到 97％以上。

(3) 网络问政大行其道。

2010 年 2 月，中国第一个公安微博“平安肇庆”亮相网络，并进行了实名认证，“引发了一场中国警务革命”。广东省、北京市、河北省等多个地方的公安部门纷纷效仿。当年全国公安微博注册 800 多家。

这场由公安微博互动问政新模式引发的“中国警务革命”迅速扩散，2010 年，新兴的微博成为网络问政备受追捧的新渠道。从中央到地方多个层级的政府机构和官员第一时间进驻微博，尝鲜网络官民互动新模式，政府机构与官员开微博蔚然成风。2011 年《舆情蓝皮书》评论说，政府机构和官员纷纷开微博的背后，凸显的是中国网络问政水平与日俱进。

2010 年 1 月，安徽省人大、政协“两会”上，明确提出“要更加关注人民群众的新期待，创新联系群众方式，支持鼓励网络问政”。这是网络问政首次被写入地方两会政府工作报告。随后，湖南、广州等地也陆续将网络问政写进政府工作报告。这是网络问政制度化建设迈开的关键一步。网络发言人制度逐渐在全国范围内推广。2010 年 5 月，江苏南京市委宣传部在“中国南京网”开设了“网络发言人论坛”，90 名网络发言人均由所在地区单位的相关负责人担任。山西省、安徽省、广东省等 13 个省市区政府以“红头文件”的形式，建立起回复办理网民留言的固定工作机制。2010 年 1 月 29 日，江苏省某县规划局局长因对网帖只回复不办理被免职的新闻，引发当地官员一场“地震”。这也是网络问政不断走向制度化的实证。

2013 年 10 月，腾讯微博认证的政务平台达 16 万，其中党政机构 92 000 个，党政官员 67 000 个。微博像一个公众会客厅，可以通过网页、WAP 页面、手机短信、即时通讯软件、开放 API 接入的第三方互联网工具以及简洁明了的字符发布和转发信息，它打破了地域、时间的限制，实现了信息传播跨媒体、跨系统、跨平台式的实时传播，信息扩散的速度也呈几何增长式，能在短时间里传达给最多的目击人数。微博兴起，弥补了广播传播单一、内容无法保留的短板，成为政风行风热线的网络新形态、新平台，在议程设置、收集群众咨询投诉线索、处理问题过程中的跟踪发布以及反馈问题处理结果等，都在第一时间发布，到达率高，与广播节目定时播出定时收听相比，传播效率非常突出。2012 年初，徐州广播行风热线也开通新浪微博，短时间粉丝量达到 4 000 多人，微博开始进入广播节目即时互动环节。

2011 年 1 月，另一种强大的社交平台微信也震撼出世。微信一诞生就发展迅猛，10 个月突破 1 亿用户，2014 年初已达 6 亿用户。以《人民日报》为代表的各传统媒体纷纷把新闻门户网站升级为移动新闻客户端。2013 年以来，政府部门开始主动通过微博微信新闻客户端等新媒体“两微一端”这些新型渠道探寻全新的公共管理模式，各级纪检监察部门也大力推动“两微一端”与政风行风热线的广播、电视、报纸、网站等媒体平台深入融合，网络问政成为政风行风热线不可分割的网络新形态、新平台、新渠道。

(4) 武汉电视问政崭露头角。

2011 年 11 月，湖北武汉广播电视台推出一档直播节目《电视问政》，为火爆全国的政风行风热线再加一把火，引发全国媒体的追捧。“它不仅创新了民众参与新闻传播的方式，也为各界人士广泛参与公共事务提供了可操作的电视手段。”

在武汉市委书记阮成发的主导下，武汉电视台首创《电视问政》直播节目，先由电视台播放暗访视频及问题短片，在一个半小时的电视直播中，多个政府部门的主要官员在直播现场，接受主持人、观众、评论员和专家的质询，现场向群众评委交出答卷。在问政直播结束后，再利用报纸、广播、电视以及新媒体平台来追踪整改经过和问责情况。

武汉市纪委宣教室副主任吴忠新认为，电视问政让政府官员意识到，自己是个被监督的对象，应该对老百姓负责。正因为如此，武汉台《电视问政》以解决问题为导向，以问题短片为抓手，充分展示承诺与现实、假象与真相、言语与行动、坏典型与好典型之间的冲突，通过现场主持人的调动，展现不同主体、不同看法、不同性格、不同利益、不同经验、不同语言风格之间的冲突，建构的是电视问政的广度和感染力。

截至 2014 年 10 月 9 日，武汉电视台《电视问政》开播 3 年来，已经有 20 位市领导、67 位政府职能部门主要负责人先后做出整改承诺，曝光问题 280 多个，333 名责任人受到党纪政纪处分或组织处理，促进政府建章立制 60 多项。

电视是当下影响力最大的第一媒体，电视问政已经成为不少地方治庸风暴中的重头戏，使官员问责制落地生根。这种以电视手段直播问责的节目，刷新了政风行风热线的创新形态，大大扩展了政风行风热线的影响力和社会效益。

电视问政节目最早可以追溯到 2005 年 6 月 17 日兰州广播电视台首播的《一把手上电视》栏目。2005 年，时任兰州市委书记陈宝生提出此栏目构想，并且第一个带头出镜，与市民面对面。

电视问政栏目从武汉台爆燃，持续扫荡全国各地电视台，长时间、大范围地产生巨大影响，它的影响甚至远远超出媒体圈。

二、江苏行风热线的历史轨迹

（一）2000～2005 年全省《行风热线》集结号

江苏省第一家《行风热线》栏目始于无锡台，这标志着江苏省在全国较早迈出了探索政风行风热线的步伐。2000 年 2 月，无锡市创办江苏省第一家《行风热线》栏目，随后江苏全省各县市相继开通此类节目。到 2005 年 10 月，江苏省及 13 个省辖市、53 个县全部开通了“政风行风热线”。淮安台率先实行行风热线主题式户外直播，并且广播电视并机直播，先声夺人，影响深远。

◆ 2000 年

2 月，无锡市纠风办、文明办和无锡人民广播电台共同创办江苏省第一家《行风热线》栏目。每两周一期，后改为每周三上午 10:00～11:00 直播。

◆ 2001 年

4 月 27 日，淮安市《政行风热线》栏目开播，一周一期，固定周五上午 9:00～10:00 直播。首批上线单位 25 家。

苏州昆山市《行风热线》栏目 6 月 7 日开播。这是江苏省内较早开播行风热线节目的县级市。当年开播此类节目的还有江阴市、扬中市等。扬中市的行风热线节目，周一到周五上午 8:30～9:00 直播，下午 13:00～13:30 重播，热线电话 24 小时开通。

淮安市 10 月 21 日在全国首创广播行风热线主题式户外直播。当天上午在新锦亚商场门前举办行风热线大型户外现场直播活动，各行风评议重点单位的负责人与企业和群众面对面交流沟通，投诉当场解答。12 月 28 日，淮安台又深入金湖县举办了行风热线农村户外直播活动，实现了行风热线活动延伸到乡村的一次创新,扩大了节目对农村的覆盖,维护了农民权益。

此后,全省各地政风行风热线相继开展主题式户外直播活动,走进社区、走进工地、走进农村,服务企业、服务“三农”、服务社会,有针对性地解决损害群众利益的突出问题。

江苏省委副书记、纪委书记王寿亭,省监察厅厅长谢秀兰相继在淮安市行风热线情况汇报上批示,要求各地:“认真总结淮安市关注民生、主题式户外直播的经验,在全省推广”。

◆ 2002 年

连云港市《行风热线》栏目 5 月 15 日开播,12:10～12:35 直播,每周七档。首批上线单位 22 家。

南通市《政行风热线》栏目 5 月 15 日开播,首批上线单位 20 家。

盐城市《政风热线》栏目 6 月 13 日开播,周一至五上午 9:00～9:30 直播。

苏州市《政风行风热线》栏目 6 月 22 日开播。周六、周日上午 10:00～11:00 播出,全市 7 个区政府及各部委办局负责人每周一次轮流上线。周一至周五上午同时间开设《政风行风热线》的延伸节目《沟通》,反馈督办问题,进一步打造社情民意的诉求平台。

◆ 2003 年

泰州市《行风热线》栏目 6 月 18 日开播。一周四次,周一、周三,各单位负责人上线,周二、周四为信息反馈。后增加周日为行风热线一周综述,时间为 12:00～13:00,上线单位 46 家。

江苏省级广播《政风热线》9 月 27 日开播,由江苏省委宣传部、江苏省政府纠风办、江苏广播电视总台联办,周三上午 9:00～10:00 直播。

江苏省纠风办出台了《政风热线群众投诉咨询处理办法(试行)》,后两度修订,对群众投诉的受理范围、办理时限、责任追究等都做出明确规定。

扬州市《行风热线》栏目 11 月 8 日开播。

徐州市《行风热线》栏目 12 月 1 日开播,周一至周五上午 10:00～11:00 直播,首批上线单位 25 家。

◆ 2004 年

宿迁市《政行风热线》栏目 1 月开播,周二、周五上午 10:00～11:00 直播。

7 月,江苏省纪委明确要求,到 2005 年底各市县全面开通行风热线,要求全省行风热线在广度上进一步拓展,在功能上进一步完善,在效果上进一步增强。

常州市《行风热线》栏目 8 月 20 日开播,周五 11:10～12:00 直播。

南京市《政风热线》栏目 11 月 13 日开播,每两周开播一次,每档 1 小时,时间定在周六 10:30～11:30 直播。南京《政风热线》前身是南京电台的《让窗口更加明净》热线直播节目,2004 年更名。

镇江市《行风热线》栏目 12 月 3 日开播,周五 12:20～13:00 直播,周一、周三同一时间为重播和反馈,首批上线单位 22 家。2006 年 9 月 1 日起,增加《行风热线早间追踪》栏目,周一至周五 7:30～7:45 播出,对热点问题深度报道。

◆ 2005 年

2 月起,淮安市《政行风热线》户外节目每期两个小时,广播与电视同步直播。

(二) 2006～2010 年声屏网报四位一体再出发

2006 年以来,全省政风行风热线开始出现媒体平台大融合的趋势,一方面广播、电视并机直播,让政风行风热线节目可听可视;另一方面各地开通网络专页,视频音频上网,并探索网络问政版块,最终,借鉴常州市的创新经验,广播、电视、报纸、网站"四位一体"的政风行风热线联动新模式在全省推广。此外,南京市电视直播《向人民汇报》活动,参与人数达 520 万人次,这种电视问政新形态,形成了政风行风评议的"南京样本",也是政风行风热线工作的重要创新成果。

◆ 2006 年

3 月 15 日,南通在全国地级市中率先开通《政风行风热线》专门网站。

◆ 2007 年

3 月 3 日起,苏州市《政风行风热线》节目在《中国苏州》政府门户网站开通视频直播,通过设置播放器,实现网络和广播同步直播。市民可以通过网络在线实时收听收看节目,方便群众实时参与。这是苏州政风行风热线工作的一大跨越。此后,扬州、泰州、镇江、常州、淮安、徐州等也相继开通网络视频直播。

2007 年,全省行风热线工作培训研讨会在扬州召开。这是江苏政风行风热线发展史上一个重要会议。此次会议总结经验,研讨问题,创新理念,开拓了全省政风行风工作新局面。

◆ 2008 年

8 月 25 日,淮安市在全国首创行风热线广播电视同步现场直播,每周一至周五 9:00～10:00,通过广播电视并机直播,传播力空前提升,舆论监督力度大大增强。《人民网》评价:"淮安并机直播实现了全国首创《政风行风热线》活动可视可听。"

◆ 2009 年

10 月,南京市政府网站开通网络政风行风热线,24 小时接受网友投诉、举报和咨询。网站公布了 13 类群众可投诉举报的情况。

2009 年,江苏省广播电视总台委托中介机构对南京上空的 694 套节目收听率调查,江苏省政风热线节目收听率始终保持在 20 名左右,最高排到 13 名,各省辖市政风行风热线节目收听率在当地都名列前茅。

◆ 2010 年

江苏省政风热线与省政府门户网站、省纪委监察厅门户网站 2010 年进行链接，省政风热线点击率一直居省政府网站前 6 名。各地行风热线也纷纷与当地政府门户网站、各地纪委监察局门户网站进行链接。南京、镇江等地建立行风热线网上受理、转办、督办平台。行风热线微博也开始受理网友留言提问，成为行风热线网络问政的有效平台。

10 月 21 日，全省召开政风行风热线经验交流会，推广常州“政风热线”创新经验。常州政风热线创新发展为电台直播、电视录播、网络互动、报刊点评的“四位一体”新模式，得到了社会各界的广泛好评。原江苏省人民广播电台副台长张家先、江苏省委党校廉政教研中心主任王世谊在会上进行专题辅导。

全省各地政风行风热线 2007～2010 年间共受理群众咨询投诉 18 万件，办理投诉 6.5 万件，投诉办结率达到 92％以上，为民办实事 3 万多件，清退款项 500 多万元，处理 300 多人。

11 月 22 日，南京市在全省率先推出《向人民汇报》电视问政直播节目。南京市工商局、公安局、城市管理局等 10 个政府部门开展“向服务对象述职、接受群众评议”的多媒体直播，一万多群众通过政风行风热线“四位一体”平台给政府部门“打分”。这种电视问政直播新形态，形成了政风行风评议的“南京样本”。

江苏省委 11 月 30 日印发《关于构建纠风工作长效机制的意见》的通知，要求进一步完善媒体联动监督制度，整合广播、电视、报刊、互联网等媒体资源，充分发挥各种媒体的优势，协调推动多种媒体联动、省市县联播、相关部门联合、热线电话联网、投诉举报联办，逐步建立全省信息共享、功能互补的政风行风媒体监督联动机制，积极探索政风行风热线与其他为民服务热线整合联动的途径和方式。

12 月 28 日南京市率先对外开通了“12345”政务热线，受理大厅设 57 个席位，每日 24 小时人工接听群众电话。涉及政府公共管理、公共服务方面的非紧急类咨询、求助、投诉和建议，市民只需拨打一个号码“12345”。

（三）2011～2014 年媒体深度融合的全媒体传播

2011 年江苏政风行风热线“四位一体”联动新模式在全省推行，迅速推进了媒体融合发展的进程。当年，江苏省市政风行风热线“四位一体”联动直播活动，走进省辖市巡回开展。这项活动由江苏省纪委、监察局、省政府纠风办，以及新华日报社、江苏广播电视总台联合举办。活动走进省辖市，当地市长带领各县（区）长及市相关职能部门主要负责人，现场接受群众有关民生问题的咨询投诉，并现场办公，为群众解决难题。江苏省纪委监察厅领导到当地督察活动情况，检验当地政风行风热线媒体“声、屏、报、网”四位一体的运作模式和运行状况。这项活动成为江苏政风行风热线的重要抓手和品牌，自2012年以来一直持续进行。

◆ 2011年

1月，江苏省政府纠风办发出《关于印发〈关于构建政风行风热线“四位一体”新模式的实施意见〉的通知》要求各地进一步推进政行风热线工作，充分发挥新闻媒体监督职能，构建电台、电视、报纸、网站“四位一体”的政行风热线联动模式。

7月8日，江苏省政风热线“四位一体”运行新模式在省广电总台正式启动。江苏省委常委、省纪委书记弘强出席启动仪式。参加启动仪式的还有江苏省《政风热线》联席会议成员单位负责人、上线部门单位主要负责人，江苏各省辖市纪委、纠风办和文广新局的负责人，省党风联络员、特邀监察人代表，以及新闻媒体记者代表。启动仪式上，江苏省政府纠风办还特别为记者颁发“江苏省政风热线工作证”。

启动仪式上，弘强强调，各新闻单位要分工协作，形成联动机制，以有关领导上线为龙头，以投诉平台搜集的民情民意为素材，以电台直播、电台跟踪、报刊点评、网络互动等不同表达手段为特色，形成目标统一、资源共享、优势互补、功能完善、充满活力的政风热线媒体监督和专门机关监督的联动机制。

升级后的江苏省政风热线实行“四位一体”的多媒体联动工作机制。江苏新闻公共频道电视版《政风热线》每周一晚间20:30～21:00直播，周三同时段复播，江苏新闻广播FM 93.7《政风热线》每周三上午9:00～10:00直播，中国江苏网同步文字直播，《新华日报》开设专栏进行深度追踪报道。

2011年，江苏省全面推行政风行风热线“四位一体”新模式，各地政风行风热线“已形成了以领导上线为标准，以投诉平台搜集民情民意信息素材为基础，以电台直播、电视跟踪、报刊点评、网络沟通等多种表达手段为特色，优势互补、立体互动的政风行风热线江苏模式，一张覆盖全省的‘民心之网’正在展开”。

江苏全省政风行风热线从2000年无锡率先开播以来，到2011年为止，已有500多人次的厅局长和省级公共服务单位的负责人、100多人次的省辖市市长、800多人次的县区长走进了全省各级政风行风热线直播室或户外直播现场，共受理群众咨询投诉34.8万多件，投诉办结率达到92%以上，纠正退还款项5 900多万元，处理1 200多人，帮助群众解决实际问题12.7万多件。

2011年，江苏统一推进“12345”政府公共服务平台建设，由纪委牵头，对分散的近百个服务电话进行资源重组，实现前台一个号码接收、后台各部门限期办理、纪检监察机关监督，24小时在线受理咨询、投诉的新模式，“12345”还实现了和“110”、“119”等紧急求助电话的转接、联动，方便了群众生活。

◆ 2012 年

江苏省市政风行风热线“四位一体”联动直播活动走进省辖市巡回开展。据江苏省政府纠风办《关于现场观摩政风行风热线省市县三级户外联动直播活动的通知》(苏纠办函〔2012〕4 号)，2012 年 4 月 5 日，首场省市县政风行风热线“四位一体”户外直播在扬州市江都区龙川广场举行。当年巡回活动城市为：徐州、连云港、盐城、淮安、镇江、泰州、宿迁。

扬州市承担首场省市政风行风热线“四位一体”户外直播活动，主题为“推进民生工程，建设幸福扬州”。扬州市委常委、市纪委书记张跃进，市委常委、常务副市长张爱军带领各县(区)长及相关负责人现场接受群众关于就医上学、劳动保障、城市公交、停车难、老小区改造等热点难点问题的咨询投诉，并现场办公，解决问题。江苏省纪委副书记、省监察厅厅长、省政府纠风办主任江里程，省监察厅副厅长、省政府纠风办副主任刘井石，现场督察活动情况，检验当地政风行风热线媒体“声、屏、报、网”四位一体的运作模式和运行状况。

当天的活动现场，扬州开播电视“清风频道”，这是全省首个宣传反腐倡廉的专业频道。江里程在讲话中希望扬州继续探索、努力实践，不断完善机制，为全省政风行风热线工作创造新的经验。

随后，省市政风行风热线“四位一体”联动直播活动继续走进其他 6 家省辖市。4 月 27 日，活动在盐城市宝龙城市广场举行，盐城的主题是“助推转型升级、增进民生幸福”。5 月 27 日，活动走进连云港苍梧绿园，连云港的主题为“建设民生工程、共建和谐港城”。7 月 20 日，活动走进徐州，在徐州电视台演播大厅举办，主题为“关注民生幸福，建设美好徐州——市长与百姓沟通零距离”。12 月 14 日，活动走进淮安，淮安的主题是“亲民淮安，市长与您面对面”。这项活动成为江苏省政风行风热线的重要品牌和工作抓手。

4 月 9 日，江苏省“12345”政府公共服务平台建设推进会在张家港召开。会议要求全面推进“12345”政府公共服务平台建设，确保年底前全省实现市县两级全覆盖，打造江苏政务服务特色品牌和反腐倡廉建设创新亮点。截至 3 月底，江苏已实现 11 个省辖市和 16 个县、市、区建立“12345”热线综合平台，“12345”热线已成为畅通群众诉求的重要渠道、联系群众的桥梁纽带、服务民生的有效载体。

2012 年，南京市《政行风热线》实现声、屏、网、报、“12345”政府服务热线“五位一体”的媒体联动监督机制：一是每日网上实时受理咨询投诉；二是每周邀请各上线单位负责人走进南京电台直播间；三是每月组织一个区县开展“关注民生、走进区县”户外多媒体直播活动；四是每年年底开展“向人民汇报”政风行风述职评议直播活动,现场评议、当场亮分、当场表态,形成向人民汇报述职评议的常态化运作格局。

12 月 24 日江苏省委召开新闻发布会宣布:江苏省 13 个省辖市及 48 个县市、6 个区已全部建成“12345”政府公共服务平台,实现市、县两级全覆盖。截至 2012 年 10 月,全省“12345”政府公共服务平台已受理群众诉求 1 500 多万件,向承办单位转交疑难复杂诉求工单 200 多万件,办结率 96.8%,公众满意率达 96.6%,被称为“不下班的政府”。

◆ 2013 年

3 月 11 日,泰州行风热线与《12345 政府服务热线》、《市长信箱》、《望海楼网络实名论坛》进行平台整合,启动统一的《12345 · 政风行风热线》大平台。由呼叫中心统一接听,对群众诉求实行统一录入、交办、反馈、回访、统计、监管、考核,对群众反映的疑难问题专题协商,专门交办,形成“全天候受理、全过程展示、全方位监督”的新模式,一改过去多头受理、重复交办的现象,工作效率显著提高。3 月 13 日,泰州市工商局参加整合后的首次《12345 · 政风行风热线》节目。

5 月 25 日,无锡市首创《政风面对面》栏目开播,这是一档集广播、电视、报纸、网站、微博和手机“六位一体”的全媒体政民对话直播节目。由无锡市纪委、市委宣传部主办,无锡市政府办、市监察局、市纠风办、市作风办、市效能办、市文明办、市行政服务中心、无锡广播电视台、无锡日报社等共同承办。

5 月 29 日,常州市《政风热线》特别节目《问政常州》开播,首场活动主题是“提升民生保障,建设幸福常州”,邀请 200 位市民代表到直播现场,新华社、《常州日报》、《常州晚报》、常州电台、常州电视台的 10 名媒体观察员参与活动。常州市委书记阎立充分肯定《问政常州》,评价说:它既是“政风热线”节目不断创新发展的客观需要,也是提升领导干部能力素质的重要平台,更是推动市委、市政府决策部署落实的有力举措。

从 2013 年 5 月起,江苏省纠风办统一启动对各地发展改革、经济和信息化、科技、财政、人力资源和社会保障、水利、农委、林业、农业资源开发、商务、文化等 12 个经济和社会管理部门进行“四位一体”民主评议行风活动。最后阶段,行风热线“四位一体”对 12 家单位进行公开集中评议,

以盐城市为例,2013 年 11 月 1 日上午,盐城市“四位一体”民主评议政风行风集中评议活动,在盐城广播电视台演播大厅举行,主题为“向人民汇报,请人民评议”。盐城市发改委率先汇报工作、接受公众评议,最后获得 91.36 分。盐城市委党校教授何峻进行现场点评,他说,通过直播形式的评议,官民之间实现了平等对话,充分体现了向人民汇报、对人民负责的精神,开辟了一条政府工作接受群众监督的新通道。

◆ 2014 年

江苏省市政风行风热线联动直播活动,继续在全省巡回。3 月 28 日,活动走进徐州,主题是:“发力五大行动、建设美好徐州”。徐州市委副书记、市长朱民参加活动。5 月 20 日,省市联动直播活动走进泰州,主题是:“践行群众路线,建设美好泰州”。泰州市委副书记、市长陆志鹏现场接受咨询、投诉。10 月 31 日,省市联动直播活动走进南京,主题是“践行群众路线、增进民生幸福”,南京市委副书记、市长缪瑞林参加活动。

2014 年统计,江苏省 13 个辖市《政风行风热线》播出时间表(仅为政府部门负责人走进电台直播室,接受咨询投诉时间安排)如下。

南京市:周一至周五　9:00～10:00;
无锡市:周一至周六　10:00～11:00;
徐州市:周一至周五　8:00～9:00;
常州市:周一至周六　11:10～12:00;
南通市:周一、周三　12:05～13:00;
连云港:周一至周日　12:10～12:35;
扬州市:周一至周六　11:00～12:00;
宿迁市:周二、周五　10:00～11:00;
淮安市:周一至周五　9:00～10:00;
苏州市:周六、周日　10:00～11:00;
泰州市:周一、周三　12:20～13:00;
盐城市:周一至周五　12:10～12:50;
镇江市:周五　12:20～13:00。

2014 年,全省各地行风热线微信、客户端等新媒体登堂入室,江苏新闻广播率先开发基于广播节目和户外活动的新媒体矩阵,“两微一端”形成网络问政立体交叉互动新模式。

第三节　广播成功的原因、模式与意义

一、行风热线的成功模式与社会意义

从来没有一个节目,像政风行风热线那样,在中国传媒史上取得这样空前的成功,它的巨大影响也是空前的。

探究政风行风热线的成功模式和社会意义,让我们回到 2009 年 9 月 1 日。在中央党校秋季开学典礼上,习近平发表题为《关于新中国 60 年党的建设的几点思考》的讲话,他指出,必须坚持立党为公、执政为民,把实现好、维护好、发展

好最广大人民的根本利益作为党的建设必须始终遵循的宗旨、方向和目的，始终保持党同人民群众的血肉联系。全心全意为人民服务是我们党的根本宗旨，也是我们党区别于其他一切政党的根本标志。

如何实现好、维护好、发展好最广大人民的根本利益？民主监督成为建立廉洁勤政、务实高效的政府的重要保障，这是政风行风热线的出发点，也是最终的目标！

（一）成功模式：三种监督形成合力

我国的民主监督机制包括舆论监督、行政监督、群众监督、法律监督、人大和政协的监督等。

在我国民主法制建设进程中，行政监督是最直接有效的传统监督方式。为加强机关效能建设，各地各级纪委都设立了纠风办，专门负责考核政府职能部门的作风建设。但仅靠一个部门、几个工作人员、几次明察暗访和零星的市民投诉，难以实现对职能部门的客观考核，因此这种考核结果具有一定的偶然性和片面性。

行政监督具有强制力，但缺乏媒体的社会影响力和关注度的行政监督，不为人所知，社会效果有限。群众监督具有社会广泛性，如果与被监督对象缺乏直接的交流和沟通手段，效果同样不确定。法律监督与人大、政协监督是专业监督，与群众监督的对象有距离。

舆论监督社会影响较大，但缺乏必要的强制性。长期以来，舆论监督缺乏保障机制。有些单位对待舆论监督不合作、消极抵制甚至千方百计阻挠，致使一些被曝光的问题不了了之。舆论监督只有舆论上的影响力而无执法意义上的强制力，不能直接解决问题。

近年来，新闻舆论监督在国家的政治生活中扮演着越来越重要的角色，在监督公共权力、维护社会公正、推进民主进程等方面发挥着越来越显著的作用。

行风热线节目主动寻求与纪委纠风办联办，把舆论监督、行政监督和群众监督有机地结合起来，有利于政府掌握舆论主动权，让民众对政府处理问题的态度由怀疑转化为信任。这三种监督形式优势互补、相得益彰，拓宽了民主监督渠道，强化了监督力度。三种监督形成合力，有利于解决各种行业不正之风，有利于改进工作作风，形成风清气正的局面。

也正是纪检监察机关创新纠风工作思路，把行风热线广播平台纳入纠风工作范畴，建立健全组织、督办、考核等各项制度，保障了行风热线在全国有序推进。各级纪检监察机关在组织和推动行风热线工作中起主导作用，社会效果也是空前的。

以河北省电台《阳光热线》为例，2002 年 6 月开播，5 年内共有 530 多位厅局级领导参与节目 1 500 多次，82 位厅局级领导、1 100 多名处级干部带队深入基层调查落实群众反映问题,解决各类问题 45 000 多个,查处并退还各种违规收费 2.3 亿元,问题解决率和听众满意率都在 98%以上。据统计,《阳光热线》平均每次节目听众打电话超过 15 000 多人。节目组五年共收到表扬信、表扬电话 5 000 多个,锦旗镜匾等 330 多件。

(二) 社会意义:架起政府与百姓的"连心桥"

各级党委政府职能部门、经济管理部门以及与百姓生活密切相关的领域单位的行政领导,作为上线单位嘉宾走进广播直播室,把参与行风热线活动当成推动转变工作作风、密切党群关系的重要工作。这些部门单位负责人,尤其是"一把手",与群众直接沟通交流,现场办公,为群众排忧解难,解决实际问题,深受社会各界欢迎,实现了党和政府与人民群众零距离的沟通。

不少群众遇到生活难题,打电话参与节目,可以一诉衷肠,疏解情绪,很多难题迅速得到解决,一时实在解决不了的问题,也有比较权威的回复。群众对政府决策部署不理解,通过节目与政府职能部门领导干部直接沟通交流,第一时间了解其原因和依据,甚至背景意义,一些涉及大多数群众利益的决策部署就很容易获得群众的理解与支持。行风热线搭建一个交流平台,增进了党委政府和群众的感情,在百姓与政府之间架起一道充满信任与关爱的"连心桥",有效地化解了社会矛盾。

党委政府职能部门的领导干部走进广播直播室通过热线电话与听众交流对话、互动沟通,直接接受政策咨询,回答听众提出的问题,不啻一场危机公关,客观上实现了一人投诉、万人监督,政务公开、办事公平的效果,让权力真正在阳光下运行。

对于参与行风热线的领导干部而言,每次节目又像一场全方位的素质考试,既考核业务素质、对工作的熟悉程度、对问题的掌控力度,又是对行风建设的现场检验,舆论监督的压力也促使了各职能部门转变观念,变压力为动力,自觉改进行业作风。与此同时,领导干部参与节目,能够及时了解本部门、本行业存在的一些问题,以便在日后的工作中决策更科学、思路更明确,视野更宽广。因此,行风热线在推动政府职能部门工作作风的转变方面效果显著。

政风行风热线通过舆论监督,拓宽政府信息向公众流通的渠道,促使政府官员形成向公众提供信息、解释政策、听取反馈的习惯,从而增强公民了解和监督政府施政的能力,提高政府信息公开和依法行政的力度。

河北省委副书记、纪委书记张毅表示:《阳光热线》不仅是电台的一个节目,而且是省委、省政府的节目,直接代表省委、省政府的声音,它是在代表省委、省政府"阳光施政"。政风行风热线成为"党和政府通过媒体施政的典范",这也是政风行风热线成功的关键所在。

二、广播成功的原因、模式与传媒意义

（一）传播工具选择：广播为什么能够成功？

政风行风热线作为席卷全国的重大传媒现象，首先是在广播媒体上实现的。政风行风热线模式为什么与广播媒体一蹴而就，而不是报纸、电视？广播媒体为什么能够如此成功？在政风行风热线风行十年之后，我们追问：当初徐州行风热线探讨过媒介的选择问题吗？诚然，传播工具的选择，是传播学工具分析的重要课题之一。美国传播学著名学者威尔伯·施拉姆曾提出一个选择媒介或者说信息或然率的方式：

报偿的保证÷费力的程度＝选择的或然率

公式表明，人们总是希望付出最小的代价，取得重大的报偿。这里面包括媒介的属性，即广播电视报纸的属性，对传播需求而言最方便、最节省、最有效的平台，社会意义显著等，那我们就逐一探究。

1. 广播媒体的新闻传播学定义

《新闻学简明词典》中有关广播的定义：通过无线电波或者电缆导线向广大地区播送声音、图像节目。按传输方式可分为无线广播和有线广播两大类。只播送声音的，称为声音广播，通常简称为广播；播送图像和声音的叫电视广播，俗称电视。无线广播按无线电波段分为：长波广播、中波广播、短波广播、超短波广播。按所用调制方式分为：调幅广播、调频广播等。电视同样可分为有线电视和无线电视。

长波（LW）是早期广播制式，大部分国家已淘汰民用长波广播。

中波（MW）是目前全球广泛采用的中等距离民间广播波段。我国主要用于国内、省内、地区性等中等距离广播。中波广播特点：白天近，夜间远，易受雷电与家用电器辐射干扰。

短波（SW）是利用地球的外表面电离层多次反射来传播信号，广播覆盖距离远，应用广泛。短波的频段范围较宽，短波广播被全球各国作为新闻信息传播的国际广播波段，民用短波广播节目丰富多彩，但大部分电台频率密集在6～18兆赫范围。

调频（FM）是近距离的高保真广播制式，以直线方式传播，通常覆盖范围在几十公里左右，用差转台的方法可增加覆盖面积，是目前发展最快、数量最多、音质最好的广播制式。欧洲国家有些城市竟多达30个电台，包括股市、幼儿教育等专业广播频道，都能够播放立体声节目。

我们习惯上所说的广播，专指狭义的“radio”，通过电声转换设备，用无线电波或导线传送声音节目，供人们收听的传播媒介。其中，利用无线电波传播声音的系统，称为无线广播；利用导线传播声音的系统，称为有线广播。

2. 广播与纸媒相比，优势何在

印刷媒介也称纸媒，指利用纸质印刷品进行传播的媒介，主要包括报纸、杂志、书籍、邮递广告等。报纸是历史最悠久、传播最广泛的纸媒。中国汉代就有关于“邸报”这种手抄纸媒的记载。古罗马《新闻报》是西方报纸的开端。据史料记载，唐代邸报用纸抄写，内容以朝廷消息为主，兼顾地方新闻。明代官报开始采用活字印刷，民间也开始出现报房，出版的《京报》选登宫廷消息，主要在北京印销。

1660 年《莱比锡新闻》创刊，世界上第一张日报诞生于德国。1690 年，北美第一张报纸《公众事件报》出版。英、法、日、挪威、丹麦等西方国家相继创刊日报。美国独立战争后政党报纸大行其道。联邦派的主要舆论阵地是《合众国报》等 157 种，民主共和派的舆论阵地是《综合广告报》等 158 种。19 世纪初美国工业革命短时间催生大批廉价报纸，《太阳报》《纽约先驱报》《纽约时报》等，对现代报业影响深远。

中国近代报纸发轫于清末，外国人在中国创办 16 种中外文报纸，《万国公报》《申报》《新闻报》影响较大。中国最早的政党报刊也始于这一时期，1874 年王韬在香港创办的《循环日报》是中国人自己创办的第一张报纸。以康有为、梁启超为代表的资产阶级改良派先后创办《中外纪闻》《强学报》《新民丛刊》等 30 多种，这些报纸以政治改良为己任，传播西方政治学说，启蒙社会思想，具有反帝反封建的进步意义。以孙中山为代表的资产阶级革命派创办《民报》《中国日报》《中国女报》《大江报》等 120 多种，鼓吹暴力革命，探讨民族命运。《新民丛刊》与《民报》等代表两派围绕民族民主革命、土地国有化等问题进行激烈论战，成为中国思想史上的重要篇章。辛亥革命推翻封建帝制，到 1912 年全国报纸达 495 种。

从五四运动到新中国成立，我党的新闻事业逐渐发展壮大，从最初的《新青年》《每周评论》《湘江评论》，传播马列主义，宣传科学与民主思想，到第三次国内革命战争及抗日战争中，《红旗》《红星报》《群众》《新华日报》《东北日报》《人民日报》等宣传我党的政策主张、教育发动组织群众，促进反帝反封建新文化的发展。在国民党统治区，《文汇报》《大公报》《生活周刊》《申报》《时报》等，积极宣传中国人民抗日救亡运动，成为坚持抗战、团结进步的旗帜。直到新中国建立，我党的新闻宣传事业形成独特的党报体系。

2013 年，中国(港澳台地区除外)共出版报纸 1 915 种，总印数 482.4 亿份，定价总金额 440.36 亿元人民币，日报出版规模连续多年位居世界首位，成为世界发行总量最大的报业市场。各级党报 400 多种，占报纸总数的 20%，形成以党报为龙头，区域性城市类报纸、生活服务类报纸、行业报、读者对象类报纸、文摘报等各门类报纸共同发展的格局。世界报业与新闻出版者协会（WAN-IFRA）公布，10 年来全球发行量最大的 100 家报纸排行榜中，中国大陆地区 20 多家上榜。2013 年度，《人民日报》平均期发行量 314.32 万份，新华社旗下《参考消息》平均期发行量 288.47 万份。

传统大众传媒中，纸媒以报纸（日报）、新闻周刊为主，虽媒介属性和功能大致相似，但媒介平台不同，传播优势各有不同。

新闻周刊：以信息传播周期看，新闻周刊每周一期，出版周期最长，新闻时效大大晚于广播电视和日报，新闻传播的时效性很差，新闻周刊刊发的信息内容往往已是旧闻。但是，新闻周刊在编采形式上，独具特色，把新闻时效差的劣势，化为优势。一是新闻周刊报道以深度的专题报道为目标，重述整个事件各阶段的发展过程，分析事件人物背景，加入评论，预示事件发展方向，评估事件对多方影响，提供全方位的新闻链接资料。相较于广播电视，便于保存资料，方便查阅参考。二是在写法上，周刊完全抛开"事实与意见完全区分开来"的新闻报道原则，只要事实是真实的，写作体裁自由，可夹叙夹议、可抒情议论、可旁征博引，评古论今、生动活泼，才情并茂，从《瞭望周刊》《中国新闻周刊》到关注文化的《三联生活周刊》都很受读者欢迎。

日报主要以文字、图片为载体，可自由阅读，对感兴趣的内容可以反复阅读，不受时空限制，方便保存，方便携带查阅。报纸有记录历史的使命，报纸刊登的重要公告、重要人物讲话、报告、记录重大事件及其评论等都是史学家必备的资料。与广播电视相比，报纸提供印刷新闻的速度要慢很多，所以，报纸新闻不再争头条的时效新闻，而是以调查性报道、分析性报道、解释性报道见长，同时以图片新闻、甚至加入漫画等形式，丰富编辑手法，吸引读者，对抗广电。

总结一下纸媒优点：首先，读者拥有主动权。读者在接触纸媒时，可以自由选择阅读的时间和地点，这一点上它优于广播电视。广播电视的受众必须在一定的时间或地点，或者以一定的方式才能接触到其内容，始终处于一种被动的地位。由于广播电视的传播方式是线性的，受众如果想回看，必须付出额外的代价。可以说，纸媒较为充分地照顾到了受众的选择性。

其次，纸媒具有便携性和易存性。广播电视的传播内容是稍纵即逝的，而纸媒却能将信息有效地保存下来，甚至作为史料保存。如是，纸媒更能达到受众获得反复接触内容的积累效果。

再次，纸媒更能适应分众化的趋势。纸媒不强调以标准化的内容来适应大部分受众的共同兴趣。广播电视为了这争取最大数量受众，力求老幼皆宜，雅俗共赏，适应大众的口味，这会导致内容趋同。而专业化、专门化的报纸、杂志、书籍等纸媒以其具有较强针对性的内容而拥有特定的读者群，并对他们在某一方面施加特殊影响，这就适应了受众专业化的特殊需要，但是这一点受到网络新媒体冲击较大，虽然在知识界与教育界，纸媒拥有更广泛的专业化受众。

纸媒的缺点，时效性不强，不能像广播电视那样进行实时报道，而要经过一个制作周期。另外，纸媒的使用受到文化程度的制约，文盲和文化程度较低的人无法或不能充分使用这种媒介。

就纸媒的传播特点而言，在广播传播的快速性、穿透性、真实场景的还原性方面，几乎没有招架之力。1936 年，英国水晶宫夜里发生火灾，报纸记者都已经回家休息了，BBC 年轻记者 Richard Dimbleby 通过火灾附近的电话，进行现场报道，现场混乱嘈杂的声音、报警的铃声、火焰噼噼啪啪的燃烧声音都被记录下来，生动再现了当时生动的情景，而这些都是报纸所不具备的。声音传播的真正优势，比报纸更加快速便捷，更加真实地还原事件真相，而且，文化程度较低的人，也会突破认知理解纸媒文字的障碍，在广播新闻生动的背景中，想象和理解这是一场为众人所关注的火灾，也会因此而产生紧张、恐惧、同情、期待等情绪。

还以英国为例，由于广播传播上相对于纸媒的优势，从广播诞生之日起，纸媒就真切感受到广播这种新媒体带来的威胁和冲击，于是英国报界曾经联合起来向政府施压，要求广播在晚上 7 点之前，不能播送报纸还没有报道的内容，同时，广播的新闻稿件必须从为报纸供稿的新闻中心获得。这些为报纸而写作的稿件，并没有考虑到广播的传播特点，由此，广播和报纸进入激烈的竞争态势，直到 20 世纪 30 年代，才相互适应。

3. 广播与电视相比，优势何在

广播电视就像同胞兄弟，是人类社会发展中对信息的需求与现代科学技术相结合的产物，是 20 世纪人类十大发明之一。

尽管对声音与电波的探索可以追溯到久远的历史之中，但是广播媒介的诞生源于无线通信事业的跨越式进步。1895 年意大利工程师古格列莫·马可尼发明了无线电报装置，1904 年美国教授金纳德·费森登发明的无线电发射机，可传播人声和音乐，这是无线广播的开端。

真正意义上的无线广播的历史始于 1906 年 12 月 25 日，美国匹兹堡大学电机工程教授费森顿的实验电台首次试播。来自美国马萨诸塞州的广播音乐节目信号传送到正在大西洋沿岸新英格兰海上航行的客轮上，创造了传媒史上的奇迹。

1920 年 11 月 2 日，美国匹兹堡 KDKA 电台正式开播，成为历史上第一个商业电台，到 1922 年，美国的广播电台已发展到 500 家。1922 年，设在法国巴黎埃菲尔铁塔的无线电台正式播音；年底，英国广播公司（BBC）也在伦敦正式开播。

1922 年底，美国记者奥斯邦为推销无线电器材，在上海开办“中国无线电公司”，这是我国境内的第一座无线广播电台，发射功率 50 瓦。随后，美商新孚洋行、开络公司等几家外国公司相继在上海开办电台。1925 年，日据时期的中国台湾地区、大连等，日本人也陆续建立广播电台。1926 年 10 月，中国人刘翰在奉系军阀的支持下，自办的第一座电台——哈尔滨无线广播电台开播。1928 年 8 月 1 日，国民党中央广播电台开始播音，发射功率 500 瓦。抗日战争爆发后，大片国土沦丧，广播电台数量大减，国民党政府迁都重庆，1938 年 3 月，国民党中央广播电台在重庆恢复播音；1939 年 2 月，国民党政府还在重庆建立国际广播电台。抗日战争胜利后，国民党政府接收了大量日伪广播电台，到 1947 年 9 月，国民党统治区共有广播电台 131 座，发射功率 460 千瓦，拥有收音机 100 万台左右，这是 1949 年以前，中国广播事业的最高数字。

1940 年 12 月 30 日，中国共产党领导的延安新华广播电台开始播音（呼号 XNCR），拉开了人民广播的序幕。1949 年 12 月 5 日，由延安新华广播电台发展而来的北京新华广播电台改称中央人民广播电台。1949 年，全国各地建立人民广播电台达 40 座。

在无线广播问世后，一种声画兼备的无线广播设备电视也诞生了。1936 年，英国广播公司成立了世界上第一个公众电视发射台，开始定期播出电视节目。1958 年，我国成立第一座电视台——北京电视台，后改为中央电视台，这是我国电视事业的开端。1965 年，美国发射世界上第一颗商用国际通信卫星，新闻视频的现场直播变为现实，从此，人类社会真正进入电子传播时代。

1991 年统计，中国（港澳台地区除外）有广播电台 724 座、电视台 543 座，有线广播喇叭 8 604 万只，收音机近 3 亿台，电视机 2.67 亿台。近年，我国广播电视传播体系快速升级，形成了中央与地方、城市与乡村、国内与国外相结合，无线、有线、卫星、互联网等多种技术手段并用的传输覆盖体系。2013 年底，全国共设广播电视播出机构 2 568 座，共开办节目 4 199 套，其中广播节目 2 863 套，电视节目 1 336 套。广播、电视综合人口覆盖率分别达到 97.79%和 98.42%。

与报纸、新闻周刊相比，广播电视依靠强大的信息传播科技，无线电发射机、电视机、各种波段的收音机，甚至通信卫星，新闻传播速度极快，可以同步直播，这种瞬间实效性，直接导致新闻对社会的影响和干预作用。因此，现代社会的人们获取新闻的第一来源，非广播电视莫属。与纸媒最大的不同是，广播电视由相对固定的主持人发布新闻。由于长期的收听收视习惯，受众非常熟悉广播电视主持人，熟悉他们的形象、声音，更信赖他们传播的内容。而报纸通过印刷文字、图片来传播新闻，除记者编辑署名外，极少个人因素，比较理性，没有与读者即时互动的空间。

广播电视新闻传播具有浓厚的个性化色彩，与主持人个人关联度很大。尤其电视新闻主持人，几乎人人成为社会明星，不少人参与新闻传播之外的各项社会活动。广播电视主持人似乎已成为某个社会特殊圈层，在与社会各阶层的互动中发挥重要作用。这些也说明广播电视新闻传播的感性因素多、个性化色彩及互动性很强。

广播电视也有很大的弱点。与纸媒相比，广播电视节目具有线性传播特性，不可自由阅读，不可浏览和选择内容，不可重复阅读，瞬间即逝，难以保存、难以复制。尤其是一些复杂的叙事和图表数字说明，广播电视报道除了概括报道外，难以为继，广播对一些新闻现场无法详尽描述，受众不可能从一瞬即逝的电视视频或广播音频中了解更多的信息，视频图表也难以在瞬间表达清楚事实。广播电视以其鲜活生动的新闻报道夺走一大批读者，而报刊的深度报道又成为广播电视新闻的完美补充。

广播与电视也有不同，广播单纯依靠声音传播，表现手法与新闻形态相比有很大的局限性。电视可以声音、视频、图像、文字并茂，表现手段比广播丰富很多。1948 年，电视的诞生宣告了一个新的传媒时代来临，如同 20 世纪 30 年代广播与报纸一样，电视的影响更是以压倒一切的气势威胁广播的生存，美国《时代周刊》说："电视将使广播像古代骑兵一样而为人们所淘汰。"广播的确经历了一个不小的发展低谷，到 1965 年，美国 1010WINS 成为广播全新闻台，实现广播新闻 24 小时滚动播出，新闻类型化广播应时而生，宣告广播的复苏与重生。

我国广播媒体，在 20 世纪五六十年代大发展之后，七八十年代随着电视的崛起，广播也进入低迷时期。1986 年，广东珠江经济台开始广播改革，重振广播，经过 10 年的艰辛探索，到 2001 年，中国广播媒体才开始摆脱负增长局面，在报纸、电视、广播、杂志四大传统媒体中，广告年增长 20%以上，成为广告业务增长最快的媒体。

著名传播学者麦克卢汉说：媒介即讯息。广播比报纸和电视具有更强的穿透力，它所能达到的范围，传播信息的速度，远远超过报纸和电视。尤其是跨国传播的国际广播，广播的这一优势表现得更为突出。在 2008 年汶川大地震后，我国加快建设国家应急广播体系，就是在遭遇大规模自然灾害，基础设施崩溃的地区，报纸电视网络媒体无法对外发布信息的情况下，启动应急广播，跨区域传播指导居民生活与抗灾救援工作：广播传播范围广，传播速度快，穿透能力强的优势再次彰显出来。另外，广播发射、接收以及人力投入低成本、2～3 人完全可以运营一档节目，与电视动辄数百万的投入，不可同日而语。此外，广播伴随式的收听，便捷、随意，解放了眼睛和双手，不影响工作生活，成为广播相对于电视不可替代的优势。

4. 广播与网络新媒体相比，优势何在

美国传播学家威尔伯·施拉姆在20世纪80年代曾预言：现行的点对面的大众传播体制将会被一种新的点对点的传播体制所取代，革命信息时代的一个趋势将是更多地注重点对点而不是点对面的传播，将是个人越来越大地使用媒介而不是为媒介所利用。他的预言在网络时代变为现实，1998年5月联合国新闻委员会年会正式把“全球性的信息系统”互联网定为继报纸、广播、电视之后的第四大传播媒体。

国际互联网，简称为“互联网”、“因特网”，它是由全世界无数个局域网络连接起来的具有世界性的电子信息传输网，是计算机技术与通信技术相结合的成果。1969年世界上第一个计算机网络——阿帕网在美国问世，这是互联网的开端。1974年，计算机网络互联的核心技术网际协议（IP）和传输控制协议（TCP）诞生，这使全球的电脑联为一体成为可能。1985年，美国将分布全国的6大网络连接起来，建立互联网的主干网替代阿帕网，“Internet”名称正式使用。

1989年，源自美国的万维网和浏览器开始在全球普及。万维网浏览器具有两大超级功能：一是突破了平面的限制，融合了多媒体信息，集成了文字、图像、动画、音频、视频，令人耳目一新；二是超文本链接技术，通过采集、储存、管理、浏览离散信息，由存放信息的节点和表示信息之间的链组成超文本系统。1991年是网络发展史上的一个里程碑：商业广告开始登上互联网网页，互联网用户大规模走入普通家庭，传统的大众传媒开始建立门户网站与互联网相融合，一个全媒体传播的新时代就此展开。

1992年，美国《圣何塞信使新闻报》创办了全球第一份报纸网络版，从此各类传统媒体争先恐后进军互联网，美国媒体以每年60%的增长率在网上抢滩设点，美国《纽约时报》《华盛顿邮报》《华尔街日报》《洛杉矶时报》《芝加哥论坛报》《时代周刊》《新闻周刊》等著名报刊掀起上网浪潮。据美国报协统计，到1998年3月1日，美国1 520家日报中，已经有500多家开设网络版，占总数的三分之一。国际通讯社美联社、法新社、路透社、合众社、俄通社-塔斯社等也纷纷开辟网站，发布图文声像新闻。美国ABC、CNN和英国BBC等大型广播电视公司也放手建立网络新闻网站，提供全面的广播电视网上信息服务。与此同时，大量的新闻门户网站和美国在线等独立新闻网站也加入网络媒体的行列。

1997年开始，记者开始分化出网媒专职记者，专做互联网新闻。网络用户可直接参与新闻报道，实现多元动态互动，媒体内容生产方式发生重大改变。

1998年一个名不见经传的年轻人马特·德鲁吉的个人网页（博客）首先披露美国总统克林顿与莱温斯基的绯闻，一时间成为媒体追逐的热点。

马特·德鲁吉得知美国《新闻周刊》记者写了一篇揭露克林顿与莱温斯基暖

昧关系的报道,但官方要求封杀。马特·德鲁吉冒险将报道发布在个人网站上,这篇报道成为引爆美国政坛丑闻的一颗重磅炸弹。此后几经转载,马特·德鲁吉几乎一夜成为传媒红人。随着克林顿绯闻事件以及舆论讨伐不断升温,马特·德鲁吉在美国名声大振。这一事件标志网络媒体开始真正挑战传统媒体的传播优势。

2001 年 9 月 11 日,美国纽约世贸大楼遭到恐怖袭击,新兴的博客成为当时的幸存者、目击者、救援人员、医生等传播亲身体验灾难的感受和重要信息来源,身临其境的报道和充满真情实感的博文,牵动着无数人的心,网络媒体开始为许多国家主流社会所关注。当年全球的网络用户达到 6.99 亿人。

中国自 1995 年开始接入国际互联网。1995 年 12 月 20 日,《中国贸易报》首先开通网络版,成为中国网媒先驱。

1996 年开始,中国网媒发展势头强劲。《广州日报》和《中国证券报》电子版正式上网发行。到 1996 年底,中国有 50 多家报纸杂志推出网络电子版,中央电视台、中国新闻社香港分社、广东人民广播电台建立自己的门户网站。1997 年元旦,《人民日报》正式开通了网络版,11 月 7 日新华社也正式开通网络版。目前新华社、《人民日报》网络版已成为独立运营的新华网、人民网,成为中国最具影响力的网络综合媒体以及具有全球影响力的中文网站。

此外,1998 年,一些新兴的网络媒体纷纷加入网络媒体的竞争行列,网易与搜狐等门户网站也开通了新闻频道,1999 年新浪网推出了大型新闻中心,还有 FM 365、263 首都在线、北京千龙新闻网和上海东方网等网络媒体,每天随时发布并更新新闻、财经、体育、娱乐、社会等各种信息,页面浏览量快速增长。据中国记协统计,到 1999 年底,全国上网报纸 1 000 多家,广播电视机构 200 家。中国网媒已初具规模,刷新了整个中国大众传媒的业态格局。

互联网发展也经历了不同阶段,1995 年开始互联网启动大规模国际化浪潮,表现在三个方面:一是个人电脑迅速普及;二是电子商务爆发式发展,出现商业模式的革命;三是网络传播以其巨大的优势挑战传统媒体及其传播方式。

2003 年是又一个划时代的节点:在此之前的网络应用方式被称为 Web1.0,主要在于用户通过浏览器获取信息,Web 2.0 则更注重用户的交互作用,用户既是网络内容的消费者,也是网络内容的制造者。此后,网络传播的外部环境也发生了革命性变化,新媒体应时而生。2003 年以来,手机媒体作为新媒体的代表异军突起,它的便携性、互动性进一步融合了传统媒体和网络媒体的优势,新媒体对传统媒体的冲击已经势不可挡。网络个人主页、BBS 个人专辑、QQ 空间、新浪微博、腾讯微博、微信朋友圈、微信公众平台、人人网、百度贴吧等,再加上百度、搜狐、网易、腾讯等自媒体写作平台,美国的 Facebook 和 Twitter,依托互联网的各类新媒体平台犹如雨后春笋般涌出来。

2012年被称为新媒体元年，移动互联网成为新的热点，目前微博、微信、手机客户端(APP)“两微一端”成为新媒体发展的主流。

至此，在经历单媒体、广播媒体与电视媒体，再到网络媒体之后，传媒手段的演进，最终向全媒体传播转变，一个全媒体传播时代悄然而至。全媒体是在具备文字、图形、图像、动画、声音和视频等各种媒体表现手段基础上进行的不同传媒形态(纸媒、广播、电视、网络、手机等媒体)之间的融合并产生质变后形成的一种新的传播形态。全媒体通过提供多种方式和多种层次的各种传播形态来满足受众的细分需求，使得受众获得更及时、更多角度、更多视听满足的媒体体验。全媒体具有即时、滚动、互动、聚合等传播特性。传统媒体应对多元化的互动格局带来的挑战，最有效的办法就是建构全媒体传播模式，重新定位媒体的信息生产和传播流程，进入一个将人际传播、组织传播和大众传播互相重叠、有机结合而形成的新型传播阶段。

强力爆发、汹涌而至的网媒发展，让人兴奋得不知所措，然而还有一些新概念需要理清，如新媒体、自媒体等。

美国著名新经济杂志《连线》被称为数字化时代的预言家和吹鼓手，它定义新媒体是：“所有人对所有人的传播。”新媒体是一个相对概念，是指广播电视报纸等传统媒体之后，发展起来的新的媒体形态。新媒体依托数字技术、网络技术，通过电脑、手机、数字电视机等各种终端平台进行网络传播，向用户提供信息和娱乐服务。新媒体通过网络传播在技术上整合了多种传播方式，在功能上实现了去中心化、全民参与和资源共享，具有传播信息速度快、内容海量、全球范围传播、传播主体个人化、传播方式多媒体化、传播形态自由交互等特点，其中信息传播的个人化、个性化以及强大的交互性是网络传播最具魅力之处。

新媒体可分为两大类：一类是传统媒体网站，另一类是网络自媒体。传统媒体网站不必赘述，网络自媒体(We Media)又称“公民媒体”，是指私人化、平民化、普泛化、自主化的传播者利用网络工具制作发布新闻，形成新的信息传播媒体。自媒体又有广义和狭义之分，广义的自媒体可以追溯到20世纪末，当时的个人主页、BBS个人专辑都可以叫自媒体，之后是博客、微博等。而狭义的自媒体则是以微信公众号为标志，再加上百度、搜狐、网易、腾讯等自媒体写作平台，其中最有代表性的托管平台是美国的Facebook和Twitter，中国的QQ空间、新浪微博、腾讯微博、微信朋友圈、微信公众平台、人人网、百度贴吧等。

在自媒体时代，人们把自己的亲身经历和各种体验，通过网络传播，真实地表达出来，不同渠道的声音、立场迥异的评论和意见、不断刷新的海量的信息，来自四面八方，不分昼夜。每一个人都从自己独立获得的各种信息中，对事件或者事实做出判断。传统媒体的声音逐渐变弱。

2009年2月9日央视配楼失火，网友“加盐的手磨咖啡”恰好路过现场，用手机拍下一些现场照片，当天21时04分传到网上，最先对外发布消息，此后12小时，这几张新闻照片的访问量超过37万次，跟帖超过1 700个。另一位网友当天22时左右将央视配楼失火现场的一段视频上传到Youtube上，短时间访问量激增，此后6分钟左右，新华社才在主流媒体中首次发布确认火灾的消息，比自媒体发布晚了整整1小时。

2014年12月31日23点35分，上海外滩迎接新年的人群发生拥挤踩踏事件，造成35人死亡43人受伤。严重的突发事件成了上海各类媒体的角斗场，新媒体以巨大的传播互动优势，碾压传统媒体的生存空间。从传媒竞争的角度看，令人悲伤的上海外滩新年之夜，成为新媒体竞相炫技般的狂欢。上海交通大学媒体与设计学院教师魏武挥发表网络文章《上海踩踏事件再一次敲响纸媒丧钟》说：“外滩的踩踏事件，发生在2014年12月31日23点35分。这个时间点非常重要。这个时间点决定了，1日的日报，几乎难有所为。”

的确，上海主流纸媒在这个时间已经无能为力，元旦出版的各大报只是报道了这个突发事件简讯，显得单薄又无奈。与纸媒的无奈相比，上海当地的新媒体则24小时不停地全程跟进：澎湃新闻网快速全面报道，不断刷新，《解放日报》旗下新媒体平台也一直在滚动直播这一事件各种延伸报道，并与网友互动。直到2天之后，上海主流纸媒才开始大篇幅追踪报道，但已成明日黄花。文章总结道：“微博渠道担当传播主力，已将这一我国百姓社会成长历程中的纪念日载入史册。”

很显然，对于这类突发性事件，网友现场采集的图像、音视频是报纸广播电视等传统主流媒体难以企及的，网友互动中形成的舆论和意见，一时应者云集，更让传统媒体插不上手，此时传统意义上的媒体受众已成为新闻源和发布者。

与报纸电视广播相比，新媒体的信息传播，不是专业媒体机构来主导，而是由普通社会大众主导的，由传统的“点到面”的传播，转化为“点到点”、一对一的对等传播，特殊内容一对多的分众传播，多对一的定制传播等，这种信息传播方式为普通个体提供信息生产、积累、共享，传播内容兼具私密性和公开性。新媒体传播打破了时间、地域的局限，打破了传统的政治、经济、文化的拘囿，用户既是新闻事件的亲历者、采集者和传播者，也是受众和舆论源（意见领袖），形成了跨国界、跨文化的全新空间。此外，网络传播不断开创电子商务及无线增值业务的新的赢利模式，比如支付宝、手机微信支付购物等，更是深刻影响了中国人的社会生活方式。

与传统报纸相比，新媒体内容可任意复制转发，而且具有比报纸有更方便的可保存优势，具有比报纸更深入、更全面、更详尽的全景展示，以及几乎可以无限制的背景资料链接。与广播电视相比，新媒体不仅融合了广播电视视听图文形态，而且内容互动、即时、延展、融合更加生动和便捷，自媒体平台更是让人爱不释手。在 Web 2.0 时代，新媒体具有非线性传播、低成本等优势，平民化、个性化、低门槛、易操作的传播方式，使任何网络用户都可以成为传播者，因此决定了网络的信息内容不完全受网站的控制，传统媒体对信息的筛选、把关，内容传播的议程设置等在新媒体面前遭遇颠覆性挑战。

2013 年底，中国互联网用户规模达到 6.18 亿，互联网普及率 45.8%。手机网民达到 5 亿人，继续保持第一大终端地位。微信因操作简便、多媒体传播、免费使用等优势而疯狂扩张，2013 年，微信覆盖 200 多个国家和地区，发布 20 多种语言版本，用户达 6 亿，海外注册用户超过 1 亿，微信公众账号扩张到 200 万以上，每天保持上亿次的信息交换。网络传播的参与者如此众多，传播者的素质良莠不齐，传播内容个性化、体验化倾向明显、目的隐蔽、真假难辨，因此，网络信息的可靠性、准确性相对较低，并常常受到质疑，对于新闻报道，人们还是更倾向于相信权威的传统媒体报纸、广播和电视。以此，相对于网络新媒体而言，广播的优势是传统主流媒体的权威性、可靠性和社会公信力。

5. 广播媒体的传播优势

20 世纪 20 年代，美国最时尚的消费行为之一，就是人人可以通过分期付款的方式获得收音机。这种浪漫和时尚一直流行到美国度过 30 年代的大萧条时期和整个第二次世界大战的艰苦岁月，广播发展非但没受到经济危机和世界大战的影响，反而持续繁荣。到 20 世纪 40 年代统计，美国每户拥有收音机 1～5 台，几乎每个人都在收听广播。

此后，广播传播技术再次升级，调频广播出现，改变了调幅广播易受静电干扰、音质不稳定、收听质量不高的缺点，迎来了调频广播的收听高潮，广播进入黄金时代。美国全国广告协会调查，1988 年美国拥有 5.27 亿台收音机，其中在汽车里使用 1.26 亿台。

而同样的情景出现在中国要晚得多，赛立信公司调查显示：2013 年，中国大陆地区广播听众规模为 6.72 亿，城市和农村的广播听众分别是 4.47 亿和 2.25 亿，城市听众占 66.5%，中国城镇化经过 30 年的努力，广播听众越来越向城市集中。

广播的传播优势在哪？

第一，广播依靠声音传播，而接受声音的“听感”及其综合判断力强于电视声画并茂的“可视感”，广播成为“想象者”的乐园。

与视觉及其他感觉器官相比，耳朵在人的接受信息的器官中不具有优势，视觉占据人们可探知信息的95%。但是科学数据表明：人类大脑对音响的反应速度的平均时间是140毫秒，而对看到的事物的反应速度需要180毫秒。这种细微差距造成听觉系统先于视觉系统接受信息，并用“想象力”弥补了这个差距。

从传播效果上来看，广播听觉获得的信息，比报纸印刷的文字图片信息或者电视声画所传递的信息，具有更多不确定的因素，有人借此认为广播传播渠道单一、容易听错、与电视相比存在较大劣势。但是，正是这种对声音信息的先于接受，以及声音信息本身存在的不确定性，在想象力的帮助下，能够“唤发起受众的视觉、味觉、触觉等综合感受体验，受众获得一种内视能力，形成一个自足的、丰富的内心体验。在这个意义上，广播成为一个自足媒介，而不是有缺陷的媒介”。

有的传播学者指出：广播有他自身的长处和贡献，当电视夺走大部分人后，广播仍以无处不有、无处不在的活力活跃着。广播是属于个人的传播媒介，它可以让人自由地想象。这种综合体验的传播方式，便于突出主题，决定广播节目便于表现抽象思维，对概括性的话题有较大优势，比如道德、法治、艺术、心理学、情感、两性等话题。而电视的优势表现在具体性的需要一目了然的节目：新闻、纪实、科学、时尚、消费、烹饪等。广播在驾驭理性的话题方面，在对话题的探讨和评论性上对比电视具有较大优势。

此外，行风热线上线领导干部走进广播直播室，虽然要求着装整齐，但是与受众直接对话交流，听声不见人，免去电视直播状态中抛头露面的诸多麻烦和不安，也是广播媒体的优势之一。

第二，伴随收听成为广播传播不可替代的媒介。

随着社会发展进步，以及媒体的激烈竞争，广播的不可视性反而成为广播生存发展的最大优势。广播可以作为一种不可替代的伴随媒介，一种理想的背景媒介。正因为不可视性，广播收听可以在任何环境中进行，可以在需要离开视觉参与的环境中伴随收听，可以在从事其他活动时随意和非专注地收听。近十年来，中国进入汽车时代，车载移动收听渐成广播收听主流，在开车时，伴随收听成为广播媒体的最大优势。

2013年，中国汽车保有量已达到1.37亿辆，是2003年汽车数量的5.7倍，北京、天津、成都、深圳、上海、广州、苏州、杭州等8个城市汽车数量超过200万辆，北京市汽车更是超过500万辆。注册的汽车驾驶人员已经达2.19亿，据此推算，2013年中国国内移动听众规模约2.72亿。

调查显示，在各类收听终端中，车载收音系统作为主要收听终端的受众群占比达34.2%，在总收听量中，车上收听量的占比已经跃升为第一位，超过其他终端的收听量，车载移动收听逐步成为主流。车上收听广播的移动听众主要集中于30～39岁，所占比例达42.2%。在私家车车主中，广播受众依然以30～39

岁为主。

此外，在其他收听终端中，手机及网络收听广播的人群超过80%年龄在45岁以下，35岁以下的超过60%。广播受众的年轻化趋势，在很大程度上得益于汽车广播、手机广播和网络广播的听众年轻化。

美国全国广告协会调查，美国95%的汽车上使用收音机，3/4的成年人在汽车里听收音机，96%的用于上下班的公交车辆装有收音机，接受调查的乘客中，喜欢在公交车上听广播的占86%。此外，超过60%的受访美国人在观看电视的黄金时间，即20:00～23:00期间收听广播；40%的人喜欢在午夜到6:00收听广播；另外80%受访者在周末收听广播。

数据显示，2013年广播接触率是59.5%，与前几年相比大致持平。面对新媒体竞争，不少与广播相关联或类似的声音媒体也纷纷浮出水面，移动互联平台为广播再次"破茧而出"提供一个全新的渠道，广播手机收听、移动收听成为车载收听之外的新的热点，伴随收听的巨大优势，使广播媒体在互联网传播的巨大挑战面前呈稳步发展之势。

第三，即时互动性是广播传播的最大优势。

俗话说，耳听为虚，眼见为实。在人际传播中，声音的理解力明显弱于眼睛中呈现的图像理解力，而且具有多义的指向性，容易误解，因而声音需要重复，以确定内容。事实上，在广播访谈节目中，那些预先准备好的复杂的逻辑、严谨的陈述和充满思辨性的书面语言，用声音还原其本意，又能做到迅速理解、没有歧义，是比较困难的。从广播媒体的历史来看，广播媒体长期用于传达政令和宣传教育，要求庄重、严肃。广播新闻也是脱胎于报纸书面语言，广播新闻追求书面化的倾向甚至成为一种专业规范。不少专家学者认为，解放广播语言，让广播语言回归口语化、情感化的本源，成为"介于口语与书面语言之间的一种语体"。

广播"传播是一个心灵影响另一个心灵的全部程序"。这是一种互动的过程，互动意识是广播媒体最基本的特性。没有广播节目的互动，广播本身的生命力和影响力就会减色，广播的魅力就会削弱。广播媒体的互动和其他媒体的互动不一样，广播节目的互动是即时发生的，它不像纸媒和其他媒体那样，可以通过事先的剪裁和润色，才能达到完美的效果。广播是"正在进行式"的互动，要求主持人，必须具有良好的、敏捷的语言应变能力，这一点是广播相比其他媒体的最大优势，也是行风热线选择广播最重要的因素。山东临沂人民广播电台因创办全国第一家《行风热线》而盛誉加身，台长助理赵学芝说，广播的直播优势、双向互动优势，是行风热线的灵魂；坚持为民办实事，认真解决每一个问题，是行风热线的生命线。

第四，成本低是广播最直接的优势。

从媒介生产的角度看,广播的制作、播出费用较低,播出信号单一、技术成熟、易于操作,一些小型的专业频率甚至只有两三个工作人员就可以运营。广播一般可以持续长时间播出……广播容量大,每分钟能播出200多个汉字,一天24小时,一个频道就可以播出28万字的内容。广播最直接的优势体现在它是一种很经济的媒体。广播的户外直播只要一个话筒和一部电话就可以了,虽然电视也可以这样做,但毕竟这样做是对电视画面优势的牺牲。

第五,广播媒体的权威性、地方性、服务性特征和广播收听的排他性、分众性,与政风行风热线的要求不谋而合。

首先,广播的社会属性及政治优势,决定其权威性。

在人类社会发展史上,包括广播在内的大众传媒,具有自身的特质,这是区别于其他事物的根本属性,根本属性包括自然属性和社会属性,自然属性不必赘述,社会属性用一句话说,形象而又简洁:包括广播在内的大众传媒就是党和人民的喉舌。

大众传媒不可避免地具有阶级性、党性和政治倾向性,必然成为某个阶级、政党、集团或个人的喉舌。

在新闻史上,最先用喉舌来比喻报纸的是无产阶级革命的伟大导师马克思。1849年2月7日,马克思在科伦法庭上就《新莱茵报》审制案发言时,尖锐揭露了资产阶级所谓“新闻自由”的虚伪性,提出了无产阶级报刊所肩负的历史使命。他说,报刊按其使命来说,是社会的捍卫者,是针对当权者的孜孜不倦的揭露者,是无处不在的耳目,是热情维护自己的人民精神的千呼万应的喉舌;报纸最大的好处,就是它每天都能干预运动,能够成为运动的喉舌。在战争年代,中国共产党也把自己的报纸、广播称为“喉舌”。1942年4月1日,《解放日报》在《致读者》的社论中表示,该报要成为一切愿意消灭民族敌人、建立民族国家的人的共同喉舌。

1945年10月25日,《解放日报》在一篇介绍延安新华广播电台的文章中指出:该台是“人民的喉舌,民主的呼声”。

全心全意为人民服务,是中国共产党的根本宗旨,也是党领导下的广播事业的根本宗旨。因此,纠风工作的媒体平台,必然选择这种权威性的主流媒体,而不是传播极度个性化、内容真假难辨的新媒体。何谓主流媒体?2004年,新华社“舆论引导有效性和影响力研究”课题组提出了“主流媒体”的标准。一方面是强调主流媒体必须具有党、政府和人民的喉舌功能,必须体现并传播社会主流意识形态与主流价值观,具有较强公信力;另一方面又强调主流媒体必须得到受众和市场的认可。

随着社会主义市场经济的发展和媒体产业经营的扩张,中央人民广播电台、中国国际广播电台以及省级媒体、兄弟省市媒体,落地地方,与当地媒体争夺收听市场份额。但是,在地方,广播媒体的发射覆盖面是有限的,在技术上能够保障收听音质清晰、效果稳定的调频广播的覆盖面,更是体现在城市及周边范围内,因此就三线城市而言,广播体现出强烈的地方性,对市民而言,内容贴近性、语言习俗的亲近性,产生强烈的广播媒体守土情节,这是地方广播赖以生存的基础。为了放大地域性的守土情节,地方广播无一不办方言节目,就是希望用地域性、习俗性来抓住人心,留住听众。如果这种方言节目,是地方广播服务性的重要表现,那么行风热线,敞开热线,请群众咨询投诉、评理论政,为群众排忧解难,则是广播服务性的最好表现,因而行风热线大都深入人心,成为地方广播的金牌节目。

此外,广播媒体的传播力具有明显的排他性,受众在接受某一广播电台的广播时,不可能同时接受另一同质媒体的传播行为,所以我们说,广播媒体的传播载体决定了他的传播是具有明显排他性的。同时,广播从战争时期、解放初期到改革开放 30 多年的发展,从内容传播服务政治,全国一盘棋、一篇稿、一个声音,到尝试新闻改革、节目形态创新,30 余年的发展,广播分众化、窄播化成大势所趋,激生出新闻广播、交通广播、音乐广播、私家车广播等只服务于特定需求的受众类型化的广播频率,其非常接地气的节目与内容,与落地的中央台、省台节目错位发展,和谐共赢。正是在这个背景下,行风热线才会选中有困难的群众作为服务对象,把与群众生活息息相关的政府职能部门和行业领域的领导干部推上前台,接受群众监督。因此,也只有广播这个电子听觉传媒才能为群众提供一个最为方便、快捷、实用、有效的沟通互动机会,而且是其他媒体不可替代的。

(二) 广播新闻改革的成功范例与传媒意义

行风热线节目因时而行、应运而生,是广播新闻改革的必然结果。

中国共产党领导下的无产阶级新闻事业具有的鲜明的党性和人民性,决定了我们的舆论工具既是党的喉舌,也是人民的喉舌,是党性和人民性的高度统一。广播事业的使命就是充分发挥自身优势,不断改革创新,实现上情下达、下情上传的双向功能,当好耳目喉舌,既有效地传播党和政府的声音,又能真正反映人民的意愿。

以广播为平台的行风热线适应了新闻改革这一根本要求,成为广播媒体传播平台拓展和传播形式创新的成功范例,成为传媒史上重要的社会现象,行风热线的深远影响,正在许多领域呈现,对广播而言,其传媒意义更加深刻而宏远。

1. 实时互动直播,开创广播舆论监督节目的新形态

新闻改革的重要内容,就是最大限度地提高新闻报道的透明度,要畅通媒体渠道,及时发布党和政府的方针政策、重要决策部署,及时深入地反映群众关心

的热点、难点问题，准确传递群众需求的各种信息。对社会舆论的难点和热点，如果采取消极回避的态度或漠然置之，就容易形成负面舆情，甚至成为社会隐患，引发社会动荡。行风热线密切注视社会舆论的动向，积极回答群众提出的各种疑难问题，真诚地与群众交流探讨，最大限度地满足群众的意愿和要求，许多问题可以达成共识，许多矛盾能够迎刃而解。

行风热线节目以广播直播的方式传播。热线电话的介入使节目在听众、主持人以及政府职能部门的领导干部之间实现三方即时互动，听众直接向直播室里的领导干部反映与自己利益相关的问题；而领导干部则真诚回答，并直接促进问题解决。这种互动方式不仅最大限度地满足公众的知情权和话语权，最大限度地提高新闻传播的透明度，也开创了广播媒体舆论监督的新形态。

领导干部通过行风热线节目，宣传党和政府的政策法规，实事求是地说明政府部门工作中面临的困难和问题，有针对性地做好解惑释疑的工作，回应舆论关切和人民群众的意愿，研究措施，改进工作，查处不正之风，更好地为人民服务，也提高了新闻报道的透明度，增强了舆论监督的效果，拓宽了广播传播的领域和影响力。

不仅如此，行风热线节目还对新闻传播内容进行延伸互动，增强了新闻传播价值。以徐州广播《行风热线》为例，节目每周一至周五早上 8:00～9:00 播出，节目播出后，记者随着职能部门工作组，现场调查了解情况，对有新闻价值的事件，在每小时刷新一次的新闻《第一资讯》中，通过手机对现场调查和处理情况，动态直播报道，群众通过节目咨询投诉后，一小时后就能听到相关调查和处理动态。在当天下午 17:00 的《沟通》节目中，再次连线上午咨询投诉的当事人及上线职能部门相关负责人，迅速回馈上午的内容和处理群众诉求的进展情况。不能当时解决的问题，当地责任人要做出限时解决的承诺。次日上午 7:00 的广播版《徐州新闻联播》，还要把典型的案例，以及记者现场调查结果以新闻的形式呈现出来。在不同时段的新闻栏目里，陆续播出节目中群众所反映的情况以及调查动态和处理结果，且不断互动、不断重复播出，从而形成一个电话参与，全天新闻节目回应的格局。这样全方位的立体交叉互动，使广播媒体舆论监督效果倍增。

不仅如此，徐州广播《行风热线》节目不仅充分发挥广播优势，而且与电视、网络及平面媒体相互联动，形成更大的传播优势，扩大节目效应。媒体的社会地位空前提高，行风热线节目的社会影响盛况空前。

反映问题是新闻媒体开展舆论监督的最基本手段，但是舆论监督往往缺乏强制性，致使一些问题迟迟得不到解决。行风热线节目的不同之处在于，面对群众投诉，政府职能部门的领导干部在直播室就可以根据问题的性质、大小，有的能够当场拍板解决，有的问题承诺限时解决，暂时无法解决的也会解释和说明。行风热线为群众说话提供了讲坛，变新闻监督为群众监督，变新闻批评为群众批评，极大地丰富了舆论监督的内涵，同时，领导干部对群众了解的真实信息、投诉的具体内容、要求解决的实际问题，通过广播媒体公开承诺限时解决，及时反馈处理的结果，而且做到每天上线，工作持续不断，促使职能部门转变工作作风，提高办事效率。这样，广播媒体不仅增强了舆论监督力度，而且延展了广播宣传干预社会、服务社会的功能。

2. 双向沟通传播，通过新闻媒介建立平等对话制度

新闻改革的另一个重要内容，是增强人民群众的媒介参与度，这有助于人民群众成为参与社会管理的重要力量。在行风热线直播现场，群众既是节目的服务对象，又是节目的传播主体。领导干部既是施政的政府代言人，又是提供服务、解决问题的主体，使政府权力的运行置于群众的有效监督之下。“让人民监督政府”，赋予了人民群众参与社会管理的权利，提高群众的媒介参与度，也提高了政府工作的透明度，拓宽了民主监督的渠道。行风热线正是坚持形式创新，搭建一个政府官员与群众平等对话的平台，调动群众政治参与的积极性，进一步密切党和群众的血肉联系。

领导干部还可以根据群众反映的问题，找出工作中的薄弱环节，以对党和人民高度负责的精神，从点滴做起，履行职责，求真务实，这样，就增进了政府与群众之间的真诚了解，政府的威信因此而得到提高，群众与政府之间良好的信任关系更加牢固，政府在群众心目中的良好形象由此而建立。

行风热线节目把话筒对准基层，对准群众，听民意，释民惑，集民智，受理问题的办结率和群众的满意率都在90%以上，成为党和政府倾听群众呼声、了解社情民意的连心线，成为宣传解读党和国家政策法规、推行政务公开的服务线，成为促进政府有关部门转变职能、改进工作，依法行政的监督线，成为检验党政干部增强公仆意识、敬业精神及业务素质、工作效能的考评线，成为党和政府关心群众、帮助群众解决生产生活具体问题的亲民线。

3. 延伸社会功能，探索广播节目服务党和政府中心的新路子

行风热线由反映问题到解决问题，延伸了广播舆论监督的社会功能，强化了广播集舆论、行政、群众监督于一身的媒体监督的整合力，探索了一条广播节目服务党中央和地方党委中心和重点工作的新路子，提升了广播媒体的社会地位。

广播媒体是党的喉舌、人民的喉舌，共同利益就是党性和人民性的高度融合，高度统一。行风热线为广播媒体“喉舌论”拓展了新的内涵，就是党和政府阳光执政的重要平台，是党和政府联系群众的重要平台，是群众获得话语权、知情权的有效平台。通过广播媒体平台，领导干部提高了执政能力，也提高了与群众

沟通的能力。在这个平台上，行风热线有针对性地引导社会主流舆论，走出一条广播节目服务党中央和地方党委中心和重点工作的新路子。

2005年9月6日甘肃省《政风行风热线》直播节目开播，甘肃省委副书记、省长徐守盛亲自主持开播仪式，并作重要讲话，提出明确要求，这在全国也是首例。不仅如此，甘肃省《政风行风热线》节目组织由省委办公厅、省政府办公厅联合下文安排上线单位，这样高规格地组织一档广播节目，重视程度颇不寻常。

河北省委省政府把各地各部门“一把手”上线做好《阳光热线》作为一项重点工作强力推进，多次被列入省委省政府红头文件。2005年10月，河北省委六届八次会议工作报告甚至也写入做好河北人民广播电台《阳光热线》的内容，这在全国新闻界都非常罕见。

《阳光热线》与河北省纪委深度合作，在全省民主评议工作中考评所占分值的比重逐步增加，《阳光热线》选准民主评议和纠正损害群众利益的不正之风这个重点来做文章，努力寻找党和人民群众共同关注的结合点，把节目纳入机关单位考核体系，参与《阳光热线》，积极解决群众反映问题，成为干部考核的一项社会指标，把舆论监督与机关效能建设、干部勤政廉政考核等社会管理相结合，创新了舆论监督模式。

2005年，《阳光热线》还与河北省人大、政协合作，把人大代表、政协委员请进直播间，实现媒体监督和人大、政协监督的有机结合。河北《阳光热线》简报，除上报河北省四套班子领导以及所有参与节目的厅局领导外，还直接上报国务院纠风办，以公示的方式加大问题解决力度。中央和国家有关部委领导对《阳光热线》所反映的问题，上百次批示、表扬、调阅，直接关注问题的解决和政策落实，这在中国传媒史上创造了奇迹。

广播行风热线的创新突破，形成模式，持续引领全国媒体改革方向，辐射全国，影响深远。

第二章　政风行风热线与徐州广播

第一节　徐州广播的前世今生

一、新中国成立前,徐州广播事业20年的峥嵘岁月

人类历史上第一座无线广播电台美国匹兹堡KDKA电台于1920年11月2日正式开播,这是世界广播事业的源头。1922年,上海出现我国境内第一座无线广播电台,发射功率50瓦,标志着广播传入中国。当时上海尚属江苏行政管辖,从时间和地域分布看,江苏是中国无线广播事业发展第一大省。无线广播因其传播特性,打破地域障碍,传播广泛迅速,一入国门,便为当时的一切政治力量所关注。革命先行者孙中山先生说:"这是可惊可喜之事。吾人以统一中国为职志者,极欢迎无线电话之大进步。"

1928年3月,国民党中央广播电台在南京开始播音,由陈果夫负责,发射功率为75千瓦的大功率发射台,覆盖全国,居东亚第一、世界第三,曾引起日本政界震恐。

1934年11月,徐州民众教育馆馆长赵光涛筹建的无线广播电台开播,这是徐州历史上第一座无线广播电台,发射功率60瓦,台址设在徐州民众教育馆内民众草堂(旧火神庙,今第三人民医院附近)。赵光涛(1901～1967),字光耀,徐州市人,中国早期著名的社会教育家,中国电化教育事业先驱者。1931年8月,赵光涛受江苏省教育厅委派筹办徐州民众教育馆,致力电化教育手段,扫除文盲、启迪民智,开一代风气之先。"九一八"事变后,赵光涛深感国家危机深重,决定筹办徐州民众教育馆广播电台,用先进的传播手段,加强抗日宣传。1934年,徐州民众教育馆广播电台每天播音1～2小时,主要是进行社会教育和抗日形势宣传,揭露日本侵华野心和在东三省的暴行。国民党徐州广播电台1945年创办的《广播月刊》创刊号如此评价这座初创的电台:"设备虽未臻完善,但播音成绩尚佳……"

1937年11月,日军直逼南京,形势紧迫。国民党政府被迫西迁,11月23日国民党中央广播电台作"告别广播"后,停止播音,人员设备等迁往重庆。12月13日,日军攻陷南京。

1938年1月至5月,国民党军队在以徐州为中心的津浦、陇海铁路地区抗

击日军,围歼日军1万多人,取得台儿庄战役的胜利,震惊中外。徐州民众教育馆广播电台积极配合抗日宣传,尤其在长达5个月的中日徐州会战及台儿庄战役中,宣传鼓动、提振士气功不可没,被称为“制造民众协力的发动机”。

1938年5月19日,日军攻占徐州,徐州民众教育馆广播电台被迫迁走。日军随即设立“徐州放送局”(即电台),台址在徐州城最高点户部山上的三义庙,使用频率1 003千赫,发射功率15瓦。

1938年12月4日,日军授意日伪华北广播协会在此基础上设立伪徐州广播电台,台址仍在户部山上的三义庙,发射功率增大到30瓦,使用频率改为1 300千赫,呼号是XGOI。日本人和田景治任第一任台长,后日本人粟源原一郎、野村等继任。广播电台每天18:00～21:00播音,一半时间转播东京电台日语节目,一半时间转播伪北平和南京电台的汉语节目。

1942年汪精卫投敌叛国,在南京成立伪国民政府,1942年3月成立伪中央广播电台,竟无耻盗用已经迁往重庆的国民党中央广播电台的名称、呼号、频率,以混淆视听。1945年8月,伪徐州广播电台再次转隶伪华中政区中国广播协会,发射功率再次增大为50瓦,频率改为1 010千赫。此时,日本工程师山口奉命来徐州扩建发射设备,拟将汉语广播扩容到500瓦,日语广播扩容为100瓦,无奈机器尚未运到徐州,日本即宣布战败投降。

1945年8月15日,日本昭和天皇发布《终战诏书》,宣布无条件投降,汪伪政权就此垮台,中国人民抗日战争取得胜利。重庆国民党中央广播电台及国际广播电台当晚通过广播,通知各地日伪广播电台“保存好机件器材,听候派员接收”,并规定各台按时转播重庆中央广播电台新闻节目。直到9月12日,日军徐州放送局才同意按重庆的要求,开始转播重庆国民党中央台的新闻节目。

国民党中央广播事业管理处还拟定《广播复原紧急措施办法》,任命国民党国际广播电台台长冯简任京沪区接收特派员、国民党中央广播电台工程师兼工务科科长叶桂馨为京沪区接收专员,紧急接收沦陷区的日伪广播电台。9月19日,冯叶飞赴南京,接收伪中央电台,改建成南京广播电台。

1945年8月,国民党陆军总司令何应钦受命全权处理中国战区内全部日军投降事宜。全国划为15个受降区,徐州为第九受降区,以国民党第十战区司令长官李品仙为受降主官,战败日军集中在徐州、蚌埠、安庆三地,徐州为统一办理投降的地点。

1945年9月7日,国民党第十九集团军总司令陈大庆率部进入徐州受降,接受日伪资产,徐州光复。京沪区接收专员叶桂馨委托第十战区临泉指挥所接收委员会,暂派国民党东海县党部书记、第五组中校科长孔园人前往徐州接收日伪徐州广播电台。

1945 年 10 月 19 日，孔园人从日本人庄司猛夫手中，接收中波 30 瓦发射机一部及其他机件材料。接收后，在使用日伪徐州广播电台原有设备的基础上，成立国民党徐州广播电台，孔园人任台长，电台呼号 XOPC，频率仍为 1 010 千赫，台址仍在户部山三义庙。该台由国民党中央广播事业管理处直接管辖。

开办之初，孔园人还创办《广播月刊》。其创刊号称：徐州这个地方，不管从军事上、政治上及经济文化各方面看，都离不开它的重要性。它扼制五省交通孔道，同时，今后五省的命运也都有赖于徐州安全来确定的。我们在这个重要的地方担负重要的使命，除去报道消息外，还负有沟通文化与普及教育的责任。

当时的徐州广播电台节目有《徐州新闻》《各地新闻》《政令政情》《自由谈》《早晨的话》《家庭妇女》《宗教节目》等，并转播国民党中央台的新闻及时评、北平台的教育节目、美国旧金山《美国之音》的新闻评论等，每天播音 3 次，播音时间 8 小时。

1945 年秋，国民党开始筹划内战，空运大批军队，徐州地理位置特殊，国民党徐州广播电台将频率改为 800 千赫，为国民党军队空运提供导航服务，1946 年后才恢复为原有的 1 010 千赫。

1945 年 12 月，中共中央山东分局与北上的华中局合并，在临沂成立中共中央华东局，书记饶漱石、副书记陈毅、秘书长郭子化，统一领导山东、华中党政工作。

1948 年 11 月 6 日，被称为国共大决战之一的淮海战役打响，人民解放军歼灭黄百韬兵团 17.8 万人，迫使国民党徐州剿总副司令杜聿明放弃孤城徐州。11 月 30 日，国民党 34 万人马，从徐州出城，在风雪中仓皇西逃，最终在陈官庄一带被人民解放军围歼，杜聿明被俘。

12 月 1 日，人民解放军华东野战军渤海纵队率先进入徐州，徐州宣告解放。12 月 2 日，中国人民解放军徐州特别军管会成立，傅秋涛将军任主任。12 月 4 日，军管会无线电部派周国良、顾德进驻户部山原国民党徐州广播电台，为接收做准备工作。国民党原台长孔园人早已逃走，只剩下编辑部主任林洋为主的播音、机务、工友等十几人，机器设备也残缺不全，电台一片破败景象。

12 月 8 日，中共中央山东分局派张梦达正式接管国民党徐州广播电台，并进行筹建新台工作。军管会无线电部技术人员在原电台留守人员的协助下，对广播发射机进行维修调整，电台开始转播陕北新华广播电台节目。驻徐军管会还决定给电台派一个武装警卫班，并调入部分党员，成立一个党支部。傅秋涛将军还要求张梦达一定要在一周时间内，把电台播音工作准备就绪，开始广播。12 月 13 日，徐州上空第一次发出“人民的声音”：我们是徐州广播电台，XZAY，现在向大家开始新中国成立后的第一次播音……这一时期，是电台试播，仍然沿用新中国成立前的广播波段、名称呼号。新生的徐州广播电台立刻投入淮海战役围歼杜聿明集团的宣传工作，在瓦解敌军士气、鼓舞淮海人民支援前线方面显示了广播特有的威力。

二、20 世纪 40～70 年代，徐州广播事业的曲折发展

（一）20 世纪 40 年代

1949 年 1 月 24 日，中共中央山东分局决定：徐州新华广播电台正式成立，张梦达为第一任台长。

1949 年 2 月 1 日，徐州新华广播电台正式开始播音。这是江苏境内在解放战争炮火中诞生的第一座人民广播电台。台址仍在户部山上，全台干部职工共 8 人。驻徐军管会主任兼中共徐州市委书记傅秋涛将军亲临成立大会并讲话。他说："徐州新华广播电台要在今后的战斗中，在祖国的建设中，发挥更大作用。"

当时，徐州新华广播电台隶属华东新华广播电台和徐州市委。

华东新华广播电台，是中共中央华东局在山东临朐县创办的广播电台，1948 年 12 月 20 日正式播音，呼号为 XNEC，短波发射机 500 瓦。在济南战役、淮海战役、渡江战役以及解放上海、南京、杭州的战役中，发挥舆论宣传的重要作用。按照统一部署，华东新华广播电台 1949 年 2 月迁到济南，大部分干部随军南下，随着人民解放军节节胜利，陆续接管国民党上海、南京、杭州电台。1949 年 7 月，华东新华广播电台在济南停播。

徐州新华广播电台 1949 年建台之初，主要任务是转播陕北新华广播电台和华东新华广播电台节目，每天播音一个半小时。除新闻外，播送的内容有全国解放战争最新胜利消息、有我军将士的家书、有战斗英雄和先进单位的事迹，还有华东战场上起义的国民党军官介绍，我军对国民党军队发布的战场文告、讲话等。当时人民解放军驻徐警备司令袁也烈、徐州特别市市长周林等军政领导，也都在徐州新华广播电台向支援前线的各界群众发表过广播讲话。

当时徐州居民中收音机数量较少，为了让更多的人听到广播，电台技术人员，在徐州市区中正路（今淮海路）、中山路、彭城路、大同街等主要街道，临时安装大功率收音机，并配上扩大器，取名"公共收音站"，每到播发重要消息、通报和讲话，"收音站"前密密麻麻聚集大批群众，静静收听。群众说，这是"共产党的声音"。

徐州新华广播电台 1949 年开设自办节目有《新闻》《听众服务》《大众常识》《工人节目》《青年节目》《妇女节目》《儿童节目》《文艺节目》等。作为徐海地区当时唯一的广播电台，徐州新华广播电台发挥了宣传阵地作用。

1949 年 9 月，徐州新华广播电台改名徐州人民广播电台，功率为 50 瓦，发射频率为 1 350 千赫。

1949 年 12 月，中国人民解放军第三野战军副司令员粟裕、参谋长张震先后

视察徐州新华广播电台、召见徐州市委宣传部部长周南和台长张梦达，并对电台工作作出具体指示。

（二）20 世纪 50 年代

1950 年徐州广播电台播音节目见表 2-1。

表 2-1　　1950 年徐州人民广播电台播音节目表

时间	周一至周日
早晨播音：7：20～8：30	
7：20～7：30	国歌　报告全天节目　音乐
7：30～7：45	转播北京中央人民广播电台第一次新闻
7：45～8：00	音乐
8：00～8：20	大众常识
8：20～8：30	音乐　预告中午节目　休息
中午播音：11：50～13：30	
11：50～12：05	固定片　报告中午节目　对时
12：05～12：20	本市消息
12：20～12：30	音乐
12：30～12：45	转播北京中央人民广播电台第二次新闻
12：45～13：00	唱片节目
13：00～13：20	各地通讯
13：20～13：30	音乐　预告晚间节目　休息
晚间广播：17：00～21：30	
17：00～17：10	固定片　报告晚间节目　音乐
17：10～18：10	广告
18：10～18：30	轮回节目（每星期一、三、五、日职工，二、四青年，六妇女）
18：30～19：10	教唱新歌曲　文艺节目（二者逐日轮流）
19：10～19：20	本市商情
19：20～19：40	综合节目（各地通讯、政令、通告，地方性评论等）
19：40～20：00	听众服务或京剧唱片
20：00～21：00	转播北京中央人民广播电台节目：① 第三次新闻；② 国际时事；③ 评论或综合报道；④ 演讲或通讯
21：00～21：20	故事
21：20～21：30	预告明天节目　终了曲　停止

1950 年 4 月 14 日，中央新闻总署作出“关于建立广播收音网”的决定，徐州市政府发出“关于开展广播工作的指示”，对广播电台的性质、任务以及如何发挥宣传教育的作用等都提出明确要求。要求“政府各部门、各机关、各工厂企业部门、各学校要有效地组织收听”。

广播收音网由收音员、收音小组、广播之友、街道广播站和小型广播台组成。1950 年统计，当时徐州全市仅有电子管收音机 203 台，半导体收音机、电视机、录音机均为零。

1950 年 9 月，徐州建立广播收音网，地址在户部山上。收音网发展很快，不少单位踊跃购买收音机，办扩音站，筹建小型广播台。据统计，到 1951 年 1 月 17 日，收音员发展到 274 人，广播之友 97 人，建立收音小组 395 个，收音站 25 个，有线广播站 28 个，联系人数 14 760 人。工厂企事业单位建有线广播站 17 个，部队建 8 个。

1951～1952 年，徐州人民广播电台工作人员因陋就简、艰苦奋斗、配合党的中心工作，广泛宣传党的政策，宣传土地改革、抗美援朝、镇压反革命，宣传增产节约、“三反五反”、新婚姻法等。当时重要的宣传形式是广播大会，有镇压反革命广播大会，有抗美援朝文艺募捐广播大会，有贯彻执行新婚姻法、劳动法广播大会。每次广播大会都有近 10 万人集中收听，与当时经常出现的群众运动相辅相成……那是一段激情燃烧的岁月，从 1951 年至 1952 年 10 月，徐州人民广播电台共召开 15 次广播大会，收听人员达 131 万。当时，收音机数量也少，市民文化程度普遍较低，徐州的收音网工作在宣传党的方针政策、新闻传播方面，充分发挥出广播电台优势。

特别值得一提的是，1952 年，被毛泽东誉为“红军书法家”的中共华东区委宣传部长舒同为“徐州人民广播电台”题写台标。舒同(1905～1998)，江西人，曾任中共山东、陕西省委书记，军事科学院副院长，中顾委委员，中国书法协会创始人。“舒体”书法自成一派，何香凝曾评价说：“国共有两支笔，国民党有于右任，共产党有舒同。我更喜欢舒同。”

1952 年底，徐州人民广播电台职工由最初的 8 人发展到 35 人，设有台长室、编辑室、工务股、行政股、服务部等。首任台长张梦达 1950 年底离任后，牟周代理台长。1951 年 7 月，牟周调离后，由徐州市委宣传部宣传科副科长燕仲生兼任台长，同时，中共中央山东分局又委派山东人民广播电台编辑部副主任邵益甫任副台长。

1952 年 11 月，中央人民政府决定恢复江苏省建制，苏南行政区、苏北行政区与南京直辖市合并。1953 年 1 月 1 日，江苏省人民政府宣告成立，由苏南、苏北和南京台三台合并而成的江苏人民广播电台同日在南京诞生。江苏人民广播电台频率 870 千赫，功率 10 千瓦，台址在南京西祠堂巷 8 号(原国民党中央广播电台旧址)，首任台长李扬。江苏人民广播电台成立当天，转播了江苏省人民政府成立大会开幕式实况，播出江苏省人民政府主席谭震林的讲话录音。

1952 年 12 月，全国召开第一次广播工作会议，会议决定“撤销小市台，调整人力，充实中央台和省市台”，撤销省属市台，调集人力物力充实中央人民广播电台和江苏人民广播电台。

1953 年 1 月 6 日，江苏省作出撤销徐州台的决定，3 月 15 日，徐州人民广播电台停止播音，16 日南通人民广播电台停止播音，两台机器设备调往江苏省台。除留守人员外，徐州台副台长邵益甫调任江苏省人民广播电台编辑部副主任，其他人员分别调任中央台、上海、浙江等电台或者调任徐州收音站工作。

徐州人民广播电台撤销后，徐州群众反响强烈，听众杜异写信给中央广播事业局：“此次之撤销，给徐州市的机关、工厂、部队和群众的影响很大，并且有很大波动。”1953 年 2 月 6 日，徐州市人民政府向中央广播事业局写报告，提出：“自该台撤销后，本市各界人民纷纷提出建议，要求建立有线广播台，以广宣传……在本市建立有线广播台实为必要”，并要求将 1953 年广播事业费 4 亿多元(旧币)充作建立有线广播台的经费。中央广播事业局 2 月 26 日批复，认为徐州人民广播电台撤销后，有必要建立有线广播电台进行宣传教育，经费也获批准用于建台。

此间几经周折，1955 年、1956 年徐州市委两次向上级写报告，要求建立有线广播站。1956 年 3 月 31 日，徐州市委宣传部提出明确的有线广播站建设路线图。市机关党委拿出 8 万元党费，市总工会也支援了部分筹建经费。

1956 年 10 月 1 日，在户部山崔家巷 8 号原徐州电台旧址筹建的徐州市有线广播站开始播音，全站共 21 人，站长陈玉刚，设机务组和编辑组，设备有 500 瓦扩大机一部，喇叭 141 个。徐州广播事业又迈出重要一步。

徐州有线广播站除了转播中央台和省台新闻节目外，还自办《徐州生活》《专题讲话》《广播杂志》《一周大事》等文字节目，以及自办文艺节目。每天播音 8 小时 05 分钟，后增加到 10 小时。到 1956 年底，铜山县、丰县、沛县、睢宁县、邳州、新沂市全部建立有线广播站。

1958 年 2 月，徐州利用电灯中性线开放有线广播获得成功，为迅速发展有线广播开辟一条多快好省的新途径。到年底，利用电灯开放有线广播的共有喇叭 3 200 只，占全市总数的 45%。1960 年，江苏省广播事业局在徐州召开现场会，推广利用电灯发展市区有线广播的经验。徐州有线广播站在大会上作典型发言。

徐州有线广播从点到片，连片成网，仅仅一年多时间，就发展为连接千家万户的有线广播网。到 1958 年底，全市已经架设广播支干线 550 多公里，安装喇叭 7 500 多只。

1958 年 4 月，全国召开第五次广播工作会议，提出中等城市建立无线广播问题。经上级批准，恢复徐州无线广播工作全面展开，1958 年 7 月 1 日，徐州人民广播电台恢复无线播音，台址仍设在户部山崔家巷 8 号，发射功率 500 瓦，波长 206.9 公尺，播出频率为 1 450 千赫，另有转播机 3 部，钟声录音机 4 部。台内设编辑部、机务部、办公室、修理站，全台人员 26 人，徐州市委任命陈玉刚为台长、王忠恩任副台长兼编辑部主任，贾蕴公任副台长兼机务室主任，并授予电台一面红旗，上面绣着："进一步发挥为生产、为中心工作服务的作用，做出更大成绩。"

徐州人民广播电台正式恢复无线广播后，有线和无线一套班子、一套设备，包括转播节目和自办节目，同一个内容，两套播出。徐州台主要转播中央人民广播电台《新闻与报纸摘要》《全国新闻联播》《对农村广播》，自办节目有《徐州新闻》等。

1958～1961 年，徐州人民广播电台共组织 200 多次广播大会，举办 70 多种 1 000 多次专题节目，文字总数在 1 000 万字以上。

1958 年 12 月 23 日～27 日，中央广播事业局在徐州召开全国中等城市新建台现场会，推广徐州办无线广播电台的经验。

1959 年 9 月，徐州人民广播电台副台长王忠恩作为新闻界特邀代表，赴京参加新中国成立十周年大庆观礼团，并作为全国中等城市电台的代表，参加当月召开的第六次全国广播工作会议，在中南海受到周恩来、陈毅、杨尚昆等党和国家领导人的亲切接见。

1959 年，徐州人民广播电台被中央广播事业局评为"全国红旗单位"，在全国影响很大，此后多年，徐州电台都被称为"红旗台"。当年徐州市委授予徐州人民广播电台一面写有"为政治、为生产、为群众服务的榜样"的奖旗，并被评为徐州市先进集体。同年，陈玉刚代表徐州人民广播电台参加全国文教群英会。1958 年徐州人民广播电台无线广播时间表见表 2-2。

表 2-2　　1958 年徐州人民广播电台无线广播时间表

波长 206.9 公尺　频率 1450 千赫

时间	周一至周日
第一次播音(5:25～8:00)	
5:25	开始曲
5:30	转播中央人民广播电台新闻

续表 2-2

时间	周一至周日
5:45	音乐
5:50	广播体操
6:00	文艺节目
6:15	徐州新闻
6:30	转播江苏人民广播电台新闻
6:50	天气预报
7:00	转播中央人民广播电台新闻和中央报纸摘要
7:30	文艺节目
7:40	转播中央人民广播电台专题广播
8:00	休息
第二次播音　(11:30～14:00)	
11:30	开始曲
11:35	文艺节目
12:15	徐州新闻
12:30	转播中央人民广播电台新闻
12:45	天气预报
13:00	时政节目
13:15	文艺节目
13:45	来自兄弟城市的消息节目(星期一、三、五、日是文艺节目)
14:00	休息
第三次播音　(17:55～22:30)	
17:55	开始曲
18:00	转播中央人民广播电台新闻
18:15	文艺节目(插播广告)
19:00	徐州新闻
19:15	天气预报
19:25	文艺节目或教唱歌
19:50	对农村广播
20:10	广播讲话(星期二、四)、听众服务(星期三)、时事谈话(星期五)、文艺节目(星期一、六、日)
20:30	转播中央人民广播电台全国各地电台联播节目

续表 2-2

时间	周一至周日
21:00	转播中央人民广播电台国际时事(星期日文艺节目)
21:10	文艺节目
22:30	终止
备注：星期日早上 6:55 开始播音，7:30～10:00 是星期日文艺节目，星期六晚上播音到 23:00 结束	

（三）20 世纪 60 年代

1960 年 10 月，徐州人民广播电台成立编委会，“负责决定处理日常生活中的各项重大问题，特别是宣传工作问题”。编委会成员有陈玉刚、王忠恩、贾蕴公，陈玉刚任编委会主任。

1961 年元旦开始，由于政治原因，10 人调离电台，1 人从要害部门调到服务部门。1961 年 10 月，陈玉刚调任，由徐州市委宣传部副部长张云生兼任徐州电台编委会主任。次年，王忠恩任编委会主任。

1963 年，根据上级“转播中央台、省台节目为主、精办自办节目”的方针，徐州人民广播电台撤销合并部分节目。根据市委“紧缩机构、精简编制”的精神，徐州电台采取压缩无线、调整有线、最大限度精减人员、保存现有骨干的方针，截至 1962 年 5 月职工由 86 人精简为 64 人，事业编制人员定为 30 人，各处室定编定岗。

1963 年，徐州人民广播电台“实验台（干扰台）”由中枢街 142 号迁到王陵路 27 号院内，增加了 6 个干扰频率，在中波波段，基本上压制了敌台广播。同年，中央人民广播电台举办全国电台优秀节目欣赏会，徐州电台广播稿“一厘钱精神在徐州”推荐到全国。

1964 年 3 月，戈岩任徐州人民广播电台第五任台长。

1965 年，徐州市编委同意徐州电台正式设立编辑部、办公室、技术科、实验台、事业编制人员定编 44 人。1965 年 7 月 8 日，徐州电台成立党组，成员有戈岩、贾蕴公、刘广涵，戈岩任党组书记，同时撤销徐州人民广播电台编委会。1965 年，徐州台自办节目有《新闻和徐州报摘要》《徐州新闻》《徐州生活》《社会主义教育》《科学常识》等。

1966 年 3 月 31 日，徐州市委批准，徐州人民广播电台从户部山上迁到云龙山下市业余体校东院，着手筹建机房。1978 年 1 月正式搬迁，地址中山南路 223 号院。

1966 年，徐州人民广播电台由于政治原因，组织机构多次改组，行政瘫痪。徐州市属 8 县电台全部停办自办节目。

1967年1月22日，中国人民解放军徐州卫戍区对徐州人民广播电台实行军事管制，以吴光杰为代表的军管组进驻电台，并掌管全台工作。随之，徐州电台自办节目停办，除保留天气预报外，全部转播中央台和江苏省台节目。此时，徐州人民广播电台虽然保留了呼号，实际上只承担转播任务。

（四）20世纪70年代

1970年8月3日，驻徐部队党委发文批复，几经改组的徐州人民广播电台革委会成立。韩金安为主任，贾蕴公、赵恩玉为副主任。此后几年，人员又多次变化。

1974年，在市郊段庄大队（西关），筹建中波发射台。

1975年5月21日，徐州市委发出通知，要求徐州人民广播电台停办一切自办节目，撤销徐州电台编辑部，除天气预报外，只转播中央电台和江苏省电台节目。

1976年7月28日，唐山大地震。随后，徐州市委决定恢复有线广播自办节目，重建徐州人民广播电台编辑部。8月24日，徐州电台有线广播自办节目《防震抗震专题节目》开播，后此节目改为《徐州新闻》。

1976年11月21日，徐州市广播事业局成立，与徐州人民广播电台两块牌子，一套机构，合并办公。王和盛任副局长兼电台革委会主任。次年，成立中共徐州广播事业局党组，局长马传岱任书记。

1976年12月31日，徐州人民广播电台西关发射台建成，市委书记汪冰石参加建成典礼。

1978年11月6日，根据徐州市委宣传部通知，徐州人民广播电台中断了12年之久的无线自办节目恢复，频率为1 449千赫，功率为1 000瓦。

三、改革开放30年，徐州广播事业跃马扬鞭大发展

（一）20世纪80年代

1983年1月18日，经国务院批准，江苏全省实行地市合并，撤地建市，统一由省辖市领导县，并相应地调整了行政区划。1983年5月，在徐州地市行政合并的大背景下，徐州市广播事业局与徐州地区广播事业局合并，成立徐州市广播电视局，下属单位有电台、电视台、有线广播站、电视微波转播台、广播电视服务公司，并辖六县及贾汪区7个广播站，隶属徐州市人民政府。

1984年8月，徐州人民广播电台筹建调频广播，投资18.27万元，在3个地方建台：第一座云龙山调频发射台在中山南路223号市电台院内，发射频率为93兆赫，功率50瓦。第二座泉山调频发射台位于市区南郊，发射频率106兆赫，功率1 000瓦。第三座发射台建在睢宁县岠山，发射频率为99.2兆赫，功率50瓦。1985年徐州调频广播开始试播。徐州电台的广播节目第一次传播到6

个县区的广大农村地区。

1986年1月1日，徐州人民广播电台用调频台开播第二套无线广播，频率是93兆赫、99.2兆赫、106兆赫。全天播音8.5小时，节目以自办为主，少量转播。立体声广播每天2.5小时。当年徐州电台还完成播音室、录音室、中控室技术改造，发射台也更新控制台、配电盘，开始使用微机控制系统。

1986年初，徐州电台在全国市级台中，第一个开办主持人节目，共有7个：《法制园地》《文明家庭》《金色年华》《科技与生活》《听众信箱》《体育之声》《消费者之友》。播音时间从1985年的11小时10分钟，猛增到全天播音22小时06分钟。

1986年10月，第二届全国部分省市电台主持人节目研讨会在徐州人民广播电台召开，徐州台在会上介绍经验。1986年，徐州广播进入一个崭新的发展时期。

1986年统计，全市收音机达到459 906台，电子管和半导体各占一半，收音机入户率已达到100%；电视机237 065台，彩电占9%；录音机85 344台；电唱机66 378台。全市人口715万，徐州广播节目覆盖率为93%，电视节目覆盖率为45%。

同时，徐州人民广播电台有线广播受到很大冲击，逐渐萎缩，农村广播站也逐渐撤并。到1987年，全市仅有喇叭700只，减少90%以上，徐州电台有线广播站原有4部3 000瓦放大机只剩1部，20世纪五六十年代风行一时的有线广播，在徐州市区很快退出历史。

1987年底，徐州人民广播电台办有两套节目，第一套节目为中波广播，频率1 449千赫，全天播音11小时45分钟，其中自办节目9小时45分钟。第二套节目为调频广播，频率为93兆赫、99.2兆赫、106兆赫，全天播音7小时50分钟。

截至1987年底，徐州人民广播电台共有职工166人，其中编辑65人，行政28人，机务28人，技术11人，其他36人。副台长曹洪千、李秉震。1988年12月，曹洪千任徐州人民广播电台党总支书记、台长。

（二）20世纪90年代

1992年7月1日，徐州电视塔竣工。徐州电视塔设计容纳6个电视频道，4套调频广播，4路微波信号和3个卫星地面站。塔高199.6米，占地14.2亩。

1993年2月1日，徐州人民广播电台经济频率开播。12月28日文艺频率开播，加上原有的一套频率，形成了3套节目3个频率，徐州广播媒体格局焕然一新。徐州经济广播崭新的节目形态：大板块直播节目，开通热线电话、主持人与听众通过电话实时交流，这种节目的新形态，迅速掀起广播节目收听热潮。同年，徐州人民广播电台广告体制改革，实行频率自营。

1994年徐州电台记者崔砺金、尤玉乔等主创的消息《煤炭就地变煤气,煤气源源进万家》首次获得中国广播奖一等奖。

1994年12月,李秉震任徐州人民广播电台党总支书记、台长。

1996年,徐州电台编辑巴全东、胡连俊等主创的新闻专题《林木病虫害防治的新方法——给树打针》,荣获1995年度中国广播电视新闻奖三等奖。

1998年8月29日,徐州人民广播电台新的中波发射台正式启用。新的中波发射台从湖滨新村迁往市区东郊东贺村,经过四年规划建设,投资400万,占地86亩,架设发射天线高120米,使用全固态中波发射机,全部双频共塔发射,这在全国地级市电台中也是第一家。原徐州人民广播电台一套节目(俗称人民台,现为新闻广播)发射功率由1千瓦提高到10千瓦,发射功率之大是江苏省地市级台中,首家获得国家广电部批准的。徐州人民广播电台经济广播和文艺广播发射功率提高到3千瓦。徐州广播节目覆盖率,由过去的方圆20千米扩展到200千米,人口覆盖6 000万以上。

1998年,徐州人民广播电台《徐州新闻》栏目,荣获1997年度中国广播电视新闻奖节目编排二等奖。

1998年,徐州人民广播电台在江苏省地市级台中率先建立数字音频工作站,实现广播自动化播出。这次技术升级不仅实现节目计算机自动化硬盘播出和音频剪辑的可视化操作,而且彻底告别磁带录音剪辑方式,录音剪辑从专业技术变成编辑记者人人必须掌握的技能,且操作简便快速、安全性强,大大提高了工作效率。当年,刘林琳任徐州人民广播电台党总支书记、台长。

1999年,徐州人民广播电台《老年之友》节目开播,该节目深入老人生活、了解老人内心世界、帮助老人解决生活问题,获得社会赞誉。2005年被评为"全国优秀老年节目"。

(三) 21世纪

2000年8月,王强任徐州人民广播电台党总支书记、台长。

2000年12月28日,徐州人民广播电台新闻综合频率开播(徐州新闻广播:调频93、中波1269),标志徐州新时期广播系列台格局初步形成。

2001年1月,徐州人民广播电台正式加盟中国国际广播电台华语环球广播网,向海内外华人华侨介绍徐州的《今日徐州》栏目开播。同年11月,徐州电台与中国国际广播电台又联合推出英语广播节目《聚焦徐州》,徐州的声音传遍140多个国家和地区,徐州电台成为全国少数几个双语广播对外宣传的地市级电台。至2007年,中国国际广播电台共播出徐州专题200期,甲级稿数量连续三年在地方台评比中名列前茅,《一个青年农民与李政道博士的"两岸"髓缘》《喊山》《冯晓舟音乐家庭》等3篇作品分获得中国外宣彩虹奖二、三等奖。

2001 年 5 月 1 日～3 日,徐州人民广播电台在滨湖公园创意举办中国徐州首届汽车节,这是徐州电台产业振兴发展的重要标志。

2001 年,记者李晓雷等主创的消息《中国矿大煤炭变石油、中国煤代油计划揭开面纱》、广播社教专题《煤炭变石油:中国能源安全的生命线》两篇作品同时获得 2000 年度中国广播电视新闻奖二等奖。

2001 年 10 月 1 日,为了贯彻省委省政府无锡徐州南北挂钩合作发展战略,新成立的徐州人民广播电台新闻广播与无锡人民广播电台新闻广播进行异地同步直播活动,这在徐州人民广播电台历史上是首次。除了主持人、嘉宾、热线通话等元素外,在节目中还穿插了无锡台记者张巡天、徐州台记者李晓雷的采访两地重要企业、文化标志性场所的现场口播报道,以及对当时两市市委书记蒋定之、何权的专访,令人耳目一新。

同年,徐州广播启动全新的办公局域网和文稿系统,记者编辑主持人采编播流程实现无纸化办公,告别纸质稿件的审稿传统,会使用计算机写稿以及熟练汉字输入,成为每个岗位的必备技能,创造徐州广播全新的工作模式,意义深远。

2001 年,徐州人民广播电台记者李晓雷在徐州市委宣传部“徐州市首届十佳新闻工作者”评选中获提名奖。

2001 年 12 月,孟淑芳(高原)荣获全国第五届广播电视主持人“金话筒”奖提名。

2001 年,徐州人民广播电台新闻广播《吴莉导医台》节目开播,每档 2 小时,周一至周六下午 15:00～17:00 直播,回答听众求医方面的难题。这是徐州电台历史上第一次用主持人名字命名的节目。

2001 年,徐州人民广播电台产业收入历史性地超 1 000 万元。

2002 年 5 月 28 日,徐州市委市政府决定:徐州人民广播电台、徐州电视台、徐州有线广播电视台、徐州广播电视传输总台、徐州广播电视报、徐州广播电视服务公司 6 家单位合并,组建徐州广播电视台。徐州人民广播电台保留呼号,成为 13 个中心之一的广播中心。

2002 年 6 月 23 日,徐州广播电视台正式成立,徐州市委副书记徐毅英、副市长晁家宽为徐州广播电视台成立揭牌,市委常委、宣传部长李荣启宣读市委市政府决定。陈文善首任徐州广播电视台党委书记、台长。

2002 年是徐州广播国家级创优大奖的丰收之年:记者刘水、苏梅等主创的新闻专题《明天的中国制造谁来制造》荣获 2001 年度中国广播电视新闻奖二等奖;高原、李晓雷等主创的广播社教节目《从一只羊说起》,荣获 2001 年度中国广播电视新闻奖二等奖;王宇红、吴静等主创的文艺节目《京腔京韵满校园》,荣获 2001 年度中国广播电视文艺奖一等奖。

2002 年 10 月 1 日，徐州广播创意发起全市首届“喊山大赛”。

2003 年 3 月，王强任徐州广播电视台党委书记、台长。

2003 年 4 月 26 日，徐州市编办批复江苏徐州中波发射台成立。

2003 年 5 月 1 日～3 日，徐州广播在滨湖公园成功举办中国徐州第二届汽车节。

2003 年，主持人王宇红、吴静等主创的文艺节目《好日子天天唱着过》，荣获 2002 年度中国广播电视文艺奖一等奖。

2003 年 7 月，记者李晓雷随新华社、《人民日报》、中央人民广播电台、中央电视台及部分省市地方媒体组成的“彭祖文化万里寻”采访团，赴浙江临安、武夷山、江西等地采访调研。这次活动由中国艺术文化普及促进会、彭祖文化研究会、中国文化网等联办，旨在考察全国与彭祖有关的 12 省 27 个地级市彭祖文化研究及产业发展情况。徐州市人大常委会主任王希龙带队，原国家广电部副部长同向荣随行考察。出发当天，在古彭广场举行隆重启动仪式。

2003 年 8 月 1 日，徐州市政府批准，原拾屯、潘塘广播站整体建制划归徐州广播电视台管理。

2003 年，主持人王宇红在徐州市委宣传部“徐州市第二届十佳新闻工作者”评选中获奖。

2003 年 10 月 1 日，徐州广播第四套节目文艺之声试播。

2003 年 10 月 1 日，徐州广播举办全市第二届“喊山大赛”。喊山大赛成为徐州广播每年国庆节的品牌活动，影响力很大。

2003 年 10 月，记者郭永，赴甘肃酒泉东风航天城采访神舟五号载人飞船发射，采访徐州籍“零号指挥员”郭保新，并发回录音报道。

2003 年 12 月 1 日，由徐州市纪委、监察局、徐州市人民政府纠风办与徐州广播电视台共同主办的广播《行风热线》栏目开播，首批上线单位 25 家。

2003 年，徐州人民广播电台中波发射台正式更名江苏省徐州中波发射台，隶属江苏省广播电视局。由徐州市广播电视局委托徐州广播电台代管，每年享受省专项财政补贴。

2004 年 1 月 27 日，徐州广播和徐州市总工会联合举办“徐州之春”盛中国小提琴音乐会。

2004 年 5 月 1 日，徐州广播在滨湖公园举办中国徐州第三届汽车节。徐州市委常委、宣传部长李荣启在开幕式上致辞。

2004 年，徐州广播电视台投入 100 万进行广播节目数字化播出改造，提高广播节目的播出质量。同时对广播调频发射机进行升级改造，徐州新闻广播频率提高到 5 千瓦、徐州经济广播和文艺广播频率提高到 3 千瓦，覆盖半径由 30

千米提高到 70 千米，覆盖人口达 1 000 万人。

2004 年 8 月 26 日，徐州文艺广播《戏迷俱乐部》栏目荣获中国广播电视文艺奖“十佳栏目奖”。

2005 年初，徐州广播文史类社教节目《尘封档案》开播，解密与徐州相关的历史、人物，以及这座历史名城的尘封故事，每档 20 分钟，周一至周五 19:05 首播，节目开播以来，好评如潮，节目监制张秀云。2006 年和 2010 年《尘封档案》两次获得江苏省优秀社教栏目奖。

2005 年 5 月 1 日，首次由徐州广播电视台主办、徐州广播承办的中国徐州第四届汽车节暨淮海经济区首届汽车博览会在徐州国际会展中心举办。这次展会较往届实现提档升级，成为广播承办、全台参与的徐州广播电视台的活动品牌。

2005 年，新闻广播《麻辣新闻》栏目荣获 2003～2004 年度中国广播影视大奖“十佳优秀栏目”提名奖。该栏目 2002 年 11 月开播以来，曾荣获江苏省广播电视十大名牌栏目称号。

2005 年 10 月 12 日，记者张延军赴甘肃酒泉卫星发射中心采访神舟六号载人飞船成功发射，采访徐州籍“零号指挥员”郭保新，并发回录音报道。

2005 年 10 月 18 日，中国国际广播电台华语台台长何劲草来徐州调研广播外宣工作。

2005 年 12 月 30 日，徐州新闻广播在徐州体育馆举办法国“钢琴王子”理查德克莱德曼钢琴音乐会，盛况空前。

2006 年 1 月 1 日，徐州广播都市娱乐调频开播。

2006 年 1 月 1 日，徐州广播在体育场举办 2006 新车嘉年华。5 月 1 日，徐州第五届汽车节暨淮海经济区第二届汽车博览会在国际会展中心成功举办。

2006 年 3 月，徐州市公安局政治部与徐州广播联办的广播栏目《筱兰说治安》开播，节目深入分析案情、讲述案件背后鲜为人知的故事，宣传法律法规。每周一档，周一早 7:40 播出，时长 10 分钟。节目由公安局宣传处民警孙筱兰主持。新闻专题《关注留守儿童的身心健康》荣获 2006 年度全国社会治安综合治理好新闻二等奖。

2006 年 5 月 1 日，中国淮海网正式开播，央视国际网络电贺。

2006 年 5 月 23 日，中央综治办、中央维稳办在山东省济宁市、江苏省徐州市召开全国创建平安边界现场会，在全国深入推进平安边界创建活动。徐州新闻广播记者李晓雷、彭婷与新华社、《人民日报》、中央人民广播电台、中央电视台、《法制日报》、《人民公安报》以及《新华日报》、《大众日报》记者，分组深入江苏沛县、丰县、铜山县和山东微山县、鱼台县等微山湖相关地区，采访当地各级党委政府化解矛盾、共建和谐的事迹，并专访了徐州济宁两市市委书记，制作新闻专题《微山湖上静悄悄——徐州济宁两市化解百年恩怨、构建和谐社会》，荣获2005～2006年度全国法制好新闻二等奖，当年还荣获中国广播电视学会评选的优秀对外广播节目奖三等奖。

2006年7月，为迎接徐州市第十次党代会，徐州广播电视台策划实施“放眼彭城新跨越”大型新闻行动，突出宣传县域经济崛起和开发区“二次创业”的成就。活动历时半个月，在6县市、贾汪区和开发区巡回开展8场活动。徐州广播与县台合作，现场直播，电视当天录播。各县市地方主要领导、主管部门负责人和群众嘉宾现场访谈，与场外群众电话连线交流，广播电视手段鲜活生动，社会反响强烈。这是广电媒体融合的第一次成功尝试。

2006年7月28日，徐州广播中心主任尤玉乔荣获江苏省第五届戈公振新闻奖。

2006年8月8日，徐州新闻广播《爱心徐州》节目开播，这是徐州市唯一一档公益慈善类节目，周一到周六10:00～10:40播出。节目由徐州广播与徐州市妇联、徐州市慈善总会、徐州红十字会、徐州市残联联办。节目通过记者采访、嘉宾访谈等形式，讲述人与人之间的爱心互助和社会关爱弱势群体故事，同时举办大型公益活动，生动诠释城市的慈善文化，树立社会公益形象。该节目2008年、2010年两度被评为江苏省十大名优栏目。

2006年9月徐州人民广播电台推出官网：徐州广播网。徐州广播、声动天下，所有节目可以在线收听、点播，徐州广播媒体平台开始向互联网延伸。

2006年9月23日，徐州广播与徐州特教中心联合成立“徐州残疾人广播艺术团”，并在中山堂首演。当年徐州残疾人广播艺术团公益演出上百场，获得“感动徐州十大团体”称号。次年2月，徐州市委副书记、市长曹新平接见徐州残疾人广播艺术团的两位小演员。

2006年11月14日，徐州广播新闻频率调频节目在丰县、睢宁落地。

2006年12月1日，徐州广播电视台统一启用新台标。

2006年，徐州广播产业创收突破2 000万。

2007年1月1日，徐州广播承办的2007元旦购车嘉年华车展，在徐州新体育馆举行。徐州广播第一个专业汽车节目《车行天下》开播，主持人吴静、凌飞。车展现场出现徐州广播历史上第一个移动透明直播室。

2007年3月，徐州音乐广播开播，坚持清新、高雅、健康的频率风格，打造“城市上空最美丽的声音”。这是徐州第一个音乐专业频率。

2007年，徐州市公安局、徐州广播电视台联手，在《筱兰说治安》栏目的基础上，编制《徐州市治安防范手册》向社会基层单位发放。徐州市公安局副局长高树敏、市政法委综治办副主任裴颜超、徐州广播电视台党委副书记张建、徐州市公安局政治部副主任孔平等出席该手册的发放仪式。这是徐州广播依托栏目，整合社会资源、融合社会活动、拓展产业发展的一次完美探索。

2007 年 4 月 30 日～5 月 3 日，徐州广播电视台主办、徐州广播承办的“动感 2007”中国徐州第二届汽车节暨淮海经济区第三届汽车博览会在徐州国际会展中心举办。市民购票参观展会，成为亮点。

2007 年 6 月 16 日～17 日，徐州新闻广播在突发事件中尝试长达 13 小时的广播新闻连线直播，开展爱心救助被毒蛇咬伤的 3 岁患儿的新闻行动，赢得社会普遍赞誉，也成为广播新闻创新发展的一次有效探索。6 月 16 日下午，贾汪区 3 岁的幼儿被蝮蛇咬伤，一度生命垂危。由于中毒时间长，必须注射抗蛇毒血清。16 日傍晚 18 点，徐州新闻广播副主任耿燕，带领彭婷、王燕飞、王菲等 3 位记者，与热心市民组成爱心小组分头联系徐州几大医院、医药单位寻找抗蛇毒血清，并调整正在播出的节目，开始长达 13 小时的广播直播，报道全市爱心救助进展情况，徐州全城医院都没有找到抗蛇毒血清，无法收治患儿。直到次日凌晨，解放军九七医院收留患儿，对其进行穿刺排毒治疗，紧急联系抗蛇毒血清，患儿度过生命危险。17 日上午 7 时，《徐州新闻联播》全篇报道 4 位记者彻夜工作爱心救助蛇伤患儿的连续报道，并配发新闻值班主任李晓雷的评论《我们生命中最脆弱的那一部分》，这次新闻行动成为广播新闻快速反应、连续报道、贴近生活的经典之作，赢得社会赞誉。《扬子晚报》、新浪网等多家媒体报道。

2007 年 7 月 21 日，由徐州市政府主办，历史上最大规模的徐州伏羊节活动开幕。徐州伏羊节启动之初，徐州新闻广播记者周珩、周洋，跟随采访团，历时 4 天，分赴淮海经济区 7 座城市，参与徐州伏羊节圣火采集、圣火传递辐射活动。本届伏羊节在北京举行新闻发布会，引起新闻界高度重视。淮海经济区周边城市也参与其中，厨艺展示、摄影大赛、文化研讨、文艺汇演等多项活动，使伏羊节成为弘扬彭祖文化的重大民俗盛会。徐州全市 1 000 多家餐饮企业参与，入伏第一天，全城市民吃掉上万只羊。

2007 年 7 月 23 日，为了纪念淮海战役，缅怀先烈遗志，推进小康社会建设，促进江苏省委提出的东陇海产业带发展战略，徐州新闻广播策划举行的“新淮海，新征程”大型新闻行动，主持人、记者以及市民代表奔赴连云港、新沂、邳州、铜山等地，深入连云港市港口和海州区、新沂窑湾镇、邳州碾庄镇、铜山北望村“渡江战役总前委指挥部”，以及徐州广播电台旧址，徐州户部山等进行采访。淮海战役留下了厚重的历史痕迹，这些饱受战火的英雄之地又迎来了经济社会的飞速发展。从 7 月 26 日起，徐州、连云港异地同步直播节目开始，到 8 月 1 日，戏马台(电台旧址)的现场直播为止，新闻综合频率共计进行异地同步直播 4 次，播出节目时间总计近 5 小时；现场直播一次，播出时间 1 小时。这次活动是徐州新闻广播成立以来，策划组织的规模最大、效果最好的异地采访新闻行动和异地同步直播活动。

2007 年 8 月 23 日，江苏省广电总台大型新闻行动《苏北崛起》走进徐州。徐州市委书记徐鸣走进徐州广播直播室，与江苏省委党校区域经济研究室主任储东涛教授探讨徐州坚持走新型工业化道路，实现“绿色繁荣”，开创工业经济高速高效发展的崭新局面的相关问题。江苏人民广播电台、徐州广播新闻频率全程直播。江苏电台还同步推出 4 集系列报道。节目直播 1 小时，由徐州新闻广播副主任李晓雷联系市委办，共同撰写文案台本，云晓红和江苏省台主持人晨炜主持。

2007 年 7 月，徐州新闻广播副主任李晓雷荣获徐州市委组织部授予的“徐州市第四批拔尖人才”称号。

2007 年 12 月 19 日，徐州市政府决定授权市监察局，在全市聘任 170 位同志为徐州市政务监督员，以进一步完善政务公开监督机制、推进依法行政。与徐州《行风热线》栏目相关的人员，张碧莹、李晓雷等受聘为徐州市政务监督员，首批政务监督员聘期两年。

2007 年 12 月 31 日，徐州健康体育广播试播（中波 1269），以民生视角关注民生、关注全民健身运动，全天播出 21 小时。

2008 年 1 月 6 日，徐州新闻广播与市文化局联办的《文化徐州》栏目开播。

2008 年 1 月 10 至 14 日，徐州市人大、政协两会召开期间，电台、电视台、中国淮海网进行现场直播两场，时长 228 分钟，电台在 5 套频率播出两会新闻 160 条 310 分钟，电视播出“两会”报道 118 条 240 分钟，中国淮海网发布视音频新闻 278 条、图片 54 幅。

2008 年 2 月，南方冰雪灾害，徐州新闻广播记者王菲加入采访团，随徐州供电公司抢修突击队，赴浙江金华等地，抗灾抢修电力设施，发回大量现场报道。

2008 年 2 月 18 日，徐州广播电视台有线电视数据广播频道开播。数据广播“淮海视讯”开设《阳光政务》《置业安居》《彭城车市》等 13 个专业频道，拓展广播电视新的产业领域。

2008 年 3 月徐州广播记者淘沙、彭婷赴北京采访全国两会，在上海打拼的徐州籍打工妹朱雪芹当选全国人大代表的励志故事，成为当年的新闻亮点。

2008 年 3 月 14 日，由徐州广播主办的“3·15”大型新闻行动“诚信·责任·放心消费——2008 倾听您的声音”在古彭广场隆重举行。

2008 年 3 月 23 日，徐州电台交通广播在市体育场篮球馆内举办“2008 春天的约会”大型相亲会，吸引了近万名群众参加。

2008年3月29日晚，徐州音乐广播周年庆典晚会在中山堂影剧院上演。广播音乐频道对晚会进行了现场直播，电视文艺影视频道播出晚会实况录像。

2008年4月9日，江苏徐州中波发射台迁建工程正式启动。

2008年4月12日，中国国际广播电台华语台《今日徐州》播出徐州新闻广播制作的10分钟新闻专题《留守儿童的教育空间》。国际台的专家和领导认为，留守儿童是中国特有的国情，对外报道留守儿童问题不容易写好，徐州新闻广播记者在报道的角度和形式上进行了有益探索，值得肯定。

2008年4月18日，徐州市2008年重点工程——徐州音乐厅正式开工建设。徐州音乐厅是由政府投资建设的公益性文化项目，建成后委托徐州广播电视台管理经营，为全台加快发展提供了重大机遇。

2008年5月1日～3日，徐州广播承办的2008中国徐州第七届汽车节在徐州国际会展中心开幕，3天共销售各种品牌汽车1 390辆，成交额1.28亿元。

2008年5月14日，徐州新闻广播主持人李艳，赴甘肃兰州采访因汶川地震滞留当地的徐州游客，并随游客安全回徐，李艳一路连线报道，抓住徐州听众的期待，传播效果倍增。直播节目获当年江苏广播电视新闻(播音主持类)一等奖。

2008年5月16日上午8点，徐州广播电视台举行“爱心飞越——救助灾区孤残儿童在行动”现场募捐活动。徐州人民广播电台交通、音乐两套节目并机直播了现场活动。截至当天17时，共募集善款903 408.3元，其中，全台员工捐款110 265元，社会各界捐款793 143.3元。随后，徐州广播与金融机构、书画名家在市体育训练馆举行情系灾区义卖活动，募集善款1万多元。在中心时尚大道举行“爱心飞越，救助灾区孤残儿童”的赈灾义演活动，共募集善款12 161.11元。

2008年6月12日，中央人民广播电台中国之声调频广播在徐州完成覆盖。落地频率为FM 88.4，发射功率为300瓦，实测覆盖半径25千米。

2008年7月29日，国家广电总局公布了首批广播电视广告播放行业自律示范单位，徐州人民广播电台与中央人民广播电台、中央电视台、中国国际广播电台和北京电视台等30家播出机构榜上有名。

2008年8月，李爱彬任徐州广播电视台党委书记、台长。

2008年8月8日，徐州城市广播开播(FM 94.7)，打造时尚、律动的城市生活频率。

2008年8月，徐州广播派记者林晓婷、王菲采访北京奥运会，重点采访徐州籍运动员，发回大量录音报道。

2008年9月，中国国际广播电台节目在徐州落地，徐州城市广播(FM 94.7)部分栏目与中国国际电台落地节目对接，成为与北京同步传递全球最新资讯的地方平台。

2008 年 9 月 25 日，徐州新闻广播副主任李晓雷、记者王盛赴甘肃酒泉东风航天城卫星发射中心，采访我国发射神舟七号载人航天飞船。原徐州籍“零号指挥员”郭保新已升任后勤部副部长，改变采访计划，现场采访了 3 位参与发射准备工作的徐州籍战士。李晓雷作为徐州电视台特派记者，通过手机连线，发回卫星发射现场激动人心的实况报道，在当天《徐州新闻联播》中播出。次日，徐州电台《徐州新闻联播》播出一组(3 篇)现场采制的录音报道。

2008 年，记者张秀云主创的节目《互联网上梆子响——豫剧戏迷“月亮姐姐”的网络生活》荣获 2006～2007 年度中国广播影视大奖提名奖。

2008 年 10 月 1 日，徐州广播成功举办第七届喊山大赛。大赛 9 月 12 日启动，共吸引 1 000 多名选手报名参赛。经过紧张的预赛，40 位选手参加了当天的决赛，最终评出“声如洪钟奖”、“意韵悠扬奖”和“最佳创意奖”。

2008 年 10 月 13 日～15 日，由徐州广播电视台主办、徐州广播承办的“第十届亚欧大陆桥沿线城市电台台长年会暨大联播节目研讨会”在开元迎宾馆召开。来自江苏、山东、河南、陕西、甘肃、新疆等省市自治区等亚欧大陆桥沿线城市 23 家电台的 40 多位台长及相关负责人参加了会议。

2008 年 11 月 6 日，徐州广播电视台举行聘请法律顾问仪式，聘请江苏茂通律师事务所主任刘茂通律师为常年法律顾问。

2008 年 11 月 22 日，徐州广播成功承办江苏省城市电台新闻频率总监会议。来自南京、苏州等省内 12 家城市电台的新闻频率总监汇聚一堂，就如何打造现代信息平台、树立主流媒体形象、服务百姓生活及新闻资源共享等多方面内容，进行了深入探讨。

2008 年 11 月 28 日，徐州新闻广播《爱心徐州》栏目创建“爱心徐州志愿者服务队”，经徐州红十字会注册正式成立，由我市大学生志愿者组成，志愿者成员上万人。年底，该栏目创意启动“圆梦行动”，走进徐州 22 家小学，印制上千张“爱心小纸条”，收集贫困家庭孩子的愿望，同时面向社会征集爱心人士为孩子圆梦，得到社会各界的积极响应。孩子的 846 个愿望被认领后，爱心人士还主动将活动从新年延续到全年。

2008 年 12 月 3 日，中国淮海网开通 19 个广播栏目点播服务。

2008 年 12 月 6 日，徐州广播举办绕口令趣味大赛。

2008 年 12 月 27 日至 28 日，徐州广播邀请江苏广电总台专家张家先、刘运堂前来授课，与新闻宣传创优人员面对面交流，分析创优作品，论证创优选题，传授创优技巧。

2008 年，徐州广播全年产业创收 2 700 万。

2009 年 1 月 18 日，徐州广播电视台在开元迎宾馆举行 2009 年媒体推介会，全面展示旗下广播、电视、周刊、网站 4 个媒体，与合作伙伴倾情互动、真诚沟通，携手共克时艰、同创共赢，彰显广电媒体的专业品质和社会责任。推介会以“责任　信心　共赢”为主题。

2009 年 1 月 26 日，《中国纪检监察报》发表通讯《科学运作管理、解决群众难题，徐州行风热线吹春风——行风热线五周年回顾》。

2009 年 1 月 28 日，徐州城市广播（FM 94.7）在徐州上海国际服饰城举行“新频率媒体推介会”。

2009 年 2 月 14 日，徐州城市广播在中心时尚大道下沉式广场举办“大声说出我爱你”——FM 94.7 徐州城市广播频率宣传推介活动。40 对情侣依次走上台，在现场上千名观众的注视下，进行了“一锤定‘姻’”“喊出你的爱”“幸福抱抱抱”等一系列活动。40 对情侣大胆喊出对方的名字，喊出自己爱的宣言，将整场活动推向高潮。一等奖赢得 999 朵玫瑰，二等奖赢得 99 朵玫瑰。活动当天，徐州城市广播的 8 位主持人为：王然、唐涛、孙西颂、李世义、姚文华、李楠、李艳、李晶。

2009 年 2 月 21 日，徐州广播承办的“2008 徐州市职业技能大赛系列活动”举行颁奖仪式。活动以“技能强市，振兴老工业基地”为主题，历时 6 个多月，徐州各行业的 3 000 多名选手参赛。

2009 年，徐州新闻广播记者彭婷赴京采访报道全国两会。全国人大代表、徐州市市长曹新平应邀来到中央电视台新闻演播室，接受两会特别节目《中国焦点 2009》的直播专访，就扩大内需保增长，应对危机提振信心等徐州的生动实践，和央视主持人进行深入交流，成为徐州台报道的重要内容。徐州电视《新闻综合频道》与央视并机播出访谈实况，时长 30 分钟，次日广播《徐州新闻联播》节目中播出彭婷发回的录音报道。

2009 年 3 月 25 日，江苏人民广播电台联合中央人民广播电台、中国江苏网、徐州市委宣传部、徐州广播电视台等主办的《信心江苏》大型新闻行动走进徐州经济开发区，主题是“推动产业转型升级，实现二次创业新跨越”。

在直播节目中，徐州市委常委、徐州经济开发区管委会主任秦景安和徐工科技、罗特艾德、中能硅业、星丰金属等企业负责人及中国矿业大学的教授，围绕“应对金融危机、调整产业结构，采取自主创新、拓展产业等创新举措”展开热烈讨论。《信心江苏》由全省 13 个省辖市电台共同参与，徐州是第十站。直播节目获当年江苏广播电视新闻奖特别奖。此外，在徐工科技厂区搭建广播移动透明直播室，成为本次活动最大亮点。

2009 年 3 月 29 日，徐州音乐广播两周岁生日“听友见面会”在中心时尚大道举行。

按照市委、市政府统一部署，2009 年 4 月 21 日至 5 月 3 日，徐州广播电视台围绕“五一欢乐购，相聚在徐州”活动，精心策划，迅速跟进，组织电台、电视台、广播电视新周刊和中国淮海网四大媒体联手，全方位、多角度展开宣传报道，为五一欢乐购活动营造了浓厚的舆论氛围。广播、电视每天派出采访记者近 40 人，共播发相关新闻 590 多条 2 380 多分钟。

2009 年 5 月 1～3 日，徐州第八届汽车节暨淮海经济区第五届汽车博览会在徐州国际会展中心举行，现场共销售汽车 2 012 辆，成交总金额 2.5 亿元，比 2008 年翻了一番，并首增县区巡展内容。4 月 12 日，县区巡展暨丰县站活动，现场售车辆 82 台，成交金额超过 500 万。5 月 17 日，县区巡展沛县站活动共计销售汽车 56 辆，成交金额达 800 多万。巡展活动直接启动了县区媒体与车商的产业联盟，此后车展也成为各县区媒体活动品牌。

2009 年 5 月 12 日，徐州市委副书记、市长曹新平在徐州广播电视台报送的《关于发挥广电传媒优势发展会展经济的报告》上做出批示：“很好！继续做好会展经济探索的路子。”

2009 年 5 月 12 日，徐州城市广播携手中国矿业大学、徐州师范大学在中心时尚大道联合举办纪念“5·12”汶川特大地震一周年义演募捐活动。孙西颂、王惠主持，呼吁市民捐赠，用于汶川灾后重建。当晚参与捐赠的市民与高校师生一起点上蜡烛，为灾区同胞祈福，捐款直接转到四川灾区慈善机构。

2009 年 5 月，徐州城市广播 13 位主持人宣传照，全部进入徐州中心时尚大道所有出入口的宣传灯箱，成为一道亮丽的城市风景。主持人纷纷携家人在自己的灯箱巨照前合影留念。徐州城市广播 13 位主持人是：王然、唐涛、孙西颂、李世义、宋歌、姚文华、李楠、李艳、王惠、马璇、公晶、方芳、金玲等。

2009 年 6 月 1 日，徐州城市广播《爱心徐州》栏目在金地商都门前举办“关爱贫困儿童”特别行动获得社会赞誉。特别行动重点推出贫困儿童的“爱心小纸条”圆梦行动，呼吁市民现场为孩子进行捐赠，得到徐州市慈善总会、市妇联、市残联的支持。活动持续一个半小时，由徐州城市广播主持人团队郑硕、王然、唐涛、孙西颂、李世义、李艳、姚文华、王惠、金玲等主持，中国矿业大学、徐州师范大学的爱心志愿者团队，以及中心时尚大道街舞团队等参加活动，金海马家具广场还开出加长的悍马豪车，接送贫困家庭儿童，给他们带来快乐体验。

2009 年 6 月 9 日～10 日，徐州广播邀请赛立信研究集团的市场总监黄彩虹专程来徐，就广播市场及广播广告经营策略作专题讲座。

2009 年 6 月 25 日，徐州市委书记徐鸣在近期工作汇报材料上批示：“今年以来，市广播电视台坚持改革创新、强化管理，各项工作取得了新的成绩，令人可喜。望在下半年的工作中再接再厉，努力做好宣传、产业双丰收。”

2009 年 7 月，徐州新闻广播播音员张仲兰荣获徐州市委组织部授予的“徐州市第五批拔尖人才”称号。记者林晓婷获得徐州市第二届服务标兵称号。徐州交通广播事业部副主任李琦获得2009年度全市优秀共产党员。

2009年7月20日，徐州新闻广播在《徐州新闻联播》中开设评论性专栏《时事观察员》，每周1档，周一固定播出。

2009年8月3日，徐州广播电视台召开推进“二次创业”、打造“阳光广电”动员大会，党委书记、台长李爱彬在会上要求全台干部员工进一步增强信心，抢抓机遇，坚定目标，再创辉煌。

2009年9月16日，丰县人民广播电台全新改版开播庆典在丰县电视台演播厅举行。本次改版是丰县广播电视局与徐州广播进行战略合作的重要成果。

2009年9月19日～20日，徐州广播承办的2009金秋精品汽车展在徐州国际会展中心顺利举行，两天销售汽车1 808辆，成交总金额达1.86亿元。

2009年9月30日，徐州新闻广播在云龙山东侧的东坡休闲广场举办徐州市第七届健康节系列活动启动仪式暨“赛远杯”第八届喊山大赛。近千名群众参加比赛，喊出健康、喊出祝愿，共迎新中国60华诞。从2002年开始，每年10月，徐州广播都举办“喊山大赛”，取得良好的社会效果，每年吸引不少徐州及周边城市市民、远道来徐探亲访友人员、游客甚至外国留学人员踊跃参与，被徐州旅游局列入国庆徐州民俗活动之一，被中央电视台、中央人民广播电台、中国国际广播电台等10多家媒体报道。

2009年10月1日下午，徐州市庆祝新中国成立60周年开幕式暨“祝福祖国：欢乐国庆嘉年华”花车巡游启动仪式在徐州体育中心隆重举行。开幕式上举行了盛大的文艺表演，21辆花车依次从观礼台通过，向市区巡游，途经彭城广场、展览馆广场、人民广场。次日，21辆花车分两组赴6县市及贾汪区、徐州经济开发区巡游。徐州广播承担主要活动。

2009年10月1日起，徐州广播推出大型系列报道《声动徐州60年》庆祝新中国成立60周年，历时两个月完成的三个篇章《珍藏徐州》《记忆徐州》《实录徐州》以口述历史的方式，采访了见证新中国发展的各个历史时期的见证人，制作大型系列报道78篇90集，成为广播口述历史节目的经典之作。创作团队为：李晓雷、张秀云、王菲、王岩、李婷、高星宇、王盛、林晓婷、周超。

2009年10月12日，江苏省新闻战线“三项学习教育”活动开展“增强政治素质，提升职业道德，做新时代的优秀新闻工作者”演讲比赛，徐州广播记者李晶获铜奖。

2009年，徐州广播全年产业收入2 900万。

2009年3月，徐州人民广播电台新闻广播（FM 93.0）节目表见表2-3，徐州人民广播电台健康体育广播（AM 1269）节目表见表2-4，947 City Radio 城市广播(FM 94.7)节目表见表 2-5。

表 2-3　　　　徐州人民广播电台新闻广播(FM 93.0)节目表

时段	准点	周一至周六	周　日
4:00	总开始曲/纪实		
4:30	健康有约(讲座时间)		
6:00	生活早报		
6:30	转中国之声·新闻和报纸摘要		
7:00	徐州新闻联播		
7:50	城市印象(周一:筱兰说治安)		
8:00	麻辣新闻		爱心徐州
8:30	行风热线(周六:热线直通车)		作客徐州台
9:30	健康有约(讲座时间)		
10:00	整点新闻	神州任我行	文化徐州
10:40	健康有约(讲座时间)		
11:00	整点新闻	关注质量	环保你我他/国防园地
11:42	健康有约(讲座时间)		
12:00	整点新闻	档案揭秘	
12:45	健康有约(讲座时间)		
13:00	整点新闻	古今书场	
13:30	健康有约(讲座时间)		
14:00	整点新闻	老年之友	尘封档案
14:40	健康有约(讲座时间)		
15:00	整点新闻	吴莉导医台	
17:00	整点新闻	我爱我家	人在他乡
17:40	健康有约(讲座时间)		
18:00	整点新闻	我家厨房	
18:40	健康有约(讲座时间)		
19:00	整点新闻	流行剧场	
19:30	健康有约(讲座时间)		
20:00	麻辣新闻【复播】		
20:30	健康有约(讲座时间)		
21:00	整点新闻	纪实【复播】	

续表 2-3

时段	准点	周一至周六	周　日
21:30	健康有约(讲座时间)		
22:00	今日新闻盘点		
23:00	从零开始		作客徐州台【复播】
1:00	孤独如歌		
1:20	百家讲坛(CCTV－10)		
2:00	中国笑星		尘封档案【复播】
2:30	流行剧场【复播】		
3:00	流金岁月		

表 2-4　　徐州人民广播电台健康体育广播(AM 1269)节目表

时段	准点	周一至周六	周　日
4:00	总开始曲/纪实(与 FM 93.0 同步)		
4:30	健康有约(与 FM 93.0 同步)		
6:00	生活早报(与 FM 93.0 同步)		
6:30	转中国之声·新闻和报纸摘要(与 FM 93.0 同步)		
7:00	健康有约		
7:20	徐州新闻联播(与 FM 93.0 错时)		
8:00	健康有约		
8:15	爱说体育		
8:30	行风热线(周六:热线直通车)(与 FM 93.0 同步)		作客徐州台(与 FM 93.0 同步)
9:30	健康有约(与 FM 93.0 同步)		
10:00	整点新闻		
10:40	健康有约(与 FM 93.0 同步)		
11:00	整点新闻	关注质量(与 FM 93.0 同步)	环保你我他/国防园地(与 FM 93.0 同步)
11:42	健康有约(与 FM 93.0 同步)		
12:00	整点新闻	麻辣新闻(与 FM 93.0 错时)	
12:30	城市印象(周一:筱兰说治安)【复播】		
12:45	健康有约(与 FM 93.0 同步)		
13:00	整点新闻	健身冲击波(与 FM 94.7 同步)	
13:30	健康有约(与 FM 93.0 同步)		

续表 2-4

时段	准点	周一至周六	周　日
14:00	整点新闻	老年之友（与 FM 93.0 同步）	尘封档案（与 FM 93.0 同步）
14:40	健康有约（与 FM 93.0 同步）		
15:00	整点新闻	吴莉导医台（与 FM 93.0 同步）	
17:00	整点新闻	体育大赢家【国际台《巅峰体坛》】	
	健康有约（与 FM 93.0 同步）		
18:00	整点新闻	我家厨房（与 FM 93.0 同步）	
18:30	健康有约（与 FM 93.0 同步）		
19:00	1269 书场连播（上）		
19:30	健康有约（与 FM 93.0 同步）		
20:00	1269 书场连播（下）		
20:30	健康有约（与 FM 93.0 同步）		
21:00	吴莉导医台【剪辑版】		
21:30	健康有约（与 FM 93.0 同步）		
22:00	今日新闻盘点（与 FM 93.0 同步）		
23:00	纪实 60 分【引进】		
0:00	孤独如歌		
0:20	全天节目结束		

表 2-5　　947 City Radio 城市广播（FM 94.7）节目表

时段	周一至周五	周六　周日
06:00	City 最动听	
06:30	天天最新闻【早间版】 （一）6:30 环球资讯	
07:30	（二）7:30 城市早高峰（天气＋路况＋本市新闻）	
08:30	办公室的故事	大人物·小人物
	08:55　947 新鲜资讯之新闻早知道（一句话新闻）	
09:00	黄金 947（与《第一财经》同步）	City 最动听之我们结婚吧
10:00	947 新鲜资讯，国际台环球资讯广播——媒体聚焦（一）	
10:30	947 新鲜资讯，10:35 国际台环球资讯广播——媒体聚焦（二）	
11:00	947 新鲜资讯，11:05 国际台环球资讯广播——记者说世界	
11:30	947 新鲜资讯（本省资讯），11:35 国际台环球资讯广播——环球文化报道	

续表 2-5

时段	周一至周五	周六　周日
12:00	947 新鲜资讯	
	12:05 爱心徐州	12:05 共同关注
12:30	天天最新闻【午间版】	
13:00	健身冲击波(与 AM 1269 同步)	
13:30	947 新鲜资讯:13:35 City music——走过听过	
14:00	947 新鲜资讯	
	飞越城市	城市玩家
15:00	947 新鲜资讯:国际台环球资讯广播——巅峰体坛	
15:30	947 新鲜资讯:国际台环球资讯广播——老外看点	
16:00	947 新鲜资讯(国内方面):国际台环球资讯广播——环球文化报道	
16:30	947 新鲜资讯(本市媒体浏览):国际台环球资讯广播——留学资讯	
17:00	947 新鲜资讯:城市 VIP	
	947 新鲜资讯之直击现场(城市晚高峰【路况】+体彩)	
18:00	体育新闻(与 CCTV—5 同步)	
18:30	947 新鲜资讯(FM 93 的 18:00 整点新闻),18:35　947 新闻时评	
19:00	947 新鲜资讯(本市)	
	19:05 办公室的故事【复播】	大人物·小人物【复播】
19:30	19:35 纪实(与 FM 93.0 错时)	
20:00	947 新鲜资讯	
	20:05 家有儿女	20:05 小鬼当家
21:00	天天最新闻【晚间版】	
	国际台环球资讯广播——第一资讯　21:30　徐州夜新闻	
22:00	今夜我说	
23:00	Learning Pub 轻松学吧【国际台英语综合广播】	
00:00	全天播音结束	

2010 年 1 月 2 日,徐州新年购车嘉年华在国际会展中心举行。两天销售汽车 1 072 辆,成交金额近 1.3 亿元。新年购车嘉年华最大的变化是从体育中心移师到国际会展中心,提升了车展档次,并首增室外展位。

2010 年 1 月 20 日,记者李晓雷、张秀云等创作的纪念新中国成立 60 周年特别节目《解放徐州》,荣获中国广播电视协会"一等奖"和"十佳编辑"节目两项大奖，徐州人民广播电台获“十佳播出单位”。张秀云赴北京人民大会堂参加《解放中国》优秀节目和人物表彰典礼。

2010 年 3 月，徐州新闻广播记者周超赴北京采访报道全国两会江苏代表团及徐州籍代表活动情况，发回录音报道。

2010 年 3 月 22 日～26 日江苏广播电视总台联合中央人民广播电台、中国江苏网、江苏广播网启动《幸福江苏》大型直播活动。3 月 25 日省台联手徐州台、昆山台，在昆山举办《幸福江苏》大型直播活动，昆山的主题为“打造低碳城市”，徐州的主题为“徐州老工业基地的低碳之路”。徐州广播通过徐州市委书记曹新平专访报道、记者连线报道等形式，充分展示徐州经济社会发展成就，展示徐州老工业基地的低碳之路。徐州新闻广播副主任李晓雷参与连线报道和专访徐州市委书记曹新平活动，新闻广播 AM 1269、FM 93 在 3 月 25 日上午 8：00～9：00 同步转播当天的直播活动，省台和江苏网进行直播，中央台进行连线报道，活动取得圆满成功。这是继《苏北崛起》《信心江苏》之后，徐州广播与江苏省台联手完成的又一大型新闻行动。此次新闻行动的现场直播获当年江苏广播电视新闻奖特别奖。

2010 年 4 月 28 日，举办徐州市“行风热线”开播六周年庆祝晚会，主题为《热线暖民心　纠风促和谐》。晚会上颁发了 2007～2009 年度“行风热线”先进个人奖、优秀组织奖、群众满意奖和最佳上线奖。

2010 年 5 月 1 日～3 日，中国淮海（徐州）第九届汽车节在徐州国际会展中心成功举办。6 万人次参观，现场售车 2 300 辆，交易额约 3.1 亿元。

2010 年 5 月 19 日，徐州市委书记曹新平在徐州广播电视台报送的 2010 年春季房展会和淮海（徐州）第九届汽车节报告上做出批示：“很好，继续加大扩大内需的力度。”

2010 年 6 月 9 日，徐州广播电视台党委向广播中心发出贺信，祝贺广播中心率先完成半年产业经营任务，同比增长 40%；2010 年 11 月 16 日，徐州广播实现广告创收 3 600 万元，提前 45 天完成 2010 年度全年经营目标任务。

2010 年 6 月 18 日，徐州广播电视台党委召开纪念建党 89 周年表彰大会。会议对 4 个先进党支部和 33 名优秀共产党员进行了表彰；21 名新党员进行了入党宣誓。

2010 年 7 月 29 日，徐州广播业务讲座正式开课。广播业务讲座是广播“业务提升季”系列活动的其中一项内容，讲座内容包括新闻创优、采访技巧、各类体裁的写作、音响的运用、主持人形象塑造等，涉及范围广泛，内容丰富。

2010 年 9 月 5 日，徐州广播调频 916《不老人生》栏目举办“《不老人生》偶相汇”第一届相亲会。各年龄段的单身男女共 106 人共聚一堂，最终 20 多对相亲成功。

2010 年 9 月 22 日～24 日，第六届徐州金秋国际汽车展在锦禾物流园成功举行。3 天销售汽车 2 296 辆，成交总金额达 2.98 亿元。

2010 年 12 月 10 日，徐州广播电视台举行一年一度的跳绳比赛，近 500 人参赛。广播中心的李慧慧获个人女子组冠军。

2010 年 12 月 23 日，徐州市委宣传部召开表彰大会，表彰徐州市第七届“五个一工程奖”。徐州广播电视台有 7 件作品受到表彰，其中李晓雷、王岩、李晶主创的广播剧《罗芳的故事》获得江苏省“五个一工程奖”，广播剧《谢谢你的爱》获得徐州市“五个一工程奖”入选作品奖。徐州广播电视台获得组织先进单位荣誉称号。

2011 年 3 月，徐州广播提前策划、精心组织，派记者李婷婷赴京采访报道全国两会。广播开辟了《全国两会报道》挂牌专栏，全面展现了徐州代表、委员在京参加讨论审议情况，并从徐州市民关注的话题入手，对政府工作报告进行深入解读。

2011 年 3 月，徐州广播《我的汽车有话说》栏目获“中国广播电视协会民生广播节目 60 强”称号，成为江苏省获奖的两个广播栏目之一。

2011 年 4 月 30 日至 5 月 2 日，中国淮海(徐州)第十届汽车节在锦禾物流园举行。参展厂商共 60 家，车型 500 多款，人流量突破 8 万人次。3 天共计销售汽车 2 246 辆，成交金额达 3.36 亿元。

2011 年 6 月 15 日，由中央人民广播电台、台湾中国广播公司、台湾正声广播公司、江苏人民广播电台以及江苏部分城市电台记者组成的“两岸广播江苏行”采访团抵达徐州，就徐台农业合作、采煤塌陷地修复、荒山绿化以及城市园林生态建设等进行深入采访。“两岸广播江苏行”新闻行动由江苏省政府新闻办公室、江苏省台湾事务办公室、江苏广电总台联合主办，采访江苏 8 个城市。徐州广播与台湾媒体的合作，还是第一次。

2011 年 6 月 26 日，作为徐州市重点工程和民心工程的徐州音乐厅正式迎宾。

2011 年 7 月 4 日，徐州音乐厅举办“中国唐宋名篇音乐朗诵会”，轰动一时。徐州广播调频 916 全程录制并在《916 快乐够》和周末特别节目《演唱会真精彩》中播出，受到广大听众尤其是学生群体的热捧。

2011 年 7 月 11 日～13 日，徐州市第六次荣获全国双拥模范城称号、徐州新闻广播副主任李晓雷、记者林晓婷，与电视记者张伟栋、渠峰等，随徐州市双拥办组织的采访团，赴东海舰队采访徐州舰。两天时间，深入采访了徐州舰官兵在索马里护航打海盗，以及单舰万里奔袭利比亚救援同胞的英雄业绩，节目播出后社会反响强烈。徐州广播记者把一瓶取自云龙山的泥土和一瓶取自云龙湖的水，作为家乡的礼物赠送徐州舰官兵，受到欢迎。

2011 年 7 月 14 日，徐州广播邀请赛立信研究集团客服部经理张月红来徐，就如何通过调查数据分析广播市场前景、有针对性地打造广播节目等问题作专题讲座。

2011 年 8 月 10 日，徐州广播建成广播音乐资料库，实现了广播四套频率音乐资料共享。音乐资料库由调频 916 承担制作和维护工作，最初收录歌曲、音乐资料近 6 万首，全部是 CD 级音质。曲库实现共享，大大提高节目的制作效率，同时可以实时统计歌曲播放情况，为音乐节目评估和音乐版权付费等工作提供数据参考。

2011 年 10 月 4 日，徐州第七届金秋国际汽车展落幕。4 天共销售新车 2 537 辆，成交金额 3.71 亿元。

2011 年 10 月 26 日，徐州广播邀请赛立信媒介研究北京公司总经理牛存有先生来徐，为广播全体采编播及营销人员作了《收听市场与创新机制》专题报告会。

2011 年 11 月 8 日，徐州广播电视台庆祝记者节活动。徐州广播邀请徐州电台第一任台长张梦达讲述徐州电台的发展历程，推出《信仰，让我们奋勇前行——听记者讲述新闻背后的故事》专题报道，7 位一线记者也在电波中敞开心扉，谈采访中的感悟，说新闻背后的“新闻”，聊记者生活的酸甜苦辣，让听众真切感受了广播人对新闻的执着追求、对工作的严谨态度、对新闻的无限热爱。

2011 年 11 月 23 日，徐州市行风热线“四位一体”新模式启动。徐州市委常委、常务副市长邹徐文，市委常委、市纪委书记陈志扬，市级 69 家上线单位负责人出席启动仪式。

2011 年 11 月，徐州新闻广播主持人青洋、杜丁创意制作的公益广告作品《低碳生活，让地球消消气！》，获得第 84 届全国城市电台经济信息交流会广播广告作品优秀奖，这是徐州广播历史上获得的最高级别的广告类大奖。

2011 年，徐州广播 13 篇稿件被中央人民广播电台《中国之声》采用、8 篇在《新闻和报纸摘要》播出，发稿数量在全国 332 家省市电台中排名第 26 位；同年，徐州人民广播电台加入“全国广播联盟”。

2011 年，徐州广播全年创收突破 5 000 万元。

2012 年 1 月 1 日至 3 日，徐州第十一届汽车节（新年展）在锦禾物流园开幕。60 多个国内外知名汽车品牌的 400 多款车型集中亮相。本届车展直播参展车商和名模佳丽携手同走星光大道、车模佳丽美女墙风景线、模特时装秀等，深受观众欢迎。

2012年2月,徐州广播《行风热线》直播室改造,新的直播台可容纳8人上节目,并实现了导播与主持人音视频沟通。

2012年2月22日,徐州广播电视台召开全台工作会议,总结2011年工作,部署2012年任务,颁发"走转改"优秀新闻工作者、优秀新闻作品奖。广播记者周超获"走转改"优秀记者并受表彰。

2012年3月5日,徐州广播电视台围绕"百姓办事零障碍"主题宣传,精心策划、周密组织,徐州广播共播发报道、评论近300条,掀起宣传热潮。

2012年,徐州广播中心主任张碧莹获"徐州市三八红旗手"称号。

2012年徐州广播以"创新、高度、准确、活泼"为指针,高质量地完成全国春季农业生产会议、苏北工作暨扶贫开发会议、公安部部长孟建柱在徐调研、中宣部副部长翟卫华一行在徐考察等15场重要的随车解说任务。

2012年3月29日,江苏广电总台大型新闻行动《新征程　新步伐》第七场活动走进徐州名人馆,主题为《生态,我们一起行动》。徐州市委常委、副市长王昊,江苏省环保厅总工程师刘建琳,中国矿业大学建筑与城市规划研究所所长常江,20世纪60年代享誉全国的绿化模范杨典华老人、徐州市园林局局长李云岘等,共同探讨徐州60年坚持荒山绿化、在石头山上种出森林城市,坚持采煤塌陷地改造,走出绿色生态发展的新路径。节目中穿插李艳、王惠、林雪3位记者现场连线,江苏省台主持人靳浩主持,江苏新闻广播、徐州新闻广播、中国江苏网、新浪网等同步直播。

2012年6月2日,徐州市委宣传部主办的第五届"感动徐州"十大年度人物电视评选颁奖盛典在电视台演播大厅举行,市领导张彤、徐华成、刘兆勤出席并为获奖者颁奖。徐州广播唯一一档公益慈善类节目《爱心徐州》主持人郑硕获奖,成为"感动徐州"十大人物之一,这也是传媒人物首次登榜。

2012年6月3日,徐州广播邀请赛立信集团总裁、媒介研究公司总经理黄学平为广播中心作题为《广播节目创新与经营管理》的讲座。

2012年6月6日,高考来临,由徐州广播电视台和徐州市文明办、市公安局交巡警支队、市交通运输管理处共同主办的"徐州2012爱心送考"活动启动仪式在徐州市体育中心举行。徐州交通广播承担具体任务,组织爱心送考的出租车、私家车和各种车队超过500辆,其中70%来自出租汽车行业。

2012年7月9日,徐州广播播音员王然作为《创建国家森林城市工作》电视汇报片主创人员荣获徐州市先进个人称号。

2012年7月20日,江苏省市政风行风热线"四位一体"联动直播活动走进徐州,徐州市市长朱民首次走上《行风热线》直播台,现场为群众解决民生问题,活动主题为"关注民生幸福　建设美好徐州——市长与百姓沟通零距离"。活动创新节目形式，被称为全省政风行风热线“四位一体”联动直播的徐州模式，徐州市长上线也是徐州市级《行风热线》开播九周年以来的历史性突破，受到江苏省纪委副书记、省监察厅厅长、省政府纠风办主任江里程的高度评价和充分肯定。

2012 年 9 月 30 日至 10 月 3 日，徐州第十一届汽车节秋季展在锦禾物流园成功举行。15 万人参观，销售汽车 1 800 辆，成交金额约 2 亿元，有效地激活了相对低迷的车市。

2012 年 9 月，徐州广播记者李晶、李晓雷采写的录音报道《徐州矿工迁新居　城市换新颜》在中央人民广播电台《新闻和报纸摘要》及《新闻纵横》两档黄金节目中播出，《中国之声》观察员叶闪对报道做了主题点评，解决煤炭资源枯竭带来的民生问题，以及破烂的棚户区改造工程引起很大反响。人民网、中国网、中国广播网、新浪、搜狐、网易、中国江苏网、广东东莞时间网等 30 多家门户网站及地方党报网站进行了转载。

2012 年，徐州广播四套频率直播室、技术主控机房全部迁往音乐厅三楼办公。直播室下临云龙湖，美景尽收眼底，被称为“全国环境最美直播室”。

2012 年 11 月 21 日，徐州广播电视台党委书记、台长李爱彬带领相关中心负责人走进广播《行风热线》直播节目，与听众真诚互动。

2012 年，徐州广播产业收入突破 5 700 万。

2013 年 2 月，徐州电视问政节目《对话一把手》开播。全年有 47 个政府职能部门的“一把手”上线，徐州市委常委、纪委书记陈志扬参加节目首播。

2013 年，全新改版的徐州电视《行风热线》栏目播出时长由原来的 15 分钟增至 20 分钟，播出频率从每周五档变为每周七档。

2013 年 4 月，徐州广播记者王燕飞、李晶等采写的一组关于我市养老现状调查的深度报道《公办机构一床难求　民办机构入住率不足》《养老护理人员紧缺、资金不足成我市养老发展瓶颈》，真实地反映出我市养老现状、发展瓶颈及未来发展趋势。稿件播出后，在社会上引起较大反响，也成为市政协委员们提出建议议案的依据之一。徐州市政协领导在专题调研会上表示，广播记者参与调研，成为政协委员活动的创新之举，这种方式将在全市逐步推广。

2013 年 4 月 29 日至 5 月 1 日，徐州第十二届汽车节（春季展）在锦禾物流园成功举行，参观人数达到 20 万，销售汽车 2 000 多辆，成交金额超 3 亿元。

2013 年 5 月 13 日，徐州广播电视传媒集团成立，与徐州广播电视台为一套班子，李爱彬任党委书记、董事长、台长。

2013 年 5 月，徐州广播技术部马强的作品女声独唱《夜色》，获 2012 年度中国广播电视节目技术质量奖金鹿奖环绕声类三等奖。

2013 年 6 月，徐州《行风热线》下午反馈版《沟通》栏目开播，反响强烈。

2013年6月21日，徐州新闻广播牵手徐州市公安局政治处开展的《筱兰说治安》栏目走进徐州工程学院，开展“‘6·26’国际禁毒日”宣传教育活动，呼吁人们珍爱生命、远离毒品。徐州市公安局禁毒支队还向学生展示禁毒斗争中缴获的各种毒品样品。主持人孙筱兰、玉军、李晶参加活动。

2013年6月28日，徐州新闻广播“践行群众路线、展现创卫成果——新闻主播走基层、进社区”活动首站走进泉山区奎园小区。新闻广播十位主播全部亮相，与居民亲切互动。尽管天气很热，现场仍有上千居民参加活动。活动由徐州广播电视传媒集团与泉山区委宣传部主办，徐州新闻广播与泉山区奎山办事处承办。徐州新闻广播进行全场直播。

2013年7月20日，徐州文艺广播职场服务类互动节目《上班那些事》在月星环球销售中心举行第一期线下活动，主持人宇俐和三位专家就“职业规划——打工VS创业?”的话题，现场与听众深入交流，职场专家结合自身经历和感悟，阐述了对创业与打工的看法，听众表示受益良多。

2013年8月24日，徐州广播房地产特别节目《交锋》栏目组带领数十名徐州市民到达南京河西新城，与业界专家聚首南京，深入解析“奥体中心对一座城市的影响”。

2013年8月29日晚，徐州交通广播主持人阿原的广播方言节目《阿原拉呱》听友见面会在彭城一号广场举行，主持人阿原及他的摇滚乐队上演了激情的摇滚之夜。

2013年10月1日～3日，徐州第十二届汽车节(秋季展)在锦禾物流园成功举行。参展品牌60多个，超豪华品牌玛莎拉蒂首次入驻徐州。参观人数超过20万，销售汽车超过3 000辆，成交金额超过3亿元。

2013年10月8日，徐州广播《行风热线》栏目被评为“法治徐州建设示范点”。

2013年10月25日，徐州广播与徐州市政协联办的《政协之声》节目开播。每月两期，每期30分钟，宣传广大政协委员建言履职、建功立业的成就，报道政协提案、社情民意信息的办理情况。

2013年10月，徐州广播记者王燕飞《冯攀峰　梦圆奥运》获第二十三届中国新闻奖广播访谈三等奖，实现徐州人民广播电台建台65年的历史性突破。

2013年10月，徐州广播播音员张强主创的小说连播《富矿》获得“中国文艺广播小说连播优秀作品”三等奖，这也是徐州广播电台第一次在此领域获奖。

2013年11月18日，徐州广播电视传媒集团召开2012年度创新创优表彰大会，来自宣传基层一线、技术保障前沿共计70多位获奖个人和集体代表身披绶带走上舞台，接受集团党委的隆重表彰。

2013 年 11 月，江苏省广播电影电视局组织有关专家抽查了徐州新闻广播《93 早新闻》节目，给予高度评价。专家们认为，《93 早新闻》舆论引导稳妥，定位清晰准确，能够及时聚集大事、要事、新鲜事，视角平实，结构科学，时效性强，音响运用充分，广播特色突出，充分体现了向上的政治意识和向下的新闻眼光，能够从中真切感受到全体新闻采编人员为提高节目质量所做的努力。

2013 年 12 月 4 日，徐州广播 2014 年度媒体推介会“找广播 · 有好牌”在绿地皇冠假日酒店举行。这是徐州广播历史上规模最大、亮点最多的一次推介会。徐州广播长期合作伙伴，以及全国各地的客商代表 300 多人应邀出席。

2013 年，徐州广播外宣工作再创佳绩。徐州新闻广播被中央人民广播电台评为“全年供稿贡献奖”。2013 年，徐州新闻广播在中央人民广播电台《新闻与报纸摘要》等重要栏目发稿 32 条，居全国城市电台发稿前列。其中，徐州广播记者周超采制的录音报道《为救轻生女甘当肉垫的派出所所长——宗德宇》被全国多家媒体转发，李晶、周超采制的录音报道《春节杜绝形式主义走访：为民工讨薪，解决困难群众问题》《中国新境界：江苏、北京、青海扎实开展三中全会精神宣讲活动》，李晓雷、周超采写的录音报道《南水北调东线徐州境内成功通水，水质达到国家标准》《江苏邳州 200 多人“凑份子”合作建房，合作建房能否梦想成真？》，彭婷采制的录音报道《徐州八名香客状告“神仙婆”案》等一大批稿件在《新闻与报纸摘要》等重要节目中推出，被全国多家媒体转发，影响很大。同时，徐州新闻广播对省台发稿位居前五名，被评为全省优秀发稿单位。

2013 年 12 月 3 日，主题为“评议政风行风　养成‘两个习惯’”政风行风集中评议活动，在徐州电视台演播大厅举行。12 家单位接受社会评议。

2013 年 12 月，全国“交通安全日”当天，徐州交通广播特别策划、精心组织系列活动，向市民传达“摒弃交通陋习，安全文明出行”的安全意识，听众参与度极高，社会反响强烈。

2013 年，徐州广播实现产业收入 6 400 万，比 2012 年增长 20%以上，品牌影响力和经营创收高居淮海经济区第一、苏北第一！

2014 年 1 月，徐州第十三届汽车节（新季展）成功举办。参展 4S 店 50 多家，参展品牌 50 多个，参展车型 400 多辆，经济型、豪华型、舒适型、功能型一应俱全，给市民带来强烈的视觉冲击。

2014 年 1 月，徐州广播电视传媒集团举办职工跳绳比赛。13 支团体队进行了激烈角逐，最终网络中心、电视新闻中心、后勤中心和广播中心代表队分获团体前三名。广播中心李慧慧获得个人一分钟速度赛第一名。

2014 年 2 月 5 日，徐州下第一场雪，徐州新闻广播快速反应，派出多路记者，围绕人工增雪及气象情况、降雪对居民生活影响连续现场报道，《行风热线》

对各地扫雪情况和群众投诉情况追踪报道，社会反响强烈。

2014 年 2 月 14 日，徐州广播电视传媒集团召开 2014 年工作大会，会议提出围绕一个目标，即把徐州广电建设成为“在江苏有地位、淮海经济区有影响、全国有特色、具有大台风范”的综合性强势传媒。

2014 年 2 月，徐州广播全面启动业务提升年活动。以打造精品节目为导向，以制度建设为保障，全面实施《广播中心内容生产综合考核办法》。

2014 年 2 月，徐州新闻广播特别报道《我的 2013》精彩落幕。特别报道的 14 篇人物特写，反映出了我市不同年龄、不同岗位、不同环境的百姓生活状态，讲述了他们在 2013 年所经历的普通故事，赢得较高的社会关注度。参与记者林晓婷、王燕飞等。

2014 年 3 月 14 日，徐州广播电视传媒集团党委召开 2012 年度创新创优表彰大会，广播记者王燕飞广播访谈《冯攀峰　梦圆奥运》问鼎中国新闻奖，实现徐州人民广播电台建台 65 年的历史性突破，受到表彰。一大批作品获得江苏省新闻奖，徐州台创新创优实力在全国地市级电台中处于领先地位。

2014 年 3 月 28 日，省市政风行风热线联动直播活动走进徐州，主题为“发力五大行动、建设美好徐州”。徐州市市长朱民，市委常委、常务副市长王昊上直播台现场办公，为百姓解决问题。

2014 年 3 月，徐州广播记者张秀云主创的广播专题《范仲淹与徐州的“生死结”》荣获第三届全国历史题材广播电视节目三等奖。

2014 年 3 月 1 日起，徐州新闻广播整点《第一资讯》实现了及时新闻滚动直播。每天，记者从全市各个新闻现场不间断地通过手机播报正在发生的新闻事件。“即时新闻、即时播出”，回归了广播新闻即时、实用的本性。

2014 年 4 月，徐州广播记者李晓雷、王惠、张碧莹、张强主创的广播评论《农村小学怎一个撤并了得，中国伤不起！》荣获两年一度的中国广播影视大奖新闻类提名奖，这是徐州广播评论奖项的一大突破。

2014 年 5 月 1 日～3 日，徐州第十三届汽车节（春季展）在长江物流园成功举行。3 天时间，参观人数超过 20 万人，销售汽车超过 2 500 辆，成交金额突破 3.5 亿元，赢得了社会各界的赞誉。

2014 年 5 月，徐州广播被市总工会授予“工人先锋号”称号。

2014 年 5 月起，徐州广播调频 91.6 再度牵手徐州音乐厅，共同打造互动线性类节目《幸福来敲门》。听众通过 916 官方微博和微信参与互动。每周五，美女主播都会作为神秘幸福大使为铁杆粉丝送去幸福门票。

2014 年 5 月，徐州广播新闻事业部在资讯发布、线索搜集、听众互动等方面充分利用新媒体优势，强化节目生产与新媒体融合。微博、微信的使用涉及节目生产的各个环节，既丰富了节目内容，也扩大了新闻频率受众群。徐州新闻微博每天早上将徐州的时政要闻、新鲜资讯、惠民政策及时传达给粉丝，粉丝量 7 000 多人。徐州新闻微博与全天 8 个点的《第一资讯》联动，及时发布动态资讯。两档舆论监督类节目《行风热线》和《沟通》均开通了节目官方微博和节目微信公众平台，“徐州行风热线”新浪微博粉丝量达 4 000 多人，两个节目微信公众平台用户 800 多人。每天，微博和微信公众平台上接到群众咨询投诉线索数十条。节目直播中，微博上同步发布上线图片、解答问题等内容，微信公众平台每天定时群发上线单位预告、热线跟踪反馈等内容和图片。《生活早报》《非常新闻秀》《铿锵麦克风》等节目均开通主持人微博，听众通过微博参与话题讨论，与节目互动，每个节目微博粉丝量接近 10 000 人。

2014 年 6 月 5 日，徐州公交集团首次加入交通广播高考爱心送考公益活动。公交集团将五条公交线路的 200 辆公交车组建了公交大巴“送考专线”，为考生提供免费送考服务。

2014 年 7 月 16 日，徐州市文化广电新闻出版局组织有关专家抽查了徐州新闻广播早间节目《徐州新闻联播》，给予高度评价。专家们认为，《徐州新闻联播》定位清晰准确，能够及时聚集大事、要事、新鲜事，视角平实，时效性强，音响运用充分，广播特色突出，有亮点、深度、高度和速度，能够从中真切感受到全体新闻采编播人员为提高节目质量所做的努力。节目紧紧围绕市委、市政府中心工作，着眼于民生福祉，充分体现了向上的政治意识和向下的新闻眼光。本地与国内外新闻编排比例恰当，关注的话题体现了很强的贴近性，同时注重时效性，充分体现了“第一时间”“第一现场”“第一声音”的报道特点。

2014 年 7 月 18 日，著名相声演员侯耀华与徐州广播调频 91.6 主持人杨小嘴、微微共同前往徐州彭城书院，举行《幸福来敲门》节目新一轮的“幸福大派送”活动，将其参演的话剧《欧爸思密达》门票送至听众手中。

2014 年 7 月，徐州广播独家合作房地产项目“紫金奥玲花园”举办“广播房展惠”活动，一月之间意向成交 60 多套，成交金额高达 3 700 万元，提升了徐州广播在房地产市场的影响力。

2014 年 8 月，徐州新闻广播《求证》节目开播，两辟网络谣言，取得较好的社会反响。

2014 年 9 月 2 日～10 日，9 天时间，徐州广播记者采访的稿件在中央人民广播电台《中国之声》连续发稿 7 次。其中，两篇稿件被中国之声《新闻与报纸摘要》《全国新闻联播》采用 3 次，刷新了徐州广播外宣发稿记录。

2014 年 9 月 19 日，江苏省第十八届运动会在徐州举行开幕式，26 日在淮安市闭幕。筹办五年来，徐州广播四套频率重要时段每天播放宣传片花。从 2013

年 9 月 19 日倒计时一年起，徐州新闻广播每天播出倒计时片花，开设“迎省运，我们在行动”专栏，以消息、专题形式，报道徐州全力筹办省十八届运动会的进展和成果；倒计时 200 天，设置《当好东道主、办好省运会》专栏；倒计时两周，设置《逐梦省运、跃动江苏》专栏。据统计，倒计时一年，新闻广播记者林晓婷等就采制新闻消息、专题、专访 212 篇，社会反响良好，受到组委会的表扬。

2014 年 9 月，徐州广播联手徐州市 12345 政府服务热线开播《直通 12345》栏目，《沟通》节目结束后，听众所有问题转入 12345 政府服务热线受理。

2014 年 9 月 27 日，徐州广播关爱困境儿童“快乐书屋”公益项目启动，首批 5 家“快乐书屋”投入使用，计划在全市建立 50 家，成为徐州慈善事业新名片。

2014 年 10 月 1 日，中央人民广播电台《新闻与报纸摘要》首次播出长达 1 分 30 秒地方台录音报道《为了忘却的纪念》，展现全国第一个烈士纪念日徐州各界公祭活动，由徐州广播记者林晓婷采制。

2014 年 10 月 20 日，徐州交通广播《阿原拉呱》栏目组织徐州青年文明号车队的十多辆出租车和十几位热心听众，带领徐州社会福利院的 18 名孤残儿童参观了徐州高铁站、徐州奥体中心，开拓孩子们的视野，增强他们的自信。

2014 年 10 月 20 日，江苏省广播电视局有关专家抽查了徐州广播《徐州新闻联播》部分节目，包括录音和文档，给予高度评价，认为整体质量上乘，在去年代表作的基础上，又有新提高，成为全省广播新闻的一个样板。对《徐州新闻联播》节目中的子栏目《求证》抓热线、见真相、正视听；《新闻语录》见观点、有思想；徐州新闻体现网友微博互动等都给予全面肯定。

2014 年 10 月，徐州广播调频 91.6 联手中国矿业大学、江苏师范大学、徐州医学院等 7 所学校，共同推出票选“校园女神”的活动。

2014 年 11 月 1 日，徐州新闻广播联手徐州市公安消防支队，开展“践行群众路线、共建幸福家园——新闻主播走基层、进社区暨 119 消防安全进万家活动”，启动仪式在泉山区管道社区举行。新闻广播主播、主持人全体亮相，通过专业朗诵、演讲和节目互动，向大家展示徐州新闻广播是发展历程和辉煌业绩。在现场，消防官兵还进行了专业表演和器材展示。新闻广播主持人高静、凌飞、王影，被徐州市公安消防支队聘为“消防宣传形象大使”。无线徐州进行网络视频直播，徐州新闻广播全程直播。

2014 年 11 月，广播交通频率《一路好心情》节目的主持人被冠名为“福特翼虎苏苏”“凯迪拉克 ATSL 大鹏”，使得主持人和汽车品牌影响力双双提升。这是继《一路好心情》节目被冠名后，两位主持人又被汽车企业冠名，开辟了广告承载的新渠道。

2014 年 12 月 2 日，第三个“全国交通安全日”，徐州交通广播所有主持人和记者来到市区的主要路口，从早上7:00开始，为广大市民送上"一鹿平安"小玩偶，倡导、鼓励市民安全文明出行。

2014年新闻广播节目表见表2-6。

表2-6　　**2014年新闻广播节目表**

时　间	周一至周六	
4:30	晨曲	
4:30～5:00	中国笑星	
5:00～6:00	养生之道5:00～6:00	
6:00～6:30	生活早报	
6:30～7:00	转播中国之声新闻和报纸摘要	
7:00～7:50	徐州新闻	
8:00～9:00	行风热线	
9:00～10:00	第一资讯(9点)	走进房地产
10:00～11:00	第一资讯(10点)	养生之道10:10～11:00
11:00～12:00	第一资讯(11点)	非常新闻秀
12:00～12:30	转播中央电视台新闻30分	
12:30～13:30	第一资讯(13点)	评书连播
13:30～14:30	第一资讯(14点)	养生之道13:30～14:30
14:30～16:00	第一资讯(15点)	吴莉导医台
16:00～16:30	第一资讯(16点)	中国笑星
16:30～18:00	第一资讯(17点)	沟通
18:00～19:00	第一资讯(18点)	铿锵麦克风
19:00～19:30	转播中央电视台新闻联播	
19:30～20:30	光阴的故事	
20:30～21:00	养生之道20:30～21:00直播	
21:00～21:30	老梁观世界	
21:30～22:30	铿锵麦克风(复播)	
22:30～23:30	非常新闻秀(复播)	
23:30～0:00	转播中国之声	
0:00	关机	

2015年1月6日起，徐州广播同步推出《美文雅颂》广播版和微信版，成为推动媒体节目融合、实现立体传播的新举措。《美文雅颂》每天在FM 93新闻频

率早中晚黄金时间6次播出，每期3～5分钟，播出内容以经典唐诗宋词为主，辅以名家散文诗歌，由主持人配乐朗诵。

2015年1月，徐州广播荣获中央人民广播电台“全国地市台发稿10强”称号。在中央人民广播电台《新闻与报纸摘要》等主要栏目发稿70条。

截至2015年，徐州广播拥有新闻广播FM 93/AM 1269、交通广播FM 103.3/AM 1143、私家车广播FM 91.6、文艺广播FM 89.6/AM 1098和调频105等5套频率，全天播音102小时，收听市场份额88.9%，2014年产业收入突破7 800万元，实现了广播直播、移动互联、线下活动等融媒体传播。

徐州人民广播电台直线传播直径200千米，覆盖淮海经济区1.36亿人口，其品牌影响力位居全国城市台前列。

第二节　徐州《行风热线》十年发展

徐州《行风热线》已经开播12年，大致可以划分为三个阶段。

第一阶段，2003～2009年，徐州行风热线横空出世，广播唱主角。以2003年开播至2009年《行风热线》六周年为标志，在徐州市纪委、市监察局、市纠风办的组织领导下，《行风热线》以广播媒体为平台初创并快速发展，建立和完善各种制度，上线单位大幅增长，2010年上线单位增加到103家，节目实现“三个全覆盖”，传播力持续增强，社会影响力不断加大，群众对节目能够解决问题的期待率持续增高。

第二阶段，2009～2014年，声屏网报，徐州行风热线实现全媒体四重奏。2014开始，帮忙帮问渐成节目主流形态，《行风热线》出现拐点，创新思路再出发。

2009～2014年，行风热线进入广播、电视、报纸、网络“四位一体”整合发展的关键时期，以“一把手”上线考核为龙头，广播问政、电视问政、网络新媒体问政，媒体平台不断融合，节目形态不断创新发展，使《行风热线》平台对社会领域和社会管理的渗透力与参与度不断提高，解决问题的力度不断加大，社会影响力不断增强。

江苏开展省市联动直播活动，市长走进直播室，形成省市县三级联办处理群众投诉的良好格局，声屏网报行风热线四位一体全程参与，行风热线的社会功能不断拓展，由舆论监督向行政考核等社会管理核心领域推进。

党的十八大以来，中央纪委对纠风工作提出了新的要求，对机关内设机构进行了调整。面对新形势、新情况、新变化，徐州市委常委、市纪委书记陈志扬在市纪委常委会上专门提出：无论纠风机构如何改革，全市纠风工作要不等待、不依赖、不懈怠，始终坚持服务群众的宗旨不变、让老百姓满意的目标不变、行风政风建设的重点不变，切实推进政风行风大转变。

新形势下，行风热线如何大转变？

上海人民广播电台推出“有事大家帮”的空中社区节目《直通 990》，节目一经推出，就受到社会热捧，成为广播节目又一个高峰。上海市政府甚至年财政专款数百万支持《直通 990》，2013 年《直通 990》节目获得中国慈善奖，主持人王海滨受到李克强总理接见。河北人民广播电台《992 大家帮》也是借助广播热线即时互动、三方通话共谋问题的解决途径，借民势、借民力，“有事大家帮”、“大家帮大家”的帮问帮办型的创新理念，使行风热线下一步的发展思路和节目形态都在发生变化。“12345”政府服务热线，也在这个背景下，成为广播热线监督类节目的重要平台，在宿迁等一些城市，行风热线工作与纠风工作分开，逐渐走入与“12345”政府服务热线相融合的方向。

一、2003～2009 年，横空出世，广播唱主角

2003 年 8 月 18 日，徐州市纪委、徐州市委宣传部批准《徐州广播电视台与市纠风办、市文明办联办〈行风热线〉的实施方案》。

2003 年 9 月，徐州市《行风热线》节目协调小组成立。组长：徐州市委常委、市委宣传部部长李荣启；副组长：徐州市纪委副书记、市监察局局长周建洪，市委宣传部常务副部长刘明，徐州广播电视台台长王强；成员为：徐州市纪委党风廉政建设室主任马士光，徐州市精神文明建设指导委员会办公室主任曹公平，徐州广播电视台副台长郭萍；下设办公室，工作人员为：徐州市委宣传部新闻处处长李爱彬，徐州市纪委党风廉政建设室副主任李文平，徐州广播电视台广播中心主任尤玉乔。

2003 年 11 月 20 日出台《〈行风热线〉节目实施细则》，明确：①《行风热线》协调小组统一安排上线单位事宜，建议首批上线 25 家单位相应成立领导小组，配备专职联络员；② 建立每周信息反馈制度；③ 建立《行风热线》节目对上线单位考核制度，作为市纪委年终行风评议的参考依据。

2003 年 11 月 20 日，徐州市《行风热线》开播仪式暨第一次联席会议在太行宾馆（驻徐部队第一招待所）举行。徐州市纪委副书记、市监察局局长周建洪，徐州市委宣传部常务副部长刘明，徐州市公用事业局副局长张道远，徐州广播电视台广播中心新闻频率主任高宁分别讲话。会议由徐州广播电视台副台长郭萍主持。徐州新闻广播对第一次联席会议同步直播。

按照要求，2003 年 11 月 25 日，徐州市公用事业局在全市率先成立行风热线领导小组，出台《关于做好徐州广播电视台〈行风热线〉节目上线工作的通知》，对局属各单位上线质量和落实咨询投诉情况进行考评，这是徐州上线单位出台的第一个考评办法。

2003 年 12 月 1 日,广播《行风热线》栏目开播。周一至周五上午 10:00～10:30 播出,播出频率:新闻综合频率 AM 1269、FM 93。徐州市教育局局长宋农村第一个走进广播直播室与听众交流、接受咨询和投诉。《行风热线》首播取得成功。

首批上线的 25 家单位依次是:教育局、卫生局、旅游局、公用事业局、城管执法局、市农工办、工商局、质监局、物价局、国税局、地税局、公安局、交通局、电力公司、行政审批中心、规划局、环保局、园林局、药监局、国土局、云龙区政府、鼓楼区政府、泉山区政府、九里区政府、贾汪区政府。

2003 年,在《行风热线》节目开播的同时,《关注质量》节目同时开播。围绕《行风热线》衍生出一系列节目和产品,包括《关注质量》《筱兰说治安》《吴莉导医台》等相继开播,开始形成新的节目格局。

2004 年 2 月 9 日,徐州市《行风热线》节目协调小组印发第一期《行风热线月报》。月报指出:首批 25 家单位主要负责人走进广播直播室,与广大群众直接对话交流,除去周六周日,首轮到 2004 年 1 月 5 日结束。初步统计,《行风热线》节目现场接受群众咨询投诉 210 个,其中当场解答 77 个,各上线单位"一把手"上线率 48%;下节目后为群众排忧解难,解决的实际问题 120 件,问题解决率 93.8%,反馈率 100%。

2004 年 8 月 13 日,《行风热线月报》统计:《行风热线》25 家上线单位已经运行七轮,播出 165 期,群众来电来信反映问题 2 138 件,上线单位负责人在直播期间现场接听解答问题 813 件,群众满意率较高。

2004 年 8 月,徐州广播电视台投资 20 多万元安装国际先进水平的广播延时器、调音台等播出设备,以保障《行风热线》节目的播出安全,同时对主持人和导播进行严格培训。至 2005 年 8 月,节目运行一年,设备运转良好,没有出现一起播出事故。

2004 年 8 月 26 日上午 9:00,《行风热线》节目协调小组第二次联席会议暨理论研讨会在中山饭店北一楼会议室召开。会议由徐州广播电视台广播中心主任尤玉乔汇报节目运行情况,会议讨论通过《〈行风热线〉群众投诉与咨询处理办法》、讨论通过修订后的《〈行风热线〉考核细则》,确定第二批上线单位 35 家,并论证开设"市长热线"的可行性,决定时机成熟印制《行风热线》画册。

第二批上线单位共 35 家,分别为经贸委、市发展计划委员会、外经局、计生委、建设局、房管局、劳动局、民政局、水利局、财政局、文化局、广播电视局、电信局、邮政局、烟草专卖局、人事局、人民银行、市中级人民法院、市人民检察院、法制办、住房公积金管理中心、体育局、盐务管理局、商贸局、气象局、出入境检验检疫局、徐州海关、农机局、科技局、农业局、审计局、安全监督局、司法局、林牧渔业局、农业资源开发局。

2005 年，上线单位发展到 60 家。

2006 年 1 月，徐州市委书记徐鸣视察徐州广播，听取徐州广播电视台台长王强、广播中心主任尤玉乔关于《行风热线》的工作汇报。

2006 年，徐州市纪委纠风室印发《“行风热线”群众投诉与咨询处理办法》，规范徐州行风热线工作流程。

2006 年，上线单位发展到 67 家。

2006 年 9 月，徐州人民广播电台推出徐州广播网官网，建立第一个《徐州行风热线》网上专页。

2007 年，徐州市纠风办印发《市级行风热线直播工作规范》。徐州广播全员培训主持人、导播使用直播延时器，以保障播出安全。

2007 年 5 月，徐州举办首届全市行风热线工作表彰会。徐州市纪委副书记、监察局局长周建洪，市纪委常委李新民，市纠风办副主任、纠风室主任佟滨，徐州广播电视台党委书记、台长王强及副台长郭萍出席会议。会议首次印发《徐州行风热线》画册。

2007 年 8 月 29 日，在江苏省政风热线开播四周年之际，江苏省纪委、省纠风办和省广播电视总台在扬州组织全省政行风热线培训研讨班，对全省有关人员进行系统业务培训，扬州、徐州、南京等 8 家单位在会上交流发言。

2007 年，徐州广播栏目《行风热线》被徐州市委宣传部评为“十佳新闻栏目”。

2007 年 12 月 19 日，张碧莹、李晓雷等受聘为徐州市政务监督员。全市聘任 170 人，聘期 2 年。

2007 年 12 月 20 日，徐州市纪委、监察局、市纠风办、徐州广播电视台联合发出《关于认真做好 2008 年“行风热线”参与工作的通知》，要求 81 家上线单位认真做好上线直播工作。热线播出时要组织本系统有关人员收听节目，直播结束后要认真办理群众的投诉和咨询，及时向投诉人及“行风热线”栏目组反馈处理情况。

2008 年 5～7 月，徐州市政府纠风办、《徐州行风热线》栏目组，分期邀请部分上线单位代表分赴河北、浙江、山东等城市电台现场学习交流行风热线工作，随后邀请江苏省广电总台专家来徐州讲学，并召开部分上线单位座谈会，针对行风热线中遇到的问题对全体上线单位相关负责人进行专题学习培训，这成为独具徐州特色的行风热线工作培训模式。

2008 年 3 月 14 日，消费者权益保护日来临，徐州新闻广播《关注质量》《行风热线》两大品牌栏目联合推出“诚信、责任、放心消费——2008 倾听消费者的声音”大型户外直播活动。活动以《行风热线》专场形式,邀请工商、质检、药监等上线单位在古彭广场向数千群众提供政策咨询和商品真假鉴定服务,活动取得圆满成功。新闻广播频率 10:00～10:40 直播当天活动。

2008 年 9 月 11 日,徐州市纪委、纠风办在太行宾馆(驻徐部队第一招待所)召开《行风热线》上线单位座谈会,探讨《行风热线》开播五年来成功经验和存在问题,以及下一步工作思路。

徐州市《行风热线》5 年共播出 1 218 期,接受群众咨询投诉 11 990 件,处理问题总反馈率达到 95%。2008 年,上线单位发展到 81 家,基本涵盖徐州政府各主要职能部门,涉及与人民群众密切相关的 20 多个行业和领域。《行风热线》成为老百姓遇到难事首先想到的诉求渠道。徐州市纠风办副主任、市纪委纠风室主任佟滨主持会议,徐州广播电视台广播中心主任张碧莹介绍行风热线 5 年来的运行情况,鼓楼区纪委等 4 家单位交流发言,徐州市纪委常委李新民作总结发言,对《行风热线》工作提出具体要求。

2008 年 12 月 8 日,徐州市纪委、监察局、市纠风办、徐州广播电视台联合发文《关于认真做好 2009 年“行风热线”参与工作的通知》,要求各部门单位的上线情况及投诉、咨询和办理情况将作为本年度创建“廉洁徐州”活动、党风廉政建设责任制及绩效考核评先等一系列活动的重要指标。

特别值得一提的是,对于铁路、石油等驻徐部省属垂直管理单位,其工作与群众生活息息相关,但是人财物都不属徐州管辖。对此,徐州市纪委专门要求,将其纳入行风热线考核体系,其年度考核情况以书面形式向其上级主管部门反馈,以加强考核力度。

2008 年 12 月 25 日,徐州市副市长、市公安局党委书记、局长顾林刚走进《行风热线》直播室,接受群众咨询投诉。这是第一位市长作为上线单位领导真正走进广播《行风热线》节目。

2009 年,上线单位增加到 85 家。

2009 年 1 月 26 日,《中国纪检监察报》发表徐州市纪委纠风室副主任黄河清、徐州新闻广播副主任李晓雷共同采写的通讯《科学运作管理、解决群众难题,徐州行风热线吹春风——行风热线五周年回顾》。

2009 年 10 月下旬起,徐州市公安局、卫生局、经贸委等 54 家单位的“百名处长”陆续走进《行风热线》直播节目,围绕“执行能力、办事效率、依法行政、廉洁自律、服务态度”5 个方面,进行公开承诺,接受社会各界评议。时间安排在 10 月 22 日至 12 月 2 日,周一至周五上午 8:30,被评议的处长名单在徐州新闻广播 7:00 播出的《徐州新闻联播》中详细预告,广大听众踊跃参与,效果良好。

二、2010～2014 年，声屏网报，行风四重奏

2010 年，上线单位增加到 103 家。

2010 年 1 月 25 日，徐州市纪委、监察局出台《全市反腐倡廉建设情况通报》，通报指出：2009 年全年，徐州市及各县市行风热线栏目播出 823 期，接受群众咨询投诉 4 109 件，为民办实事 609 件；着力推进群众反映强烈的教育乱收费问题，取消收费项目 7 项，涉及资金 19.5 万元，17 人受到党纪政纪处分；查处医药购销和医疗服务的信访投诉 34 件，各级医院上交回扣、红包、开单提成 633 人次，涉及资金 37.7 万元，维护了人民群众的切身利益。在深入推进民主评议工作中，对市级机关评出 2 个"群众不满意处室"和 4 件"群众不满意行政事例"进行通报，相关责任人受到严肃处理。在全市开展的"评议百名处长"活动中，将评出"十佳处长"和"群众不满意处长"，严格奖惩兑现。

2010 年 4 月 18 日 14:30～17:00，在徐州电视台演播大厅举办《热线暖民心，纠风促和谐——徐州市"行风热线"开播六周年庆祝晚会》。徐州市纪委常委、监察局副局长李新民，徐州市委宣传部副部长高成富，徐州广播电视台党委书记、台长李爱彬，徐州市委市级机关工委副书记王成群，徐州市纪委纠风室主任、市政府纠风办副主任佟滨，徐州广播电视台副台长王成诚，分别向 2007～2009 年度《行风热线》市级上线单位 20 个先进个人和 38 家先进单位颁奖。晚会上，江苏省梆子剧团表演《光芒》《变脸》，徐州市供电公司的《礼仪展示》，徐州市地税局的《徐州地税新风赞》，徐州市公安局的舞蹈《奏响正义凯歌》，著名歌手朱婧演唱的《阿诗玛》，亮点纷呈。特别是由徐州新闻广播自编自导自演的情景剧《暖人的热线》，诠释了《行风热线》为党和政府分忧，为人民群众解难的积极作用。晚会上，由徐州新闻广播副主任李晓雷作词、徐州音乐家协会副主席董瑞华作曲的徐州《行风热线》主题歌《心的方向》，为整场晚会开场曲，徐州歌舞团演员刘政在晚会上首唱。

2010 年 5 月 1 日，《行风热线月报》表扬：徐州市交通局党委书记、局长谢广居，地税局党组书记、局长孙长举，规划局局长李靖华，人防办主任郭究生，疾病预防控制中心主任张雷，气象台台长孙建印，观音机场有限公司董事长、总经理张卫东和中国联通徐州分公司总经理陈舟力等单位"一把手"上线参与节目，现场解答了听众的咨询投诉，娴熟的业务知识和坦诚的态度令人满意。

2010 年，新增上线单位为：中国银行徐州分行、邮储储蓄徐州分行、徐州观音机场集团公司、徐州公路运输集团有限公司、市疾病预防控制中心、市武警消防支队和市公路管理处。

2010 年 7 月，徐州《行风热线》节目改版，播出时间延长，播出时段和编排时间调整，具体为由每周一至周五上午的 8:30～9:30，调整为 8:20～9:30，节目编

排为：8：20～9：00，上线单位领导在线直播，现场接听群众咨询投诉；9：00～9：30，打破上线单位业务范围的束缚，为群众自由投诉时间，主持人同时落实问题处理反馈情况，反映问题的群众对主管部门现场打分，保障问题落实到位、群众满意。

这一改版的创新意义在于，由于徐州市四套班子绝大多数部委办局在新城区行政中心集中办公，经过市纠风办协调，每天开往新城区行政中心的81辆通勤车，早8:20开始全部转播《行风热线》节目，各机关工作人员在上班途中集中收听节目，9:00上班前，就能清楚地了解当天《行风热线》内容是否涉及自己的职责范围。涉及问题的单位一上班就可以去协调处理，大大提高办事效率。利用通勤车集中收听《行风热线》节目，提高为民服务的效率，这是徐州《行风热线》在全国全省的创新之举。

2010年8月，徐州市纠风办、徐州广播电视台组织上线单位代表分赴湖北襄樊、青海西宁等地学习考察《行风热线》户外直播活动和评议考核制度等先进经验。

继2009年之后，2010年11月3日继续开展"评议市级机关百名处长活动"。徐州市质监局、教育局、发改委等49家单位百名处长走进《行风热线》直播室参与评议，围绕"执行能力、办事效率、依法行政、廉洁自律、服务态度"五个方面，向社会公开承诺，市民通过直拨热线向参评处长反映问题，提出建议。参评处长纷纷表示，评议是压力，也是动力。评议是对日常业务熟悉程度的见证，更是一次责任意识和工作质量的检验。

徐州《行风热线》节目已成为行风评议的重要平台。"百名处长评议"节目之外，《行风热线》节目还参与每年的全市行风评议及针对基层单位行风建设的明察暗访活动，真实展现徐州行风建设的成果，受到社会各界广泛关注。

2011年2月14日，中国淮海网行风热线"四位一体"网络平台正式上线发布。行风热线"四位一体"网络平台整合了广播、电视、《徐州日报》、《徐州广电新周刊》的相关内容，开设广播、电视视频、音频直播、点播、《徐州日报》、《徐州广播电视报》的《行风热线专辑》，增设了咨询投诉、意见反馈、政策文件、行风动态和图片报道等相关内容，上线单位可以检索到音频视频和相关文章。平台上线试运行以来，点击率已超过10万，收到的各种咨询投诉9 000多件，经严格审核，网上发布1 300多件。这些内容向市纠风办汇报后，有些推荐给相关媒体，有些直接转给了相关部门，一部分自行沟通解决。中国淮海网行风热线"四位一体"网络平台初步实现网上互动、网上受理、网上转办、网上反馈、网上点评，进一步畅通群众咨询投诉渠道。

2011年5月4日，徐州新闻广播《行风热线》新版节目播出。改版后的节目进一步增强了舆论监督力度，更加注重帮助听众解决生活中的困难。

2011年6月27日，徐州市纠风办印发《2011年徐州市民主评议14个具有行政执法职能部门政风行风的实施方案》，对公安局、国土局、环保局、建设局、房管局、规划局、园林局、城管局、交通局、质监局和安监局等14家单位政风行风建设情况进行民主评议。评议分值为百分制，《行风热线》上线表现权重占20%。

2011年6月30日，徐州市纪委、徐州市委宣传部、徐州市监察局、市纠风办、文广新局、徐州报业传媒集团和徐州广播电视台共同出台《关于构建行风热线"四位一体"新模式的实施意见》和《徐州市市级行风热线联席会议制度》两份文件，强力推进行风热线"四位一体"新模式。该实施意见指出，各媒体要始终把加强联动作为做好行风热线工作的基本要求，主动沟通、密切协同、相互支持、形成合力，要用制度规范联动环节、提升热线档次，推动工作落实，把我市《行风热线》打造成党和政府主导的维护群众权益的金牌热线。该联席会议制度规定，联席会议召集人为徐州市纪委副书记、监察局局长、市政府纠风办主任，相关单位分管领导为成员，下设办公室，负责日常联络事务。联席会议办公室下设综合组、报刊组、广播组、电视组、网络组、督察组。要求市级行风热线与县区联播、投诉举报联办，组织开展多媒体联动，逐步建立全市信息共享、功能互补的行风媒体监督联动机制。

2011年7月29日，徐州工商局党组书记、局长居苏生带领局领导班子全体成员走进《行风热线》直播间，倾听群众心声。现场回答关于打击假冒伪劣、提高餐饮质量，以及办理营业执照方面的7个问题。上线单位领导班子全体成员走进《行风热线》现场办公，把《行风热线》上线变成一次领导班子集体办公会，这在徐州《行风热线》历史上是第一次，徐州市纠风办予以通报表扬。

2011年8月5日，徐州市委常委、市纪委书记陈志扬一行来到徐州广播电视台视察指导《行风热线》工作。在广播《行风热线》节目直播间，陈志扬向主持人金诚详细了解《行风热线》节目的运行情况，现场观看《行风热线》直播节目的实时视频和《行风热线画册》，并挥笔题词：倾听民声、关注民情，高度评价徐州行风热线的经验和做法。他表示，《行风热线》要顺应信息时代的要求和人民群众的期盼。各部门要坚持群众利益无小事的宗旨，对群众反映和投诉的问题，必须有询必答，有诉必受，有查必果，有果必复，做到事事有回音、件件有着落。

2011年11月23日15:30，徐州市市级行风热线"四位一体"新模式启动仪式在徐州电视台演播大厅举行。徐州市委常委、市政府常务副市长邹徐文，徐州市委常委、市纪委书记陈志扬出席，69家上线单位到会观摩。陈志扬要求广播、电视、报刊、网络等媒体要互动融合，形成行风媒体监督联动新机制，全方位打造群众与政府沟通的桥梁。

2011 年 12 月 23 日,徐州市纠风办发布《关于做好 2012 年市级行风热线“四位一体”上线工作的通知》要求,各部门“一把手”要带头走进电台、电视台和网络直播间,亲自撰写关乎民生的答记者问、答读者问等报刊文章。由于电视、网络视频加入,该通知还专门对上线时的着装、谈吐、举止修养等提出具体要求。

2011 年 12 月 29 日,上线单位徐州一中无故缺席。这次事故变成当天记者追踪报道的重点。徐州一中办公室主任尹某解释说,接到上线通知后,给校长汇报了,校长提议由副校长带队上线,可办公室却忘记通知副校长了。根据市纠风办要求,徐州一中办公室主任尹某在广电《行风热线》节目中公开道歉,接受处理。网友跟帖说:“作为一中的学子,我感到非常羞愧”;“这是徐州一中长期以来的自大造成的,一中真该改进了,否则会离民众越来越远”;“失去民心的中学不会是个好中学,群众有自己评判”。

2012 年 1 月 1 日,徐州市“12345”政府服务热线正式开通运行。“12345”政府服务热线有人工受理座席 30 个,24 小时在线受理群众咨询、求助、建议、投诉,上线成员单位 100 多家,加盟服务商 3 000 多家,受理 18 类公共服务事项,20 大类 300 多项便民服务,形成前台一个号码接收、后台各个部门办理的服务新模式,方便群众办事,有利于集中监督,促进解决问题。

2012 年 1 月 4 日,徐州电视版《行风热线》栏目正式开播。由徐州广播电视台和市纪委、市监察局、市纠风办联办,103 家与百姓生活密切相关的政府职能部门及行业单位共同参与。

2012 年 1 月 4 日,徐州行风热线“四位一体”新模式正式运行。各媒体平台改版。广播《行风热线》播出时间和编排再次调整:周一至周五上午 8:00～8:20 为《热线直通车》时间,群众自由投诉并反馈上期《行风热线》节目中的相关问题,8:20～9:00 为当天“热线直播”、各单位上线时间。电视行风热线栏目,对热线难点问题进行跟踪报道,周一至周五晚上 21:03 播出,每期 10～15 分钟。广播电视实现《行风热线》节目预告制度。《徐州日报》开设“行风热线专栏”,《新周刊》开设“行风评议”专栏,一周一期点评。中国淮海网首页开设行风热线“四位一体”网络平台,网民可同步收听收看音视频、相关信息,进行互动留言。

2012 年,徐州广播开通“徐州行风热线”新浪微博,粉丝量达到 4 000 多人,微博开始进入广播节目即时互动环节,丰富了节目内容。

2012 年 2 月,徐州广播《行风热线》节目直播室改造,购置新的直播台和调音台,可容纳 8 人上节目,另外安装两台摄像机和一个网络摄像头。同时装修了全新的导播室,可通过一台电视机对直播现场视频监控。直播过程中,导播与主持人可进行音频沟通。

2012 年 3 月 5 日,徐州广播电视台围绕“百姓办事零障碍”主题宣传,精心策划、周密组织，徐州广播《徐州新闻联播》《行风热线》《热线直通车》，电视《徐州新闻》《徐州夜新闻》《张慧帮你问》《今日圈点》《第一百姓》等重点新闻栏目共播发报道、评论300条，不断掀起宣传热潮。

2012年1月13日，《徐州日报》正式推出“行风热线”专栏及“回音壁”和“卫东调查”子栏目。中国徐州网开辟行风热线“四位一体”网络平台，共有10名记者编辑参与采访报道工作。“卫东调查”栏目，受到江苏省记协关注和肯定。

2012年2月，徐州市所辖丰县、沛县、睢宁、邳州、新沂5县市及铜山、贾汪2区全部实现行风热线“四位一体”新模式运行，市级行风热线“四位一体”新模式直接覆盖鼓楼、云龙、泉山及经济技术开发区、新城区，全面形成了“广播有声、电视有形、报刊可读、网络互动”的行风媒体监督联动新机制，深受社会各界的认可信赖。

2012年7月20日，徐州市纠风办印发《2012徐州市民主评议12个公共服务政风行风实施方案》对徐州市教育局、民政局、水利局、交通局、卫生局、国资委、文广新局、旅游局、电信徐州分公司、徐州银监分局、徐州供电公司、上海铁路局徐州办事处等12家单位的政风行风进行民主评议。《行风热线》上线表现权重占20%。

2012年7月20日，江苏省市政风行风热线“四位一体”联动直播活动走进徐州，在徐州电视台演播大厅成功举办，主题是“关注民生幸福　建设美好徐州——市长与百姓沟通零距离”。徐州市委副书记、市长朱民，市委常委、副市长王昊，带领鼓楼区、云龙区、泉山区、贾汪区区长以及相关职能部门负责人，第一次走上《行风热线》直播台，通过热线电话、现场提问、网络互动、收听收看音频视频新闻报道等多种形式，现场接受有关民生问题的咨询投诉，并与场外的市民互动，现场为群众解决问题。整个节目1小时40分钟，12345政府服务热线和市行风热线80809393接听群众热线电话260个、接入现场2个，收听收看江苏电台、电视台暗访问题加上《新华日报》、徐州电视台、中国淮海网记者及市民代表提问共10个问题，涉及教育、计生、环保、城管、饮水、出行、拆迁等诸多方面的民生诉求。市长、副市长现场表态，直播现场的政府职能部门负责人现场办公，督促解决，展现了政府部门急民所急、有所作为的亲民形象。这种节目形式，被称为徐州模式。徐州市市长朱民上线直播，也是徐州《行风热线》开播九周年来的历史性突破。该活动受到江苏省纪委副书记、省监察厅厅长、省政府纠风办主任江里程的高度评价和充分肯定。江苏电台、徐州新闻广播全场直播，中国江苏网、中国淮海网网络直播，徐州各县市区转播；江苏电视台、徐州电视台录播。

2012年11月21日，徐州广播电视台党委书记、台长李爱彬带领相关中心负责人走进广播《行风热线》直播节目，与听众真诚互动，现场处理问题2件，带回问题处理6件。

2012年12月14日14:00,全市行风热线"四位一体"工作座谈会在金陵苏源大酒店召开。广播、电视、淮海网、《徐州日报》《徐州新周刊》等媒体汇报工作情况,88家上线单位、8位行风监督员和听评员代表参加会议,会议特邀江苏省人民广播电台原副台长张家先专题辅导。会上,还对2012年45家上线单位"一把手"56次走进《行风热线》为民办实事进行通报表扬。

据统计,2012年1月至12月份,徐州广播《行风热线》共播出242期,103家政府部门和单位负责人走进直播室,共接听电话2 008个,受理问题3 726件,帮助群众落实处理各类问题3 670件,反馈率达98.5%。

2012年12月26日,徐州市纪委、市监察局、市纠风办、徐州报业传媒集团、徐州广播电视台联合印发《关于进一步做好2013年行风热线"四位一体"工作的通知》,具体明确了2013年市级《行风热线》上线单位110家,上线直播时间250天。

该通知指出,2012年行风热线工作呈现"三个新亮点":一是上线单位为历年之最。自2003年开办《行风热线》之初的25家,扩展至2013年的110家,已连续4年保持在百家以上,实现了《行风热线》对徐州市政府各主要职能部门及与群众生活密切相关的行业领域全覆盖。二是市级《行风热线》"声、屏、报、网"扩容。新增徐州电视问政《对话一把手》访谈节目,成为江苏全省首家实现周一至周日每周七档电视行风热线节目的市级台。三是47位机关部门"一把手"走进电视直播间主动接受专访。

该通知还强调,2013年,各上线单位的上线人员要身着正装,有制服的单位要统一着制服,语言要力求标准,谈吐要文明礼貌,对话要平等宽容,态度要积极诚恳,举止要端庄大方,解答问题要耐心周全,不得回避和拒绝现场所反映和投诉的问题,不得出现"上线热、下线冷"的现象,不得有上线期间看稿子、递纸条、接打手机、着装不整、抓耳挠腮等不雅行为,对群众反映的任何问题都不能故意推诿、扯皮、拖延或置之不理,真正做到"有询必答,有诉必受,有查必果,有果必复",树立部门和行业的良好形象。同时要大力加强市级行风热线"四位一体"栏目记者队伍、监督员听评员队伍和上线单位联系人队伍"三支队伍"建设,确保行风热线"四位一体"工作高标准、高质量、高水平运行。

2013年1月,徐州广播《行风热线》栏目成功改版,下午反馈版《沟通》栏目开播反响强烈。改版后的《行风热线》节目,分为上午版和下午版两部分。上午版,继续保持节目原有形态,周一到周五8:00～9:00上线单位负责人走进直播间,和听众直接交流,现场解答群众的咨询投诉;下午版节目《沟通》作为《行风热线》的回复反馈版,每天下午16:30～17:30,通过记者现场调查,第一时间反馈上线单位处理进展情况。

2013 年 2 月 8 日，徐州电视问政节目《对话一把手》开播。以汇报履职情况，帮助群众解决生活突出问题为主，每周邀请一家职能部门的“一把手”走进演播室。徐州市委常委、纪委书记陈志扬和纪委副书记、市监察局局长刘章华率先走进演播室，参与首期节目，围绕抓党风促政风行风、打造民生纪检、实施“廉政实事”工程、加强新闻舆论监督等话题进行访谈。全年共有 47 位领导干部上线《对话一把手》栏目。

2013 年 2 月 19 日，《行风热线》节目协调小组推出《行风热线月报》。《行风热线月报》通报表扬：2013 年 1 月 1 日至 2 月 18 日间，徐州市规划局局长李靖华、物价局局长刘宏、国土局局长李刚、建设银行徐州分行行长肖作华 4 位一把手走进直播间，解答了听众的咨询与投诉，听众满意率高。通报典型案例：三中学生丢车问题社会反响大，学校、城管、办事处三方互不买账，互相推诿，《行风热线》促进问题圆满解决。

2013 年，徐州教育系统共有 6 家单位 13 次上线，是上线次数较多的行业之一。为此，徐州市教育局 2 月 22 日出台《关于进一步做好行风热线上线工作的通知》，对各上线单位落实行风热线“四位一体”工作提出具体要求。这是徐州市行风热线“四位一体”新模式启动后，第一个落实行风热线监督工作的行业文件。

2013 年 3 月 28 日至 30 日，苗海江、李晓雷等赴湖北武汉参加国家广电总局人才交流中心组织的“全国政风行风热线节目高级研讨班”。国务院纠风办郭红通报了全国政风行风热线工作情况。武汉电视台、中央人民广播电台、江苏电视台、苏州人民广播电台就相关节目进行专题授课，并与来自全国的代表交流研讨，共享发展经验、破解发展难题。

2013 年 4 月 18 日，徐州市纠风办印发《市行风热线 2012 年情况通报》，首次通报徐州市级行风热线“四位一体”各平台运行及融合发展状况、2012 年省市政风行风热线走进徐州直播活动受理 272 个群众反映的问题处理情况，通报表扬 48 家上线单位一把手 52 次走进行风热线现场办公，通报群众满意上线单位和群众认为处理满意的部分案例，对交警执法不规范、法院立案难、执行难、教育收费不透明、医疗事故鉴定中存在问题提出整改要求。

2013 年 5 月 28 日，徐州市人民政府办公室转发《2013 年全市纠风工作要点》，提出完善广播、电视、报纸、网络等多种媒体联动机制，推动“四位一体”平台与“12345”热线融合，打造徐州“四位一体”行风热线新品牌。

该要点还提出，2013 年实施“四位一体”评议政风行风创新行动，对发展改革、经济和信息化、科技、财政、人力资源社会保障、水利、农业、商务、文化等 12 家单位进行重点评议，通过媒体广泛宣传，安排政风行风监督员深入基层明察暗访,让群众现场公开评议,邀请专家即时点评,促进问题整改,推动行业作风转变。同时,认真落实“一把手”带队上线制度,大力推行区、县长上线,并组织开展《行风热线》走进区县联动直播活动,切实发挥《行风热线》服务民生的积极作用。6月8日,徐州市纪委出台《关于开展“四位一体”评议政风行风创新行动的工作方案》,在徐州市发改委、经信委、科技局等12家单位开展“四位一体”评议政风行风工作,要求行风热线“四位一体”各媒体参与评议及明察暗访工作。

2013年6月25日,全市“四位一体”评议政风行风暨纠风工作会议召开,会议要求,积极推动行风热线“四位一体”平台与“12345”政府服务热线融合,建立统一的受理督查机制。

2013年8月底,徐州广播成立新闻评论部,组织专门队伍运营广播《行风热线》。新闻广播副主任李晓雷兼任新闻评论部主任,部门成员有:主持人李金锁(金诚)、冯璐,记者编辑:彭婷、周超、臧静茹、董雪。

2013年9月26日至28日,徐州市政府行政服务中心副主任谭红玲带领监察室主任及“12345”热线管理处负责人,徐州市纪委纠风室副主任李敬权、徐州广播新闻事业部副主任李晓雷、徐州移动公司项目经理龚鹏,赴上海市市民服务热线管理办公室、上海人民广播电台学习考察上海市“12345”市民服务热线运行管理,学习开展资源整合工作方面的先进经验,考察了上海人民广播电台《政风行风热线》以及获得中国慈善奖的最新“帮办帮问”节目《直通990》。

2013年10月9日,徐州广播《行风热线》实现微博直播,发布节目预告、网友咨询投诉问题、记者现场调查等,图文动态,实时发布。网友可以全天候随时在微博上提交问题,并对上线单位处理问题的情况及时评价、评论,与上线单位领导积极互动。

2013年10月,徐州广播《行风热线》栏目被评为“法治徐州建设示范点”。徐州市依法治市领导小组办公室公布,全市56个单位被评为“法治徐州建设示范点”,广播《行风热线》栏目作为全市新闻宣传部门唯一代表入选。入选理由为:广播《行风热线》栏目从2003年12月1日正式开播十年来,直面了法治城市、行业作风建设的难点和问题,通过发挥社会监督的功能作用,提高全民法治意识,成就行业典型,显现出了良好的法治价值。

2013年10月14日,徐州市交通局上线,副局长王某作为带队领导,因堵车未能参与《行风热线》节目,引起群众不满。网友“情谊徐州”通过新浪微博“徐州行风热线”留言:“几个月才上一次线,接受人民群众的监督与投诉,还不能够按时参加节目的领导,无论什么原因都是不应该的。”

按照市纠风办要求,市交通局副局长王某就迟到缺席一事,接受广电《行风热线》记者采访,王某通过当晚播出的电视行风热线节目和次日8:00的广播热线直通车节目向市民公开道歉，并表示当天的问题件件落实，请群众监督。《行风热线》主持人金诚对电视记者表示，希望其他的上线单位能够以此为戒，合理安排时间，重视与老百姓零距离交流的机会。

2013 年 12 月 3 日 14:00～17:30，“评议政风行风　养成两个习惯”徐州市 2013“四位一体”政风行风集中评议活动，在徐州电视台演播大厅举行。徐州市领导陈志扬、赵保华、漆冠山、陈新生出席活动，来自全市的党风监督员、特邀监察员、政风行风监督员、市人大代表、政协委员、市民代表等评议员 100 人，对徐州市发改委、经信委、科技局等 12 家单位进行政风行风评议。各单位“一把手”现场汇报履职情况、政风行风建设和评议整改情况。现场还通报播放明察暗访短片，评议代表以提问方式对“一把手”进行质询，最后评议代表现场投票。中国淮海网图文直播、徐州电视台录播。

2013 年 12 月 19 日，徐州市纪委、监察局、市纠风办、徐州广播电视台联合印发《关于认真做好 2014 年“行风热线”参与工作的通知》，要求严格落实“一把手”带头上线制度。各上线单位“一把手”要带头走进电台、电视台、网络直播间，主动接受专访，倾听群众呼声，要亲自撰写关乎民生、反映民意的报刊文章，回应社会关切。

该通知要求，行风热线“四位一体”各新闻媒体要资源共享、互联互动。广播要积极建设“三线四有”品牌，实现《行风热线》、“12345”政府服务热线、纠风投诉热线有效对接，保障群众话有处说、怨有处诉、难有处解、事有处办。“中国·淮海网”、“中国徐州网”和“无线徐州”要开展在线视频访谈，引导网络舆情导向。

该通知强调，各上线单位要以最大的热情和更加有力的措施回应和解决群众的合理诉求，认真解决群众最关心、最直接、最现实的利益问题。对群众反映情况限时办结提出明确要求，将对群众反映强烈的问题长期不予解决的单位负责人，进行问责。

2014 年，上线单位发展到 113 家。

2014 年 2 月 8 日，徐州市纠风办印发《市行风热线 2013 年情况通报》（徐纠办发〔2014〕1 号），通报 2013 年行风热线四位一体运行情况，通报表扬 114 家上线单位中“一把手”57 次上线解决实际问题。

2013 年，徐州市级《行风热线》共播出广播直播节目 247 期，接听电话 2 136 个，受理问题 3 516 件，帮助群众落实处理各类问题 3 463 件，办结率 98.5%；电视行风热线栏目共播出节目 244 期，接听电话 1 627 条，受理问题 2 156 件，帮助群众落实处理各类问题 2 117 件，办结率 98.2%；《徐州日报》“行风热线专栏”共刊发新闻稿件 68 篇，帮助群众解决问题 124 件，办结率 98.5%；中国淮海网共发布新闻图片 58 张，新闻稿件 63 篇，咨询投诉 2 079 条，视频直播 240 期，点击率近 20 000 次,论坛投诉 92 件,办结率 97%;《徐州广播电视新周刊》"四位一体行风监督"评论专栏,刊发新闻评论稿件 79 篇。

该通报对群众反映强烈的拆迁纠纷、教育乱收费、农村医疗失范、道路拥堵、小区电梯事故频发等问题,要求相关单位深入调查研究,采取有力措施,从机制上解决问题。

2014 年 2 月,"徐州行风热线"微信公众平台开通,用户 2 500 多人,参与行风热线节目环节。

2014 年 2 月,徐州广播《行风热线》在下午反馈节目《沟通》中开播子栏目"行风热线督办榜",把线下反馈做成直播节目,对上线单位承诺的为民服务项目和解决问题时限进行督办,并请投诉人现场打分,此举有效地加强了监督力度,增强了解决问题的实效。

2014 年 3 月 28 日,省市政风行风热线联动直播活动走进徐州,在电视台演播大厅举行,主题为"发力五大行动、建设美好徐州"。徐州市委副书记、市长朱民,市委常委、常务副市长王昊带领主城区政府区长及相关职能部门负责人,现场办公,为群众解决问题。直播现场,群众和网民就空气雾霾、道路失修、"地条钢"屡禁不绝、造纸厂污水排放、城市道路拥堵,以及监察局履职等市民关注的话题进行现场质询。一个半小时的直播中,《行风热线》电话共接到 172 个问题,对此,市长朱民表示,这些问题带回去梳理,交办督办,做到件件有回音。

2014 年 3 月 28 日,徐州《老记者报》发表臧静茹文章:《与民生同行,与时代同行——记行风热线开播十周年》,梁萍配发短评《发挥新闻舆论对权力监督的主动性》。

2014 年 4 月,徐州市委书记曹新平高度关注省市政风行风热线联动直播中市民反映的热点问题,责成徐州市纪委、纠风办认真梳理、加快处理落实,及时调度进展情况。《行风热线》电话共接到场外群众反映问题线索 172 个,梳理出交警执法不规范、热点中小学老师校外补课情况严重、一中三中择校难、大黄山镇土地征收无手续等 12 个热点问题上报市委办公室。

2014 年 9 月,徐州广播联手徐州市"12345"政府服务热线,在新闻频率开播《直通 12345》栏目,两大平台强强联合,实现联动直播。

广播《行风热线》下午版《沟通》与"12345"政府服务热线在群众诉求、热线处理等方面有较多共性,《沟通》节目结束后,听众投诉咨询的所有问题转入"12345"政府服务热线受理。同时,"12345"政府服务热线受理群众投诉问题,也作为《行风热线》的线索,继续追踪报道。

2014 年 12 月 22 日,徐州市纪委、监察局、市政府纠风办、徐州报业传媒集团、徐州广播电视传媒集团出台《关于进一步做好 2015 年"四位一体"行风热线工作的通知》。

该通知强调，要严格落实"一把手"带头上线制度。各上线单位"一把手"因特殊原因不能上线的，须以书面形式报市纪委党风政风监督室（市纠风办）审核，未经批准不上线的一律全市通报。

该通知指出，广播要组织策划好《行风热线》下基层活动。开展《行风热线》进社区、进广场、进学校、进企业等一系列联动监督活动，面对面接受群众咨询投诉，现场解决群众实际困难。

截至 2014 年 12 月，徐州行风热线节目矩阵为：广播直播节目，周一至周五 8：00～9：00，周六 8：00～9：00 热线直通车（自由投诉时间），《沟通》（行风热线反馈版）周一至周六 16：00～17：00；广播版徐州行风热线微博微信。电视录播节目：周一至周日 18：40～18：55。网络新媒体：中国淮海网徐州行风热线专页，音视频同步节目网上直播点播，无线徐州手机客户端行风热线平台，音视频同步节目网上直播点播，均设有网友投诉咨询反馈窗口。纸媒：《徐州广播电视报·新周刊》设有专版，每周一期整版内容。《徐州日报》设有行风热线栏目，不定期集中报道。

2015 年 3 月 19 日，徐州市纠风办发布《2014 年市行风热线情况通报》，通报 2014 年《行风热线》工作情况，尤其通报表扬 113 家单位上线单位中"一把手"65 次上线并解决实际问题的情况。

2014 年，徐州市级《行风热线》共播出广播直播节目 277 期，接听电话 2 227 个，受理问题 4 652 件，帮助群众落实处理各类问题 4 558 件，办结率 98%；电视行风热线共播出节目 220 期，受理问题 460 余件，接听电话 1 800 多条，帮助群众落实各类问题 1 100 件，办结率 95%；《徐州日报》专栏共刊发新闻稿件 238 篇，帮助群众解决问题 200 件，办结率 84%；中国淮海网共发布新闻图片 150 张，新闻稿件 299 篇，各类咨询投诉 1 524 条，办结率 91%，电视视频直播 260 期，点击率 10 万次；《徐州广播电视新周刊》评论专栏，刊发新闻评论稿件 157 篇。《行风热线》真正成了政府和群众沟通的"连心桥"、徐州百姓遇到难事首先想到的"娘家人"。

2014 年，群众投诉举报的问题及群众关心的热点难点问题主要集中在城市违建拆除难、拆迁户上房难、新楼盘就近入学难；教育乱收费；环境污染；餐饮卫生监管难；看病难，收费高；道路拥堵，交通管理不力；农村基础设施不到位；法院执行难；破产或改制企业提前退休难等，通报要求加强调查研究，采取有力措施，从机制体制上解决问题。

2015 年 4 月，徐州广播电视台新媒体中心推出全新的无线徐州手机客户端行风热线平台，与中国淮海网行风热线直播音视频同步互动，简化了用户的投诉渠道,通过手机实时反馈信息,保证了相关单位及时回应的高效率。这个平台同时和电视、电台的行风热线节目也建立良好的互动机制,为行风热线的全媒体融合发展奠定了坚实的基础。

2015 年 5 月 1 日,徐州广播电视台行风热线网络平台全新升级,网络问政开始尝试跨媒体融合。

群众随手拍、随手发,通过手机随时关注和参与行风热线,新平台在收到市民发来的问题之后,通过短信第一时间自动交办相关单位,极大地降低了对接成本,提高系统运转效率。试运行一个月,市民对此反响非常热烈,手机新平台已记录整理市民问题 130 多条。

新的行风热线网络平台还强化内部信息统计整合,深挖数据背后的信息。新上线的"逾期警示"功能,将长期未获得妥善解决的问题自动提取出来,提醒关注。对"回复率"、"解决率"、"满意度"等指标的自动排序,直观表现各单位工作进展。同时,在各单位名下新增相关链接,通过专页可具体了解行风热线整体工作。至此,手机处理咨询投诉成为行风热线的重要一环,网络问政的跨媒体融合成为现实。

2015 年 5 月,徐州《12345 大家帮》栏目开播,这是一档具有鲜明创新意识的帮忙服务类直播节目,为市民搭建起了又一民生服务平台,周一至周五 10:00~11:00 播出。

第三章　政风行风热线节目形态嬗变

第一节　徐州行风热线的前身

政风行风热线节目风行全国，节目形态的发展脉络大致相同。徐州广播《行风热线》与全国政风行风热线一样，其节目形态是在广播新闻改革的大背景下，不断演变和发展的，与时代的发展、社会的进步息息相关，每一次大的变革，都彰显广播的传播理念、传播手段以及社会传播环境的发展进步，都是遵循广播传播规律、发挥广播媒介特性的一次本体回归。

节目形态是广播新闻节目的存在方式和基本载体，十多年来，徐州广播《行风热线》节目从单一媒体传播走向全媒体多平台融合传播、从城市台的室内直播走向户外省市县的全媒体联动，从板滞文字回复走向灵动的全媒体追踪报道，节目形态不断创新发展。让我们沿着徐州《行风热线》节目形态演变与发展的历史脉络，一直追溯到徐州人民广播电台热线节目的历史源头，去领悟、去探索广播政风行风热线节目形态的发展走向。

一、广播热线监督类节目寻源——《听众信箱》

徐州人民广播电台（徐州新华广播电台）诞生于淮海战役胜利的炮火中，是江苏省第一家人民广播电台，它诞生之日，正值淮海战役第二阶段，徐州广播立刻投入到战争的硝烟中去，转播陕北新华广播电台和华东新华广播电台的节目，进行政治宣传，瓦解敌人、激励我军士气，为淮海战役胜利做出重要贡献。与全国的广播一样，从战争年代到新中国成立之初，徐州广播成为政治动员和群众性宣传教育最有力的工具。广播媒体的传播内容更多的是体现国家政治媒介的告知功能，广播稿基本上依靠《人民日报》《新华社》《新华日报》等书面的文字材料，变成书面文字的“有声版”。史料显示，我党领导的人民广播，1940～1949 年的广播稿，基本上以领导人的文章、讲话稿和各类文件为主，当时中共中央宣传部明确指示：“应严格按照文件本身，不要改动删节增添，这是原则”。

1950 年，中宣部常务副部长胡乔木提出广播“要学会自己走路”，根据自身的特点，自力更生办广播。从此，广播新闻节目形态问题得到应有的重视。然而，当时受各种因素制约，虽然广播电台播出过实况广播这样独具广播形态的节目，但仍未能从根本上改变“报纸有声版”的形态格局。

1979年，中央人民广播电台台长左漠野提出，广播要走自己的路，要改变“读报台”和“抄报台”的局面，摆脱对报纸的依赖，独立自主地确立自己的报道内容。1983年3月，全国第十一次广播电视会议召开，提出新闻改革，广播电视要走自己的路。强调改进新闻节目内容，增强实效性，恢复知识性和服务性节目，把经济宣传放在首位。

长期以来，我国的广播新闻话语实践发展比较复杂，一方面要从报纸媒介话语的依附中解脱出来，另一方面还需要从长达几十年的战争话语和“文化大革命”政治话语影响中解脱出来。在这个意义上，才能把广播声音媒介的特性和时代特点结合起来，确立我国当代广播话语的特征。

1986年12月15日，广东珠江经济电台开播，采用主持人、直播化以及热线参与的传播方式，“以新闻、信息为骨架，以大时段(大板块)节目为肌体”，锐意改革，大胆创新，开始探索并实现大板块主持人直播节目，开创了中国广播全面改革的“珠江模式”，一举打破广播长期以来作为纸媒“有声版”的传播形态，引领中国广播事业进入深化改革和全面发展的新时代。这一阶段，创新的广播节目形态受到听众欢迎，广播节目的语态特征一改过去的单调、严谨和夸张，普遍地表现为轻松活泼、自然朴实。

徐州人民广播电台的新闻改革，正是在这个背景下进行的。徐州人民广播电台原台长李秉震在《节目改革从此开始》一文中说：“1986年，我台一举创办七个主持人节目，这是徐州人民广播电台破冰摧坚、打破传统节目宣传模式的一个壮举，从此拉开了一系列节目改革的序幕。”

1985年底，徐州电台处于改革发展的起跑线上：节目规划有了，创新思路明确了，节目如何运行？徐州电台领导班子几经讨论，推出新的择岗机制——个人自荐，部门同意、组织认可。在个人报名自荐的基础上，台里与专题部、播出部共同商定，一改过去的编辑加播音员的节目运行模式，强调创新，以主持人为主体，采访、编辑、播出由主持人一人承担，必要时加上编辑。“主持人节目分两种类型，一是采编播合一的主持人节目：《听众信箱》由尤玉乔承担，《体育之声》由沪生承担，《消费者之友》由徐悦承担，《法制园地》由上官文霞、韩蓄(陈明)轮流承担；二是采编播合作的主持人节目：《文明家庭》由杨渭清编辑、高文兰播音主持……1986年元旦开播的七个主持人节目果然一炮走红，收听率一下子高起来，关心广播、参与广播的人骤然增多。每个节目都有自己的听众群，前来反映情况、提供线索、出谋划策的、积极参与的人多了……”以前记者编辑播音员各就各位、各负其责的结构打破了。内容生产从接待来信来电来访，到形成选题，采访写作，最后播出，由主持人一个人完成，当时被称为“采编播合一的复合型主持人”。节目模式的创新，带来生产方式的革命。与20世纪80年代社会生活密切相关,与后来的政风行风节目一脉相承的就是《听众信箱》。尤玉乔(春燕)主持,节目15分钟,她每天都会接到群众来信、来电甚至来访,然后选取3～4封来信,梳理问题、形成选题。这些选题小到求医问药、买卖物品、升学求职,大到诉说生活不平之事,要求主管部门解决难题等。然后主持人采访、写稿,形成主持文案,在直播节目中一一回复,很多涉及行政主管部门对群众态度"冷横硬"、不作为、乱作为的,就要形成批评报道,由于广播舆论的影响力大,不少问题在播出后迎刃而解,也有的当事人受到党纪政纪处理。这个节目持续了七八年,成为当时的名牌栏目,其影响力不亚于后来的行风热线。

在1986年10月第二届全国部分省市电台主持人节目研讨会上,《听众信箱》主持人尤玉乔推出自己的论文《浅谈主持人节目中的几种批评方式》,非常清楚地阐明《听众信箱》的节目形态和节目性质:"我主持的《听众信箱》,大部分是批评来信,对于这些被批评的人和事……在方法、语气、措辞上,尽量以委婉、体谅、开导、鼓励为主,让党的方针政策在人情味中得到体现,让被批评者,从丰富的人情味中,领略到党的原则的严肃性,以收到好的宣传效果"。

在《"个性"与主持人魅力》的论文中,尤玉乔认为,广播电台是党委政府的舆论单位,从这个角度讲,他在听众中没有什么具体形象;但主持人节目出现后,电台在主持人节目中以个人身份体现,主持人第一次以自己的个性,与电台、与媒体的"共性"融为一体,我与《听众信箱》甚至电台形成了固定的联系。听众一听到我的声音,就想到《听众信箱》,一提到《听众信箱》,就会想到我的声音。《听众信箱》在听众中已经人格化、个性化了……电台这个抽象概念,便由此具体化、形象化了。这里,主持人成为电台的文化符号,以及内容和意义的传播者、解释者。

由此,尤玉乔提出在传统的单向"传—受"传播模式中,主持人应该虚拟听众,进行"交谈式播音",以实现声音的情态意义。她认为,"交谈式播音"不是"聊大天",它是介于"交谈式播音"书面语言和日常口语之间的一种语言形式。具体而言,它可以不受文字语法、修辞的约束,亲切自然、生动形象,又具备严密的逻辑性,是一种充满个性色彩的传播手段。"交谈式播音"首先强调规整性,就是言而有度,有分寸、有尺度。其次要有"对象感",面对虚拟的听众,进行亲切交流,有感而发、有的放矢,使语言、思维、情感融为一体。

虽然《听众信箱》大多是书面文字内容的有声传播,并没有真正地实现与受众的直播互动交流。但是持续多年的王牌节目《听众信箱》就其设计构想、采编方式和传播效果而言,就是徐州广播热线监督类节目的雏形。

1993年,徐州人民广播电台成立经济广播频率,推出主持人大板块综艺直播节目,成为徐州广播节目改革的又一个里程碑。尤玉乔担任经济频率主任后,把《听众信箱》的节目构想充分运用到主持人大板块直播节目中,通过热线电话现场参与、约请嘉宾交流，这种节目形态逐渐成为经济频率新闻社教类节目的主流。此外，徐州电台经济广播频率每周一期的专题节目《交通警示录》《煤海潮》《法官说法》等，分析社会关注的案例和民生故事，对群众的来信来电来访，分类回复，解疑释惑，几乎成为《听众信箱》节目的录播升级版。2006 年 7 月，尤玉乔荣获江苏省第五届戈公振新闻奖，这距离徐州电台第一次节目改革整整 20 年。

二、徐州行风热线前身——《热线直通车》

（一）广播热线节目起源：谈话节目

从传媒历史上看，广播是最早实现传播者和受众在真正意义上进行交流互动的媒体，也是大众媒介领域互动传播方式革命性的发展。而实现互动的方式，就是广播热线节目。

广播热线节目起源于广播谈话节目，最早可以追溯到西方的公共演讲形式。公共演讲面对公共场所中的大众，演讲内容是对某公共事务的劝诫或者某一政治话题的鼓动演说，语言风格也是极尽激情、夸张。而广播面对的是个体的、家庭的、分散的听众，话题只能朝着大家普遍关心的私人化的方向做选择。"珠江模式"问世以后，各种各样的广播谈话类节目随之与听众见面，节目主持人的出现为广播谈话类节目提供了前提条件，因为主持人节目完全改变"我播你听"的单向传播方式，更多地借鉴人际传播的方式，用平等的态度、商讨的口吻、柔和的语调、亲切的语气与听众谈心，为听众服务。

广播谈话类节目出现，革命性地颠覆了广播节目的传统形态，新闻专题节目已不再局限于传统意义上的新闻通讯、新闻特写和新闻访谈。同样的新闻事实，可以成为谈话类节目的一个话题，主持人既可以专题的形式对事实进行报道，也可以重点放在背景和影响的解读，甚至把记者述评、短评、编后话也纳入其中，给广播评论以更大的空间，广播评论再也不用局限于传统的本台评论、本台评论员文章等形式，广播谈话类节目可以通过热线参与的方式让更多受众发表议论，阐明自己观点，多方观点和声音交汇一起，呈现出一个新闻事件在广播中丰富多彩的全貌。因此，广播谈话类节目的出现使广播新闻节目的固有形态彻底改变，使传统的新闻形态的边界变得模糊起来。

广播谈话类节目出现后，另一个革命性的广播节目形态也横空出世：记者在现场与主持人、当事人通过手机与直播节目连线交流，称为"交互式的新闻"形态。这种交互式的新闻连线，就节目形态而言，不亚于"珠江模式"对广播的冲击。它打碎了广播的消息、专题、评论的固有形态，让广播的所有节目形态都可以好好认清自己、按照广播传播规律任性发挥，营造一个全新的广播新闻形态与空间。

"交互式的新闻"就是"传受双方以直播为通道，连线为纽带，以热线电话、手机短信等为平台,通过互动交流,共同构建具有新闻价值的事实。它实质上是以听众为中心,即时加工和传播新闻信息的过程。它包括多向互动、即时整合、现场传声、过程跟踪四个要素",完全改变纸媒定义的广播消息的结构模式。以中央人民广播电台"中国之声"《第一时间》为例,前方记者的新闻报道,通过手机连线,在一问一答中,与主持人交流互动中完成直播报道,"互动新闻将信息源所提供的大量原创的刚刚发生、正在发生或将要发生的第一手新闻素材全部纳入直播状态中,这些内容都是正在形成的互动新闻的一部分,最终可能是背景,可能是主体,可能是解释,可能是结尾都具有不确定性或无法设定性,只有直播终了,才露出冰山一角。"而且,同一个线索是多点报道的,比如神舟飞船发射的报道,一组在甘肃酒泉东风航天城发射基地,一组在北京指挥中心,一组在商场采访电视机前观看发射的市民,一组在太平洋航天测控船上……"多点连线"报道,集中在直播室,交给听众一个完整的事件发生发展过程,语言的交流、背景的真实音响、当事人的现场解说,将广播新闻的传播优势发挥到了极致。因此,有时听众还可能担负起发布信息的责任,将其身边的某个具有一定新闻价值的信息在与主持人互动过程中经过主持人"即时整合"传递给其他听众。这里,记者不仅改变了广播消息的结构模式,而且直接进入信息主体,还有专家教授等特约评论员现场解读事件背景和意义,此时的广播消息,基本元素"5 个 W"依然存在,但所谓的导语、结尾等结构问题已经无足轻重了。至此,广播谈话节目完成了对传统广播新闻形态的颠覆与重塑,一个整合了交互式的新闻、热线电话参与节目,新闻报道与背景解读交替展开,受众参与即时评论等多种创新要素的新节目形态——广播热线节目诞生了。

广播热线节目最早出现在 1930 年的美国,那是广播的黄金时代。1965 年,英国 BBC 诺丁汉广播电台第一次使用热线电话形式,听众通过热线电话参与了节目。广播热线节目"使受众第一次出现在广播媒介中,不是以听众来信的方式,也不是与邻居们一起参加户外活动的广播节目,而是听众在自己家中,或者是在公用电话亭、工作的地点、通过电话差不多即时参与着节目的播出"。

后来电视也借鉴广播热线电话的方式与受众进行互动交流,但是电视中的热线电话参与,不能满足人们眼睛的期待,这不是电视媒介的强项。

(二)《热线直通车》的形态和流程

1993 年,徐州人民广播电台社教部《热线直通车》(部分时间更名为《市民热线》)节目开播。开始是处理群众来信来电来访,逐渐成为就群众关心的话题邀请嘉宾新闻谈话节目,最终演变为进行广播热线直播访谈,这是徐州电台历史上,首次真正实现三方通话、即时交流、现场直播的新闻热线类主持人节目。

作为徐州《行风热线》节目的前身,《热线直通车》节目组邀请有关职能部门负责人作为嘉宾,节目中开通热线电话,听众打进电话参与讨论,与嘉宾、主持人三方通话、现场直播,其真实度、参与度、反映问题的针对性,都令人耳目一新。徐州人民广播电台以受众为中心,改革创新,《热线直通车》节目组首次成为以主持人为中心的内容生产单位,主持人、编辑、热线导播、栏目记者等组成一个团队,重要的问题,栏目记者直接到现场,进行电话连线正在直播的节目,报道现场的真实情况,参与并推动节目发展进程。《热线直通车》开办七年后,从社教部合并到新闻部,新闻频率开播后,又成为新闻频率的主打节目,一直深受欢迎。《热线直通车》一直是徐州人民广播电台倾力打造的王牌节目,与后来《行风热线》节目的节目性质、设计理念、运营方式基本相同,甚至从节目形象片花"倾听群众呼声、反映百姓难题"中,也可以真实展示热线监督类直播节目《热线直通车》,已经悄然开启徐州《行风热线》的大门。截至 2003 年 7 月,《热线直通车》节目十年,播出 1 140 期,共接入群众热线电话 5 361 个,受到听众来信 412 件。在徐州广播电视台上报市纪委及市委宣传部的《行风热线节目实施方案》中明确提出:"几年来,《热线直通车》节目赢得了广大群众的信任和称赞。为了充分发挥《热线直通车》节目新闻舆论监督的社会功效,借鉴外地电台成功的经验(如淮安、盐城、邢台),由徐州广播电视台与市纠风办、文明办联办《行风热线》节目"。

以 2001 年新闻广播频率(广播系列台:新闻台)开播后的《热线直通车》节目人员结构、形态和流程为例。

(1) 节目设主持人 1 人、导播 2 人,栏目记者兼策划人 2 人,一个节目组 5～6 人。节目时间每天上午 9:00～10:00,两部热线电话:5698111、5698113。新闻频率开播后,节目组人员相对固定。

(2) 节目形态和流程。主持人每天在节目直播中,一般先用 10 分钟左右,回顾上期节目,反馈一下调研采访情况。节目过程中,通过热线电话,现场接进咨询投诉,然后导播现场连线相关部门,解疑释惑,或者现场处理。一小时的节目大概能够接进电话 4～5 个,不能现场处理或者接不通有关部门电话的,留给导播或记者,在节目结束后与反映人及相关单位继续沟通,并在后续节目中反馈结果。

此外,每天节目中还要有 8～10 个热线电话没有机会接进来,导播会记下反映人的联系方式和问题,留给记者处理。记者处理这些线索,问题简单的,在节目中回复,较为复杂的到现场采访当事双方及相关部门,分析梳理结果,在节目中反馈。

(3) 为了增加节目的真实性和生动感,围绕群众反映的问题,事先策划,做好背景资料的准备,然后请嘉宾到直播现场,而记者在现场与主持人、当事人通过手机连线交流的"交互式新闻播报",在直播中展现现场真实情况。

2000 年 12 月 27 日，徐州市铜山县单集镇阎庄村农民耿忠志给《热线直通车》节目打进电话投诉，单集镇水利站的工作人员到他家去收水费，他当时没有这笔钱，工作人员就牵走他家的一只羊冲抵水费，两天后，耿忠志缴了水费，但是这只羊一个月都没有要回来。节目结束后，记者直接联系当地主管部门铜山县水利局，要求尽快解决这个问题，把羊还给农民耿忠志，铜山县水利局佟局长也做出承诺，马上调查落实、解决问题。至此，这个关于农民维权的投诉似乎已经圆满结束。

2001 年 1 月 4 日，《热线直通车》节目对耿忠志进行回访时，事情却峰回路转，导入一个让所有人意想不到的方向。耿忠志在热线电话里说："我还有一点要求，我的羊牵走的时候，是 53 千克，送回来时，42 千克，按每斤 3 块钱计算，我就损失了 70 多块钱。另外，为了要羊，我到单集水利站 16 趟，到新河王桥会计家 2 趟，到大塘庄一趟，到大队 20 趟，生产队 15 趟，共误工 25 天左右。这些损失由我来承担，我感觉太委屈了。直到水利局长出面处理，他们才给我羊。我认为，他们不按抵押程序办事，不按依法行政的原则，才造成这不良影响的，根据国家行政许可法《非诉讼途径》一章，有权向有关部门投诉，要求赔偿。"

2001 年 1 月 10 日，热线直通车节目组邀请徐州市法制局副局长周文生作为嘉宾走进直播室，并安排在节目中连线中国矿业大学文法学院副院长、法学教授杨思留。一方面回访一下投诉农民耿忠志，一方面以此为案例，在依法治国背景下，地方政府如何依法行政，群众遇到不公正待遇如何依法维权。

节目围绕一只羊瘦了几斤，耿忠志该不该向行政执法部门索赔，以及如何索赔这一事例，进行依法行政的普法教育。最后，农民耿忠志电话中说："最后达成协议圆满解决，赔偿羊款 70 元、电话费 30 元，25 天误工费补贴 100 元，共 200 元整。"

节目过程中，一直有听众打进热线电话参与讨论依法维权问题，节目组还连线铜山县水利局佟局长参与依法行政的话题讨论。这期节目空前成功，影响很大，传播效果非常好，最终获得 2001 年中国广播电视新闻奖广播社教类二等奖。

（三）《热线直通车》主持人角色定位

中国传媒大学教授孟伟在《声音传播——多媒体传播时代的广播听觉文本》一书中认为，广播热线电话节目是传播者和受众共同完成的，节目过程是未知的，通过受众参与来完成，广播受众成为信息的发出者，不仅交流情感而且能够接受信息，承载了语言之外的东西。对于热线节目受众而言，他们打入电话的目的有两个层次：一是他们要解决的实际难题，要获得他人的建议、要表达自己的各种需要，甚至只是发泄或者获得支持等。而另外一些沉默的听众，在这个过程中，由感受疑惑到找到答案，获得一个完整的旁观者的身份认同。二是更深层次的心理层面，对于热线听众来说，多少有一点窥视的成分在其中……听众的活动成为节目的一部分。通过热线电话的访谈节目的传播效果在地方广播节目中更有优势，而不是体现在国家级的广播节目中。节目完成形态与播出形式基本同步。广播热线节目成为一种私人化表达渠道和公众讨论会的结合点。

因此，地方广播节目涉及地方某个特定区域范围、内容更具有地域性，比较接地气，一是听众对涉及自身利益的内容是感同身受，参与节目积极，有感而发，更能够在听众中产生共鸣，传播效果好。二是同在这个特定区域，心理距离比较贴近，发生在身边的事，对自己生活的影响度也比较大，因此参与节目的冲动比较大，希望参与讨论，影响和干预政策走向的期预也比较高。

这时，热线节目主持人的角色，具有多层传播责任。对于参与热线的听众来说，主持人与听众、与嘉宾的直接交流是无中介、无阻碍的，但是节目主持人担负着向更广泛的受众传播的责任。另一方面，目标听众是随时变化的，问题也不同，主持人既要提示和引导话题的衔接、深入和交换，又要多方兼顾，引导听众、控制节目节奏，注意话题的安全性。“听众的热线就是节目的重要内容，要给予受众一定的自由谈话的空间，因为有时候谈话急转直下、不可预料，反而是节目收视率的一个重要因素，所以在很多时候，对传播目标的控制是隐在的……同时，对于主持人而言，既要主持讨论，又要参与其中，作为裁判和引导者。”以此，作为电台，为防止话题通过热线交流出现失控，而在广泛的区域内产生不良影响，大都进行技术性防控，安装延时器，制定操作规范，要求主持人执行。在紧急时刻，延时播出 8 秒，以便主持人有反应时间，从容切下播出键，转换成垫乐模式，切断不希望播出的内容。

第二节　徐州行风热线：创新形态、融合传播

一、节目组织与发展特色

2003 年 12 月 1 日徐州广播《行风热线》节目正式开播，徐州广播热线监督类节目走向高峰，其衍生的各类热线服务类、监督类节目也由此大行其道。徐州《行风热线》的十年实践，就是不断创新形态、整合平台、增强传播力的过程。为此，节目形态的变化成为必然。

徐州《行风热线》几乎把《热线直通车》节目的模式整体移植过来，最初节目形态、流程、都没有大的变化。最大的变化，来自于节目组织和嘉宾角色转变。与《热线直通车》相比，由过去节目组直接联系嘉宾，变成了徐州市纪委、监察局、徐州市政府纠正行业不正之风办公室统一安排，全市相关单位轮流上线，主要负责人走进直播室，参与节目。过去节目组邀请的嘉宾，一般作为第三方，对新闻

事件、群众咨询投诉以及相关职能部门处理情况进行分析、评判，对政策法规进行深度解读，超然物外，指点江山。有些教授专家还有较强的理论色彩，使节目呈现深刻厚重的形象。《行风热线》则不同，上线单位走进直播室，接受群众热线电话的咨询，和对本单位本系统违法乱纪、行政不作为、乱作为的投诉，单位负责人无法回避，更不可能超然，只有态度认真、语气谦和地接受，解释、现场处理问题或做出郑重承诺。角色的颠覆式转换，有的领导干部感叹“像坐上审判席”，“像一个无法移动的靶子，承受乱箭射来”，恐怕此言不虚。更重要的变化是注重处理结果，过去通过舆论监督，处理结果公之于世，但最终效果，没有强力监督，也就是媒体曝光一阵子，大都不了了之，如是而已。但是《行风热线》节目有徐州市纪委、市纠风办作为强有力的后盾，直接介入节目，一件小投诉，可能引发大问题，最终的处理结果，查处行政不作为、乱作为及其贪腐问题，件件有答复，事事有落实，还群众一个公平公正的社会环境，彻底解决一些群众反映强烈问题，净化了一个行政系统及行业领域的风气，徐州《行风热线》在传播效果和公众期待方面，迎来了历史上的巅峰状态。

（一）上线单位居全省前列，实现三个全覆盖

徐州《行风热线》上线单位，2003 年最初 25 家，逐年增加到 67 家、85 家，一直增长到 2014 年的 114 家，基本上覆盖了徐州市政府主要职能部门以及和群众生活密切相关的行业和领域。上线单位领导走进直播室，通过热线电话、短信平台、网页留言、微博微信和手机客户端，实时受理群众的咨询投诉，在节目中当场回复，许多群众生活中的难题得到迅速解决。

徐州《行风热线》十年之间，几度改扩版，实现了《行风热线》节目每周工作日全覆盖。由试行周播节目，改为每周 2 次，最后扩版到每周一至周五各单位上线直播，播出时间也固定在上午 8:00～9:00 交通出行黄金时间，周六同一时间为《热线直通车》一小时自由投诉，以及对一周总结回顾。扩版还包括，在下午开辟 1 小时《沟通》节目，专门针对上午节目中的问题追踪报道，当天反馈结果，下午在子栏目《行风热线督办榜》中，回访投诉人，对政府职能部门处理问题的情况做出评价。

徐州市级《行风热线》节目覆盖主城区鼓楼、云龙、泉山、九里区、徐州经济技术开发区及新城区。徐州市所属铜山县、丰县、沛县、睢宁县、邳州市、新沂市、贾汪区等七县市区也全部开通《行风热线》节目，并实现市县一体化联动机制，节目覆盖全市 1 000 万人口，《行风热线》节目实现对徐州市所辖市县区的全覆盖。

独具特色的是，徐州市新城区行政中心是徐州党政人大、政协四套班子以及几乎所有部委办局单位集中办公地，每天早晚上下班，为机关提供的交通工具就是 81 辆通勤车，经过市纪委、纠风办协调，每天早晨开往新城区行政中心

的81辆通勤车，在8:00～9:00时段全部转播徐州广播《行风热线》直播节目，所有在新城区行政中心办公的部委办局工作人员，几乎同一时间收听徐州《行风热线》节目，群众咨询投诉涉及哪家的问题，工作人员第一时间就听到了。单位领导在直播室上线，上线单位全员在线参与节目，全系统全行业都在收听节目，一旦收到群众举报立即调查核实，尽可能做到现场解决、现场反馈，有时节目还没结束，职能部门就开始协调解决问题了。通勤车上集中收听《行风热线》，覆盖率为所有党政机关干部，他们每天上班途中，接触到的第一信息，就是行风热线。后来徐州广播《行风热线》下午版《沟通》节目，也一直希望把时间调整到17:30～18:30，机关下班途中，集中收听全天热线追踪处理情况，但一直未如愿。

即便如此，《行风热线》通勤车办公，成为徐州行风热线独特的工作模式，受到江苏省纪委领导的关注和好评，也成为全国独特的行风热线集中收听模式。

（二）考核“一把手”上线，问题件件有落实

从徐州《行风热线》十年发展来看，始终抓住“一把手”上线这个龙头，逐步强化节目组织和考核力度，是徐州行风热线的主要特色之一。

2003年11月20日，《行风热线》协调小组第一个文件《行风热线实施细则》建立了《行风热线》节目考核制度，明确规定：走进广播直播室参与行风热线节目的“上线”单位和部门领导应为“一把手”。“一把手”上线率达100%的20分；一把手上线率低于单位上线总数50%的扣10分。参加直播节目的“上线”单位领导应在节目播出前10分钟到达电台，确因公务无法参与节目的部门领导应提前三天告知《行风热线》节目协调领导小组，以便及时作人员的更换。

2003年12月1日，第一个走进《行风热线》直播室的是徐州市教育局“一把手”宋农村局长。第一轮上线单位25家，“一把手”上线的占1/3。第一期《行风热线月报》专门通报表扬徐州市国土资源局局长田忠恩：为走进直播室与听众交流，正在北京开会的国土局局长田忠恩提前一天赶回徐州，下了火车没有休息就调度直播事宜，并提前1个多小时来到电台与主持人交流如何做好节目。节目开始后，热线电话不断，很多听众咨询土地证办理、征地等问题，田忠恩局长热情询问、从容应答，娴熟的业务知识和坦诚的态度令听众十分满意。节目结束后，不少听众打来电话说：“《行风热线》就是开放的局长接待日，形式更活了，群众更方便了，内容更加透明了，这个节目真是办到老百姓的心坎里了。”

2009～2011年，徐州市纠风办印发的《关于做好〈行风热线〉上线工作的通知》中，均要求各单位坚持“一把手”上线直播制度，认真做好上线直播工作，强调各单位的上线情况及投诉、咨询和办理情况将作为年度创建“廉洁徐州”活动、党风廉政建设责任制及绩效考核等一系列工作的重要指标。对于部省属垂直管理

单位参与《行风热线》的年度考核情况，市纠风办以书面形式向其上级主管部门反馈，这实际上也是对部省属垂直单位"一把手"的考核与制约。

2009 年，徐州市纪委副书记、市监察局局长周建洪在《行风热线》工作汇报上批示：《行风热线》节目上线单位的"一把手"要把应酬时间抽出来，去参与《行风热线》节目，听一听群众的呼声，了解群众的心声，把百姓的事情放在心上。

2012 年徐州市行风热线"四位一体"新模式运行，徐州市委常委、纪委书记陈志扬在启动仪式上要求："领导干部特别是党政'一把手'要带头走进电台、电视台、报刊、网络直播间，主动与群众沟通，真诚倾听群众呼声、真心为群众办实事、办好事、多办事、办成事。"

2012 年，对"一把手"的考核，又加入明确而详细的内容，在《关于做好 2012 年市级行风热线"四位一体"上线工作的通知》中，要求各单位"一把手"要带头走进电台、电视台和网络直播间，亲自撰写关乎民生的答记者问、答读者问等报刊文章。由于电视、网络视频手段加入，该通知还专门对"一把手"上线时着装、谈吐、举止修养等提出具体要求。

2012 年起，徐州市纪委、市纠风办对全市行风热线工作进行年度通报。《市行风热线 2012 年情况通报》中，专门列出全年各单位"一把手上线统计表"，通报表扬徐州市地税局、国土局、教育局等 48 个上线单位的"一把手"共 52 人次走进广播直播室，接听群众的咨询和投诉，为群众解决生活难题。铜山区区长刘广民、市地税局局长孙长举三次上线，"一把手"上线率 100%。泉山区区长蔡成缓、新城区管委会主任邱颖、市城乡建设局局长张军、银监分局局长刘秀全、中国农业银行徐州分行行长李厚网，市司法局两任局长王铁兵、刘宏方等"一把手"，也两次走进广播直播室，热情回答听众的问题，受到群众好评。

2013 年的通报中，把"一把手"高度重视，亲力亲为排民忧，作为重要经验。徐州电视问政《对话一把手》节目，全年 47 家单位的"一把手"走进电视演播室。2014 年表扬 113 家上线单位中，"一把手"65 次走进广播直播室，现场办公，处理民情。

2015 年对"一把手"上线考核力度更大。徐州市纠风办严格落实"一把手"带头上线制度，要求各上线单位"一把手"因特殊原因不能上线的，必须以书面形式报市纪委党风政风监督室（市纠风办）审核，未经批准不上线的一律全市通报批评。

对各地"一把手"上线的考核，甚至通过全省活动的形式强力推动。2012 年开始，江苏省纠风办、省广播电视总台策划每年一次省市政风行风热线"四位一体"联动直播走进省辖市活动，以推动各地市长、县市区长上线制度。在 2012 年徐州站活动中，徐州市市长朱民、市委常委、常务副市长王昊带领各主城区区长、相关部门"一把手"，走进徐州电视台演播大厅，现场办公，为民办实事，实现徐州行风热线历史上首次真正意义上的“市长上线”，受到江苏省纪委领导的高度评价。2014 年省市政风行风热线联动直播活动中，徐州市市长朱民、市委常委、常务副市长王昊再次带领 27 名主城区区长和相关部门“一把手”，走进徐州电视台演播大厅，接听群众热线电话，接受网友提问和电视暗访问题的质询，现场办公，受到社会各界赞誉。

正是严格考核“一把手”上线，徐州《行风热线》才能保障急群众所急，解群众之难，把处理问题，为民办实事落到实处；也正是各单位“一把手”的亲力亲为、强力推动，《行风热线》才能具体落实：有询必答、有诉必受、有查必果、有果必复，确保事事有回音，件件有着落，以切实解决实实在在的问题来赢得人民群众的信赖和支持，不断提高群众反映问题的办结率和满意度。

2012 年的省市联动直播活动，共受理民生诉求 272 件，涉及教育、计生、环保、城管、水利、交通、拆迁等诸多方面，徐州市纪委专门督办这些民生诉求的落实情况，市县两级单位全部纳入诉求办理范围，行风热线“四位一体”各媒体及时跟踪报道督办进展，形成高效的联动监督机制，绝大部分涉及民生的疑难问题最终得到解决。省市联动直播活动推动徐州形成覆盖全市的群众诉求办理网络，省市县三级联动机制，使群众投诉渠道更加便捷，解决群众投诉问题更加高效。

2013 年通报，群众诉求的办结率超过 90%。徐州市纠风办开展随机电话回访，根据随机抽取的 198 件样本分析，群众满意率为 93.6%。2014 年省市政风行风热线联动直播活动，群众现场提出的问题共 8 类 195 个。徐州市纪委、纠风办对相关部门强化监督问责，“一律下发督查通报、一律明确专人督办、一律赶赴现场督办”，督促问题整改落实到位。2014 年，群众诉求的办结率超过 95%，处理问题的质量、效率和群众满意度进一步提升。

（三）声屏网报“四位一体”，全媒体融合发展

徐州市级行风热线“四位一体”新模式，2011 年 11 月正式运行。目前，全面形成了“广播有声、电视有形、报刊可读、网络互动”的联动新机制，深受社会各界的赞誉。

此时，徐州广播《行风热线》节目已经开播整整 7 年。7 年来，徐州广播单一媒体唱主角，周一至周五上午 8:20～9:30 收听徐州新闻广播 FM 93，AM 1269 并频播出的《行风热线》节目，已经成为全市群众不可或缺的生活内容，也成为机关干部养成在通勤车上收听节目的习惯。全市上线单位数量不断增加，2011 年上线单位超过 100 家，接受咨询投诉和现场解决问题的规模和力度不断加大，7 年来，广播媒体不断尝试整合电视、报纸、网媒平台，以拓展功能、增强传播力和影响力，在纪检监察部门推动下，一个全媒体融合的传播时代历史性的到来了。

2011 年 11 月 23 日徐州市级行风热线“四位一体”新模式的启动。徐州市

委常委、市纪委书记陈志扬在启动仪式上指出，行风热线“四位一体”新模式的正式启动，将在更高层面、更广空间，通过多种媒体的互动融合，进一步畅通群众诉求渠道，促进群众反映问题及时有效解决，让人民群众的生活幸福感更强、满意度更高。

徐州广播电视台党委书记、台长李爱彬表示，徐州广电《行风热线》栏目，要坚持正确的政治方向和舆论导向，又要建立起信息共享、选题联动、联合播出、合力督办的一体化工作机制。

徐州市纪委副书记、监察局局长、市纠风办主任刘章华为全市选聘的22位行风热线“四位一体”监督员代表颁发“徐州行风热线”监督员证，市监察局副局长李新民为全市24位行风热线“四位一体”记者代表颁发《徐州市行风热线工作证》。

行风热线“四位一体”新模式进一步强化媒体融合发展，强化行风热线的监督职能。

第一，广播《行风热线》播出的时间和编排再次调整：周一至周五上午8:00～8:20为《热线直通车》时间，对前一期节目中群众的咨询投诉进行反馈。8:20～9:00为当天行风热线上线时间。广播行风热线继续发挥基础平台性作用，对节目组织和选题策划，统一扎口管理，把握报道口径，确保正确的舆论导向。对每天节目中产生的问题及线索，落实到相关单位具体负责人，保障处理问题“事事有回复”。节目之外，负责与电视、报纸、网站的沟通协调，共同策划选题，通过现场连线，暗访调查等联合追踪采访报道的方式，加大跟踪报道的力度，提高社会大众的关注度，推动难点问题和重要投诉事件的办结力度。

此外，2012年，徐州广播开通《徐州行风热线》新浪微博，粉丝量达到4 000多人，作为即时互动环节，微博开始进入广播《行风热线》日常直播节目，丰富了节目形态和内容。

第二，2012年1月4日，徐州电视“行风热线”栏目正式开播，最初只是《第一百姓》的子栏目，并且没有固定的播出时间，从一周两三期不定，发展到每周五期，周一到周五晚上21:03播出，逐渐成为电视台经济生活频道的主打栏目，当年播出节目248期。电视“行风热线”栏目针对群众对当天上线单位咨询投诉的问题进行追踪采访报道，并在当晚节目播出。针对群众反映的问题，分类细化到行风监督、热点帮问、回访调查、政策解读等四大类节目类型，充分发挥电视传播优势，或明察或暗访，或连续追踪报道，让观众通过电视画面更为直观地了解到上线单位对于问题的处理进度和态度，有力地促进了热线难点问题的有效解决，取得较好的社会反响。节目从开播时的每期10分钟扩版到15分钟，2013年再次扩版到每期20分钟，一周七期，全年365期不间断，节目时长和总量都走在全省的前列。同时,广播电视首先内容融合,在重要栏目互相宣传预告,对次日广播《行风热线》上线单位和领导进行预告,并公布广播、电视的行风热线电话,征求群众投诉线索,同时预告当天电视行风热线内容提要,引导收看,成为工作亮点。

2012年,电视"行风热线"第一次全程参与了原本广播占主导的省市政风行风热线"四位一体"联动直播走进徐州活动中,对于群众反映强烈的"市区户外烧烤扰民""消毒餐具不消毒""鼓楼区化工污染"等问题进行电视暗访拍摄,提前制作成VCR在现场播放,画面真实呈现,揭露性强,震撼人心,主持人以此为据、质询当地负责人,负责人当场承诺限时解决,效果良好。活动结束后,电视"行风热线"制作"问题督办回访"特别节目,对省市联动直播活动中揭露的民生问题,与广播、报纸、网络联手穷追猛打,跟踪报道推进情况,积极促进相关单位整改、兑现限时解决的承诺,树立广电媒体的公信力,社会反响非常好。

第三,《徐州日报》也及时改版,2012年1月13日推出"行风热线"专栏,设有行风热线四位一体"监督台"栏标,推出《回音壁》和《卫东调查》等子栏目。徐州广播电视《新周刊》开设《行风评议》专栏,强化评论色彩,一周一期点评问题处理情况。《徐州日报》《新周刊》对广播行风热线直播节目中的咨询、投诉内容进行深度追踪报道,不定期组织深度报道,进一步发挥深度报道和新闻评论的舆论力量,《徐州日报》《卫东调查》栏目,受到江苏省记协关注和肯定。

第四,网络问政也是如此,2012年开始,中国淮海网"网络行风热线专版"成为独立运行的互动平台。由于版面空间大,不仅容纳广播上线直播的音频视频,电视视频报道、报纸相关新闻报道和评论的海量信息,而且按照"治理教育乱收费"等行风热线策划主题设置网络专版或子栏目,同一类咨询投诉内容设专题,对每家上线单位处理群众咨询投诉情况实时追踪,并制作图表进行大数据对比,一时间,徐州广电网络行风热线的冲击力凸显,上线单位高度重视。此后,网络问政不断升级,广播、电视、淮海网等诸平台,都以"徐州行风热线"为名申请微博微信,无线徐州手机APP也设置行风热线专版,徐州"两微一端网络问政"登堂入室,影响深远,无论咨询投诉还是交流沟通,都给网友带来更便捷、更有个性化的传播体验。中国淮海网独立运行行风热线"四位一体"网上互动、网上受理、网上转办、网上反馈、网上点评,对群众反映的问题,分类筛选,及时传达给上线单位,进一步畅通群众咨询投诉渠道。

2012年徐州行风热线情况通报:广播《行风热线》节目直播242期,接听电话2 008个,受理问题3 726件,帮助群众落实处理各类问题3 670件,办结率98.5%;电视"行风热线"栏目播出节目244期,接听电话1 627条,受理问题2 156件,帮助群众落实处理各类问题2 117件,办结率达到98.2%;《徐州日报》

《行风热线专栏》刊发新闻稿件 68 篇，帮助群众解决问题 124 件，办结率98.5%；中国《淮海网》共发布新闻图片 58 张，新闻稿件 63 篇，咨询投诉 2079 条，视频直播 240 期，点击率近 20 000 次，论坛投诉 92 件，办结率 97%；徐州广播电视新周刊《四位一体　行风监督》评论专栏，刊发新闻评论稿件 79 篇。从徐州行风热线"四位一体"的报道力度和处理问题的效果看，各媒体平台融合发展，行风热线传播力、影响力、公信力倍增，真正成为政府和群众沟通的"连心桥"。

二、广播《行风热线》节目的直播形态

（一）单位上线与自由投诉的两难选择

广播《热线节目》的魅力，很大程度上在于内容的不可预知性，主持人、编辑、记者都不知道通过热线会接到什么样的问题，这些问题又会带来什么样的社会评论。因此《热线直通车》每天面对群众自由投诉，也只能选择一些线索，准备一套节目文案，以备不时之需。相比较《热线直通车》的节目的预案，《行风热线》节目的准备工作要规范得多，难度也大大减轻，只要事先沟通一下上线单位，群众的咨询投诉大都是依据上线单位的管理服务领域来提问的，超出上线单位管理权限的问题，一般不会接进直播现场，导播会记录下来事后消化，重大问题转交相关单位或者市纠风办督办。

然而，2006 年，上线单位达到 67 家后，节目组织遇到前所未有的问题：一是过去《热线直通车》听众咨询投诉是随机的，各种问题、各种诉求，五花八门，涉及社会面广，节目组的选题原则是，能联系到相关职能部门，问题相对容易解决。对一些涉法涉诉的，涉及个人名誉的以及单位破产、划转、行政区划调整等带来的历史遗留问题，不是一家单位能迅速判明情况给予处理的，一般通过转办方式，移交相关单位解决。二是选题有一定时效性，比如"五一"国际劳动节前后，对涉及职工工资待遇、医保社保和养老金的问题，春节前为民工讨薪问题关注较多。"3·15 消费者权益日"前，对商品质量、短斤少两、服务部门工作质量投诉作为重点，而 8 月、9 月正值学校开学前夕，节目更关注上学难、择校难、校园住宿饮食、安全环境等家长普遍关心的问题。三是一般一件事处理有结果，再进行下一件事的追踪报道，争取事事有结果，件件有答复。

但是，随着上线单位增加，轮流上线，一家单位参与节目的周期愈来愈长，节目也失去了原有的任意选题的灵活性，只有随着上线单位的职权范围来受理问题。比如，孩子上学择校难问题，过去随时可以打热线电话咨询投诉。但是，上线单位节目表排定后，一般只有等到教育局上线，听众才能打进来，一般情况下，水利局上线，不可能把涉及教育的问题接进直播节目现场的。最多的处理流程是，导播现场记下来，转交教育局处理。这样的投诉，听众没有机会与上线领导直接对话，效果和影响都大打折扣。因此，听众有难题，也只有等到相关主管部

门上线时间，才打电话咨询投诉，其他部门领导上线，也就不需要关注节目了。总的来看，这样人为割裂了节目线索源，造成听众关注度整体下降，对节目运营、组织带来影响，对节目的可持续发展不利。上线时间是有限的，群众各类咨询投诉被固化在职能部门的工作职权之内，而群众的诉求是无限的，对于媒体而言，更多鲜活的内容被排斥在节目之外，意味着节目越来越丧失生命活力。2006年，这个问题这似乎成为两难选择。如何解决呢？

首先是扩版。徐州《行风热线》节目时间，由半小时增加到1小时，其中前半小时上线时间不变，后面半小时恢复到《热线直通车》节目形态，以增加自由投诉事件，保持听众对节目参与的新鲜度，跳出单位轮流上线带来的不利因素。后来，按照市纪委要求，增加上线时间，又要为开往新城区的81辆通勤车量身定制收听时间，最终定为上午8:00～8:20为《热线直通车》时间，主持人、导播接入热线，一方面，接听群众自由投诉，保持节目新鲜度，跳出轮流上线固化目标性等不利因素，另一方面，回复受理问题的调查落实情况，为领导干部上线热场。如果自由投诉内容恰好与当天上线单位有关，等于提前受理咨询投诉，为当天的行风热线加入新内容，更增加受众的期待感。

其次是变被动为主动，采取“主题设计”或者“联合上线”的模式。各单位轮流上线，每次节目单位部门都不同。徐州《行风热线》每月设计节目主题，与这个主题相关联，安排与群众投诉问题联系紧密的单位集中上线或者联合上线。如设计“如何解决职业病防治问题?”“如何解决看病难看病贵问题?”卫生局与各家医院、与听众广泛互动，有听众咨询投诉内容、有卫生系统的统筹安排和政策法规解读，也有各家医院落实整改，创新工作举措、便民惠民的方案公布实施。这个过程中，更多的听众参与讨论、评价，最终暴露出来的行业不正之风，由市纪委纠风办查处，个别违纪人员曝光后受到处理。这种模式有利于做深做透，也利于充分反映群众诉求，将同一行业领域的问题集中解决。2006年，徐州市教育局上线时，群众反映教育乱补课乱收费现象较严重，市纠风办成立工作组介入调查，市教育局及时核实并纠正，清退违规收费400多万元。

另外，有些群众反映强烈的问题，非一家单位所能解决。如何解决实际问题？《行风热线》节目组与市纠风办充分沟通，在当年单位上线安排时间之外，专门留出“联合上线”时间，邀请几家相关政府职能部门，就落实解决同一类问题“联合上线”，统一督办，分头落实。2007年，云龙区剪子股一处违建，经过《行风热线》多次曝光后，在区政府、区纪委、城管、规划等单位“联合上线”次日，认定、交办、拆除，一气呵成，当地群众拍手称快。

2011年上线单位超过100家，为保证上线时间和效果，自由投诉时间一再压缩，最后只好另辟时间来处理后续工作，于是有下午一小时的《沟通》节目，算是为这种两难选择画上圆满的句号。

（二）徐州行风热线开播工作实录

（1）徐州《行风热线》开播第一期。

徐州《行风热线》是在全国政风行风热线大发展、纪检监察部门强力推动的大背景下，应运而生的。回首十年前，徐州《行风热线》初创阶段，有必要理清史实，真实记录徐州《行风热线》创办工作的思路和脉络。

2003年，徐州广播电视台广播中心非常关注全国部分地区火热发展的《行风热线》节目，也预见到这个节目将对广播媒体带来的深刻影响，并提供巨大的发展空间。徐州广播电视台组织人员外出考察和多次策划研讨，当年向徐州市委宣传部、徐州市纪委汇报创办徐州《行风热线》的思路和工作方案，得到批复。

11月20日徐州市《行风热线》开播仪式暨第一次联席会议在太行宾馆（驻徐部队第一招待所）顺利召开。徐州市纪委副书记、市监察局局长周建洪，徐州市委宣传部常务副部长刘明，徐州市公用事业局副局长张道远出席并讲话，徐州广播电视台副台长郭萍主持会议。

会议通过《〈行风热线〉实施细则》，一是宣布成立以徐州市委常委、市委宣传部部长李荣启为组长的《行风热线》节目协调小组，参加《行风热线》节目的“上线”单位由协调小组统一安排。

二是建立《〈行风热线〉节目联席会议制度》。每季度召开《行风热线》联席会议，由徐州广播电视台、市纠风办、文明办、市委宣传部新闻处牵头，“上线”单位参加，与软环境相关的部门列席。联席会议将商定相关“上线”单位参与节目的时间、人员以及节目内容，对《行风热线》节目播出过程中所涉及的问题进行分析说明，形成会议记录。

三是建立《行风热线》节目信息反馈制度。徐州广播电视台广播新闻频率每月负责把群众反映的问题及解决问题的情况汇编《行风热线月报》，报市纪委、市委宣传部、市纠风办、文明办及相关“上线”单位。

四是建立《行风热线》节目考核制度，考核结果作为徐州市全年行风评议的考核依据之一，实行量化考核（百分制）。

五是节目联办冠名：“本节目由徐州广播电视台、市纠风办、文明办联办。”播出时间为：周一至周五上午10:00～10:30。首批25家单位的领导走进电台直播室，通过事先预约的热线电话就群众关心的热点问题与听众直接对话、双向交流，为百姓排忧解难，并公布《行风热线》首批25家“上线”单位名单。节目实施延时播出，设立专人导播，保障播出安全。

会上，徐州市委宣传部常务副部长刘明代表市委宣传部热烈祝贺徐州《行风热线》节目的开播。他要求各成员单位要严格遵守新闻宣传纪律，做到“帮忙不添乱”。节目既要反映人民群众的呼声，促使有关部门找准自己在市场经济中的位置，更重要的是要增加人民群众对党和政府的信任感。

他强调，解决群众反映的问题是开办《行风热线》节目的出发点和落脚点，但也不应该是简单的传声筒和群众随意宣泄的渠道。对于群众通过热线电话咨询或投诉的问题，要坚持“三个有利于”的原则，即有利于社会稳定，有利于经济发展，有利于解决问题，决定是否播出。节目编排人员要本着对党和人民高度负责的精神开展舆论监督，要立足于团结、稳定、鼓劲，把握正确的舆论导向，做好党、政府和人民的“喉舌”。把节目办成“得人心、暖人心、稳人心”的一项“民心工程”。

市政公用事业局副局长张道远代表25家上线单位表态：尽力做到对群众反映和投诉的问题及时解决不拖延、不找借口，与节目组通力合作，让《行风热线》节目成为我们与市民之间畅通无阻的连心桥。

为做好《行风热线》节目，徐州市市政公用事业管理局率先成立了领导小组，率先制定了一套完整细致的考评办法，将局属各单位参与《行风热线》情况纳入年终市民满意年的考核评比。

徐州广播电视台广播中心新闻频率主任高宁代表承办单位表态发言。

最后，徐州市纪委副书记、市监察局局长周建洪作总结发言，他说，办好《行风热线》栏目是贯彻市委九届四次全会精神，推进市级机关思想作风建设的重要举措。通过《行风热线》栏目，可以有效地将纪检监察机关的监督与舆论监督、群众监督结合起来，不断完善监督制约机制，促进行政权力规范运行。通过《行风热线》栏目，可以为人民群众反映和解决问题提供渠道，有利于密切党群、干群关系。办好《行风热线》栏目是密切党和政府同人民群众联系的重要渠道。

他强调，开播《行风热线》要建立《行风热线》栏目群众投诉受理、核查、督办、反馈、处理一条龙的快速反应机制，真正做到事事有答复、件件有落实，努力提高人民群众对栏目的满意率。对《行风热线》栏目中人民群众反映的实际问题，各单位要带着对人民群众的深厚感情，及时妥善做出处理，不断提高群众投诉办结率。努力把栏目办成群众参与度高、议题针对性强、社会影响力大、深受人民群众喜爱的精品栏目。

12月1日，徐州《行风热线》节目正式开播，徐州市教育局局长宋农村第一个走进广播直播室与听众交流。《行风热线》的开播引起了广大听众的热情关注和积极参与，节目中热线不断，第一期节目播出期间，共接到有关“小初升”政策咨询、报考教师资格证书以及教育收费等方面的问题20多个，接入直拨热线宋农村现场回复2个。其余问题，由教育局带回将逐一处理落实。

节目开始前，宋农村在嘉宾留言簿上写下“行风热线、桥梁纽带”的留言。

《行风热线》节目首播可谓圆满成功。

2004 年 2 月 9 日，《行风热线》节目协调小组推出第 1 期《行风热线月报》，通报行风热线从 12 月 1 日开播至 2004 年 1 月 5 日，首批 25 家上线单位主要负责人《走进广播》直播室，现场接受群众咨询投诉 210 个，当场解答 77 个，为群众解决实际问题 120 件。

《月报》指出，《行风热线》节目自开办以来始终处于良性运行状态。上线单位的领导很多是第一次走进电台直播室，对这种节目形式给予很高评价，认为《行风热线》节目不仅拉近了行政部门与群众的距离，也为他们倾听群众呼声提供了一个很好的途径。25 家单位的主要负责人走进广播直播室与听众直接交流的节目形式也赢得了广大听众的认可。听众纷纷来电说，徐州广播电视台为大家做了一件好事，真正架起了政府与群众沟通的桥梁。听众也对上线单位评价很高，认为这些上线的官员敢于接听热线电话，不仅态度好，回答问题也让人满意。

《月报》还选摘节目直播中 5 条现场回答部分问题作为模板，供上线单位学习使用。同时，指出有一些问题应引起重视：节目运行中有些单位带着问题回去以后，并没有积极地去落实解决问题。因为有多位群众打来电话说，半个多月前已经在《行风热线》节目中向某某单位反映过的问题，可是到现在也不见某某单位的人和我们联系。长此以往，不仅会影响相关单位在市民中的形象，也会给《行风热线》节目的权威性带来负面影响。《行风热线》"上线"单位第一轮参与情况见表 3-1。

表 3-1　　《行风热线》"上线"单位第一轮参与情况

（2003 年 12 月 1 日～2004 年 1 月 5 日）

序号	日期	上线单位	带队领导	职务	现场回答	带走解决
1	12 月 1 日	教育局	宋农村	局长	2	15
2	12 月 2 日	卫生局	吴宪	副局长	2	6
3	12 月 3 日	旅游局	岑红	局长	2	
4	12 月 4 日	公用事业局	魏贤勤	局长	3	9
5	12 月 5 日	行政执法局	杨军	局长	4	4
6	12 月 8 日	市委农工办	陈传志	主任	3	7
7	12 月 9 日	工商局	刘海东	局长	3	5
8	12 月 10 日	质监局	邢怀玉	局长	3	2
9	12 月 11 日	物价局	王蔚东	副局长	3	4
10	12 月 12 日	国税局	肖爱国	局长	3	2

续表 3-1

序号	日期	上线单位	带队领导	职务	现场回答	带走解决
11	12 月 15 日	地税局	杨志强	局长	3	4
12	12 月 16 日	公安局	李兆斌	副局长	3	17
13	12 月 17 日	交通局	曹虹	副局长	3	4
14	12 月 18 日	电力公司	陈庆	总经理	4	4
15	12 月 19 日	行政审批中心	孙坤	副主任	2	5
16	12 月 22 日	规划局			2	4
17	12 月 23 日	环保局	赵本国	副局长	3	4
18	12 月 24 日	园林局	杨学民	副局长	4	2
19	12 月 25 日	药监局	王朝建	党组书记	3	3
20	12 月 26 日	国土资源局	田忠恩	局长	4	5
21	12 月 29 日	云龙区政府	曹东伟	副区长	3	5
22	12 月 30 日	鼓楼区政府	齐新春	副区长	3	8
23	12 月 31 日	泉山区政府	王少年	副区长	4	8
24	2004 年 1 月 2 日	九里区政府	郑宗宇	副区长	3	4
25	2004 年 1 月 5 日	贾汪区政府	史孝国	副区长	3	10

注:以上统计均不含直播室外 5698303 热线。

(2) 行风热线开播半年总结及第二次联席会议。

徐州《行风热线》一炮打响,首轮上线进展顺利,社会各界多有赞誉,反响积极。2004 年 8 月 26 日,上午 9:00 第二次联席会议暨理论研讨会在中山饭店北一楼会议室召开。会上,徐州广播电视台广播中心主任尤玉乔汇报总结半年节目运行情况,会议讨论通过《〈行风热线〉群众投诉与咨询处理办法》以及修订后的《〈行风热线〉考核细则》,确定第二批上线单位 35 家,并论证开设“市长热线”的可行性以及加强《行风热线》节目自身宣传问题,决定时机成熟印制《行风热线》画册。

修订后的《〈行风热线〉考核细则》明确:走进直播室参与《行风热线》节目的单位领导应为单位“一把手”或副手。“一把手”上线,每次得 5 分;副手上线,每次得 3 分;其他中层干部为主参与节目不得分。上线单位对直播现场回答的问题,应认真填写“三联单”,一式三份:相关上线单位一份(带回解决),记者一份(追踪报道),交纪委纠风办一份(备案)。带回去的问题应在事后或下一轮“上线”时予以答复、反馈。每一轮答复、反馈率达 100%的得 10 分,每低于 5 个百分点减 2 分。同时规定,上线领导应在节目播出前 10 分钟(9:50 前)到达徐州广播直播室。因迟到、未到而造成误播、脱档的减 10 分。考核结果将作为本年度市纪委行风评议工作的考核依据。

《行风热线》节目从 2003 年 12 月 1 日正式开播至 2004 年 8 月 13 日已播出 165 期，直播热线电话接到听众咨询投诉 813 个，加上节目外来电来信反映共计 2138 件。《行风热线》半年来，已经形成了一套比较可行的操作办法。概括而言就是：制度保障、安全播出、倾听民声、重在落实。为保障《行风热线》节目的播出安全，电台投资 20 多万元进口了国际上较为先进的延时器、调音台等播出设备。同时还对主持人和导播进行了严格的培训，节目运行至今处理了大量的听众热线，没有出现一起播出事故。

尤玉乔在《行风热线》总结汇报中强调：在节目运行中强调主题宣传，我们考虑《行风热线》节目不能只是简单地定位在见招拆招，只解决个体问题上，而应该将解决群众难题、行风问题和适时、适当宣传有关政策法规相结合。这样一来，可以收到点面结合、教育深刻，引导一片的目的。每期节目我们都要求上线单位必须安排一个群众较为关心的，与群众利益关系密切的主题宣传内容，通过部门领导与主持人对话的方式进行介绍。为保证《行风热线》节目运行的效果，我们采取了一系列措施，要求凡接进《行风热线》的听众电话，能当场解答的现场进行回复，不能现场解答的认真做好记录，带回去调查处理再行答复，努力做到件件有落实，事事有回音。

《行风热线》半年的运行有很多事例令人关注。在第 51 期节目中，有家长反映：潘塘中学向初一重点班 197 名学生每人收取建校赞助费 4 000 元。市教育局非常重视，安排专人调查落实，查实潘塘中学存在严重违规收费问题。市教育局决定严肃处理城南开发区潘塘中学，在全市范围内通报批评，限时退还所有违规收费，并建议城南开发区追究相关人员的责任。

2004 年 3 月 10 日，徐州市政府行政审批服务中心上线，泉山区文教体育局王局长打来热线咨询：为了缓解西苑小学校舍紧张的状况，准备新建“西苑二小”，可是按照正常的审批规定手续办妥至少需要 60 个工作日，很可能会影响 9 月份新生入学。审批中心领导对这一审批事项高度重视，承诺“特事特办”。第二天专门召开了 7 个部门的联席会议，研究确定为“西苑二小”建设项目审批开辟绿色通道，缩减 50 多个工作日，保障了学校建设进度。这是十分罕见的政府部门之间的咨询投诉，通过行风热线平台受理解决，更加深化了行风热线的社会意义。

在《行风热线》节目半年运作过程中也出现了一些问题：一是少数部门、单位处理群众反映的问题比较拖沓，参与直播节目时对上一轮接听的问题“只字不提”，不能向社会公众及时反馈阶段性处理意见或最终处理结果。二是有的单位对参与《行风热线》直播节目抱有消极、应付的心态。个别单位的领导不能按时参与节目,致使节目空播,在社会上造成了不良影响。还有的单位安排一般科室人员参与节目,影响了节目的权威性。

就《行风热线》节目下一步工作,大家讨论认为:

要加强节目宣传,在《徐州日报》《徐州广电报》、徐州电视台开辟专栏或专刊,回顾和总结往期内容并预告次日上线单位和上线领导、主题内容、热线电话号码、播出频率等,争取省级媒体宣传,扩大徐州《行风热线》影响,决定时机成熟时,印制《行风热线》画册。实施新的运作形态,借鉴上海、青岛等地的成功经验,开辟《市长热线》栏目。从外地运行的经验来看,"市长热线"社会效应和社会影响十分深远,促进了服务型机关的建设,带动了当地机关作风的转变,赢得了广大群众的赞誉。设想以《市长热线》作为每一轮《行风热线》开始的首档节目,引领新一轮节目的主旨。同时,邀请市纠风办负责人参与节目,在每轮《行风热线》结束时走进广播直播室进行总结。

当年,《新华日报》记者李先昭还采写一篇通讯《徐州行风热线:空中连心桥》,文中引述 71 岁的郑成章先生写给《行风热线》栏目一副对联:行风热线正行风行风端正,人民政府爱人民人民敬爱。他说:"广播电视台的《行风热线》栏目说话灵,是百姓和政府的连心线,也许这正是《行风热线》受到各方面关注和好评的原因吧。"

(三)《沟通》节目形态与特色

徐州《行风热线》直播节目,除了节目组织(市纠风办安排上线单位)以外,节目形态、运行方式、流程都直接源于《热线直通车》,其形态流程都不必累述。而行风热线的下午反馈版《沟通》节目形态构思新颖,颇具特色。

2013 年 1 月,徐州广播行风热线成功改版,分为上午版和下午版两部分。上午版继续保持节目原有形态及固有属性,周一到周五每天早上 8:00～9:00,110 家上线单位负责人走进直播间,通过热线电话和听众直接交流,现场解答群众的咨询投诉。下午版节目《沟通》作为《行风热线》的回复反馈版,每天下午 16:30～17:30,选取当天《行风热线》听众反映的热点、难点问题,通过记者现场调查等方式,第一时间反馈上线单位处理情况。针对听众反映的突出问题,采取三方通话的方式,让市民直接和上线单位负责人就问题的落实情况进行深度交流。反馈结束后,投诉当事人在节目中直接给上线单位做出满意、比较满意、一般或者不满意的评价。对于未解决的问题,将被列入"行风热线督办榜",每天在节目中播出,督促上线单位及其工作人员及时解决问题。下午反馈版《沟通》栏目开播反响强烈。《沟通》节目目标是进一步提高《行风热线》栏目的调查反馈力度,促进当天投诉问题的及时解决,并探索建立对《行风热线》上线单位处理问题质量的社会评价体系。

《沟通》节目特色如下：

一是《沟通》节目分为上下两个部分，上半部分就当天《行风热线》节目中产生的问题进行回复，下半部分的半个小时节目中，将现场接听大家的投诉和咨询电话。所以说，节目内容不受当天上线单位的影响，百姓遇到的方方面面的问题都可以向《沟通》节目来反映和交流。在《行风热线》节目之外，为群众解决很多难题。

在徐州泉山区政府上线时，市民李先生反映他家住在奎山的铜电家园附近，十年前，他的房子被拆迁，但是一直没有给予落实安置房的问题，在当天的节目中，泉山区住建局局长孙海军许诺将给予充分的调查和落实。如果情况属实一定会给个说法。在当天的节目中，我们连线了孙海军，孙海军表示，经过调查李先生的说法属实，确实十几年的时间没有分给他拆迁安置房，经过和开发商的协调，开发商表示有两处房源可以供李先生选择，如果李先生不满意，可以等2014年新上房小区的房源。李先生表示满意，但是提出要看房。第二次连线，李先生表示，开发商提供的现房他不满意，想要等2014年的新房，但是目前相关手续没有办妥，想让节目进一步跟踪，我们再次连线孙海军，孙海军也表示，将努力促成合同的成功签订。第三次连线，就新房房源及房价开发商问题和李先生有分歧。李先生认为，房型首先不满意，另外，多出原拆迁房屋面积的新房面积单价收取过高，不应按目前市场价来执行。对此，孙海军表示再次和开发商协调，争取能让李先生满意。最后一次连线，李先生选到了合适而且满意的房源，孙海军也给他争取到了满意的价格，合同成功签订。

2013年5月，徐州市铜山区政府上线，铜山纳帕西谷附近的一段路和桥毁损严重，当地村民提出相关部门能不能进行及时的修理。关于这个问题，节目后落实铜山区交通局局长许兴虎负责解决。在当天沟通节目，记者连线铜山区交通局，许兴虎承诺七天内修复，并表示当天就已经开始施工了。一周后，《沟通》节目再次连线追问工程进展情况，许兴虎表示，这件事发生变化，不属他的职责范围，让记者再找上线当天的带队领导，经多次协调，许兴虎表示愿意继续配合解决问题，但施工方案略有改变，工期要两个月左右。此后的节目中，每隔一周，便连线记者现场报道施工进度，并呼吁当地村民，要绕路而行，配合施工。两个月后，事情也圆满解决，当地村民对此事赞不绝口。

城管方面，事业小区二十年的存量违建，在《沟通》节目跟踪报道后给予拆除，小区居民一片叫好。交通方面，开明岗附近一处左转违章抓拍，由于地理位置特殊，驾驶员要经过一个上坡才能够看到地面上的双黄线，容易违章误闯双黄线，通过《沟通》节目的协调，交警部门这个路口树立起了只许右转的标志牌，方便行车，受到好评。

二是与律师同行，节目更专业，解答更快速。以往节目中，听众提出有关的法律问题，主持人要节目后咨询律师沟通再答复，失去互动性，更失去时效性。《沟通》节目特邀律师做嘉宾，一旦接听涉及法律咨询的问题或求助，当时就可直接给出确定的回答，吸引听众参与。律师带着直播中的问题，开展下一步工作，《沟通》节目可以跟踪报道，把律师调解解决问题的过程，化作节目的一部分，丰富了节目内容。

三是行风热线督办榜保证听众反映的每件事都能够圆满答复。

行风热线督办榜主要针对在上午《行风热线》节目中需要带下线去调查处理的问题，如果在当天责任单位没有给反映人回复，或者反映人对回复不满意的，就要挂在《行风热线》督办榜上，每天的节目都要督办，如果承诺不兑现、不办理的，转交给市纠风办督办。尤其是涉及承诺限时办结的，督办榜每天播放职能部门负责人现场承诺的录音，无形的舆论压力，成为推进工作的动力。

2013 年 1～12 月，《沟通》节目共播出 317 期，共处理《行风热线》线下落实问题 951 件，接听电话 1 268 个，受理问题 1 854 件，帮助群众落实处理各类问题 2 966 件，反馈率达 98%，解决率达 95%。开播一年来，《沟通》受到了各级领导和人民群众的广泛赞誉，与《行风热线》节目一样，成为群众民生诉求的主渠道，也成为独具特色的徐州行风热线品牌节目。

（四）行风热线对广播节目格局的塑造

从全国广播发展看，行风热线对广播节目的影响深刻而深远。对新闻资源和渠道相对匮乏的地市级台而言，行风热线不仅是一股新闻监督节目的浪潮，更是一种新闻立台的实践，塑造了广播新闻节目的格局。我们先分析一下 2013 年常州人民广播电台综合广播调频 103.4 节目表（表 3-2）。

表 3-2　2013 年常州人民广播电台综合广播调频 103.4 节目表

时间	周一至周五	周六	周日
4:50～6:30	健康早晨		
6:30～7:00	转播中央人民广播电台《新闻与报纸摘要》		
7:00～8:00	846 早新闻		
8:00～9:00	毛毛刘冰早知道		
9:00～10:00	大嘴毛丫头，请你做娘舅		常州书场
10:00～11:00	1034 非常茶馆		
11:00～12:00	政风热线		社会科学百家谈

续表 3-2

时间	周一至周五	周六	周日
12:00～13:00	乐听越爱听		欧美音乐排行榜
13:00～13:30	天天读报		
13:30～14:00	欢乐正前方		
14:00～14:30	体育新闻		
14:30～15:00	单田芳精品书场		
15:00～16:00	政风热线调查反馈版		社会科学百家谈(重播)
16:00～17:00	大嘴毛丫头,请你做娘舅		
17:00～18:00	天天饮食		
18:00～19:00	1034 新闻晚高峰		
19:00～20:00	男婚女嫁		
20:00～21:00	政风热线完整版	小小故事会	欧美音乐排行榜
21:00～22:00	大嘴毛丫头,请你做娘舅(重播)		
22:00～23:00	1034 非常茶馆(重播)		常州书场
23:00～24:00	转播中央人民广播电台新闻频道		
备注:8:00—21:00,每个整点播报新闻《第一资讯》			

这张新闻类型化广播的节目表简洁明快,全天节目分为早新闻版块和晚新闻版块,中午部分以政风热线为主,节目板块基本上以一小时为板块转换,每个整点《第一资讯》栏目都有记者通过手机连线形式播报最新消息。条线相连,构成全天的新闻资讯网。新闻类型化广播的发展,在这张表上反映得很充分。

政风热线节目占据三个时间段:11:00～12:00 政风热线、15:00～16:00(调查反馈版)、20:00～21:00 政风热线(完整版)3 个小时,按广播一天传统收听时段分析,11:00～12:00,是中午收听高峰时段,20:00～21:00,也是晚上广播收听较好时段。只有 15:00～16:00 下午收听时段差一些,正好用上午政风热线的调查反馈,来引导收听,强力提高这一时段收听率。由此可以看出,政风热线已经成为常州新闻广播全天节目的重要板块,支撑起全天新闻节目和全天的收听率。

此外,行风热线延伸版《大嘴毛丫头,请你做娘舅》这档方言节目,占据了每天 2 个小时的时间。这档节目 2011 年 1 月 4 日开播,是热线直播节目的创新形态,每周 7 档节目,每档节目 40 分钟(包括广告及半点资讯 20 分钟),与徐州广播《沟通》节目的下半部分类似,每天上午 9:10～9:50,2 位主持人大嘴和毛丫头用常州方言演绎百姓在生活中遇到的与法律相关的社会问题,节目形态一般是讲述最近热点新闻事件,然后接听听众热线,一般都是老人,给他们发言的机会,请听众做“娘舅”，谈谈各自对事情的看法和观点，也可以结合自己的切身体会说说对整个事件中孰是孰非的判断；同时节目中邀请嘉宾，对事件进行精辟点评。

主持人用常州话，说常州人身边的事情，不说教、多倾听各方观点，让听众在轻松愉悦的氛围中，获得法律知识，化解矛盾纠纷。

节目社会反响良好，听众参与度高，每天的平均热线参与量为 18 个，每档节目只能接入 6 个左右、短信参与量 20 个、QQ 群友发言量更多。节目收听率及市场份额长期高居全台前列，得到社会各界的广泛好评。

以往的热线法律宣传节目大都听众打进热线，律师现场解答的形式，形式单一，而且听众的反映的问题过于庞杂，没有主题，且不具有代表性。《大嘴毛丫头，请你做娘舅》节目在选题上精心策划，选取和百姓生活密切相关的、具有代表性的内容（生活中的疑问和纠纷），选点好、贴近性强，主题内容集中，易于收集各方观点，解决问题也有的放矢，收放自如，传播效果良好，充分说明了社会大众对于法律知识的渴求以及节目对大众需求的准确把握。

《大嘴毛丫头，请你做娘舅》节目很多线索来源于政风热线的听众咨询投诉，开通一个热线电话，对群众反映的问题及新闻线索进行精细化梳理，运用于不同节目，这也使政风热线平台传播价值大增。这样计算一下，常州新闻广播与政风热线相关内容和形态的节目占道全天 5 小时，还不包括政风热线的新闻线索以及跟踪反馈中产生的新闻报道在早晚新闻节目中所呈现的内容。

从徐州广播 2009 年节目表看，《吴莉导医台》《关注质量》《麻辣新闻》等，都是政风行风热线平台拓展延伸，创办的同一类热线直播节目，只是针对不同领域罢了（表 3-3）。

表 3-3　　徐州人民广播电台新闻广播（FM 93.0）节目表

（2009 年 3 月 2 日）

时间	准点	周一至周六	周　日
4:00	总开始曲/纪实		
4:30	健康有约（讲座时间）		
6:00	生活早报		
6:30	转中国之声·新闻和报纸摘要		
7:00	徐州新闻联播		
7:50	城市印象（周一：筱兰说治安）		
8:00	麻辣新闻		爱心徐州
8:30	行风热线（周六：热线直通车）		做客徐州台
9:30	健康有约（讲座时间）		

续表 3-3

时间	准点	周一至周六	周　日
10:00	整点新闻	神州任我行	文化徐州
10:40	健康有约(讲座时间)		
11:00	整点新闻	关注质量	环保你我他/国防园地
11:42	健康有约(讲座时间)		
12:00	整点新闻		档案揭秘
12:45	健康有约(讲座时间)		
13:00	整点新闻	古今书场	
13:30	健康有约(讲座时间)		
14:00	整点新闻	老年之友	尘封档案
14:40	健康有约(讲座时间)		
15:00	整点新闻	吴莉导医台	
17:00	整点新闻	我爱我家	人在他乡
17:40	健康有约(讲座时间)		
18:00	整点新闻	我家厨房	
18:40	健康有约(讲座时间)		
19:00	整点新闻	流行剧场	
19:30	健康有约(讲座时间)		
20:00	麻辣新闻【复播】		
20:30	健康有约(讲座时间)		
21:00	整点新闻	纪实【复播】	
21:30	健康有约(讲座时间)		
22:00	今日新闻盘点		
23:00	从零开始		作客徐州台【复播】
1:00	孤独如歌		
1:20	百家讲坛(CCTV－10)		
2:00	中国笑星		尘封档案【复播】
2:30	流行剧场【复播】		

2011年,《徐州行风热线"四位一体"实施方案》明确:徐州广播《行风热线》主动辐射其他广播新闻节目,为广播《徐州新闻联播》《第一资讯》《麻辣新闻》节目提供线索和话题,这些节目为《行风热线》提供解决问题、引导舆论的

平台，相辅相成，相互辉映。为了保证解决问题有力度，徐州《行风热线》节目组及新闻专职记者共17人全线跟上，节目中接到的问题，节目后第一时间深入群众、深入现场进行采访，并在随后的整点节目《第一资讯》中及时连线，反馈处理进度及结果。当日解决较晚的问题，争取在隔日的《徐州新闻联播》以及《热线直通车》节目中进行反馈。对群众反映的问题，做到急事急办、特事特办，定时公布听众所反映的问题及其办理结果，及时给群众一个明确、满意的答复和交代。

《徐州新闻联播》突出报道《行风热线》节目中群众反映的热点问题，行业结构性矛盾问题，以及政府部门对这些热点问题的解决动态；在全天整点新闻《第一资讯》节目中，精心筛选具有新闻价值的热点，记者跟踪，实时连线，全面展现问题的解决过程；《麻辣新闻》节目对群众咨询投诉的共性话题及热点话题，进行展开，深入挖掘话题的普遍意义，引导舆论导向。另外，在《徐州新闻联播》中挂牌播出上线单位预告。

不仅如此，徐州市出台的《关于构建"行风热线""四位一体"新模式的实施意见》，明确要求行风热线整合新闻资源，构建多种媒体互相配合的联动机制，以电台直播、电视跟踪、报刊点评、网络互动等不同表达手段，畅通群众诉求渠道。

徐州广电全面改版，建立以广播为龙头，以电视、广电报为两翼、以中国淮海网为新拓展平台，全面推进"四位一体"新模式。

徐州广播发挥基础平台作用与电视、广电报、淮海网等兄弟媒体加强合作，实行选题联动，不断增强"行风热线"的影响力。

徐州广播《行风热线》节目产生的线索，与电视、广电报、淮海网等兄弟媒体，联手共同梳理、共同策划，联合采访，追踪报道，借助电视、网络、报纸等不同平台，切实监督各职能部门提高对群众关心的热点难点问题和重要投诉事件的办结力度，推动问题解决，回应群众关切。

电视《徐州新闻》和《徐州夜新闻》以拉滚字幕的形式，对第二天的《行风热线》节目做出预告，以方便更多的市民参与节目。《第一百姓》根据每天《行风热线》节目产生的线索，及时跟进采访，或与电台网络等联合采访，突出群众反映强烈的重点、热点和难点问题，进行深度报道。在节目形态上，与广播联手，通过现场连线、追踪采访、暗访调查等方式，进行电视直播报道。

此外，《行风热线》节目线索通过中国淮海网"行风热线"网页和网络视频，与政府网站链接，运行网上办理群众咨询投诉平台，实现网上互动、网上受理、网上转办、网上反馈、网上点评，创新网上督办机制，推动解决群众诉求。

在一些特殊时期，徐州《行风热线》节目还成为社会突发事件的应急处置平台。2013年7月，陇海铁路天水至宝鸡段连续发生泥石流灾情，致使途径陇海线列车大面积晚点，部分列车停运。由于涉及多数列车终点到上海及杭州折返，徐州火车站滞留数万旅客。徐州广播以《行风热线》节目为主，新闻联播、整点新闻、午间新闻、晚间新闻等全天新闻节目时间打通，开通 24 小时特别节目《与您同行，见证真情》，派出多路记者采访，多点连线直播，同时启动 24 小时热线应急服务平台，受理咨询和求助 1 400 多条。全面、真实展现相关事件的进展，为民众排忧解难，及时传送党和政府的温暖。

每年“春运”、小升初、高考等特殊时期，徐州《行风热线》节目也会根据情况调整节目格局，推出特别节目，为政府启动应急平台，为群众排忧解难。

新闻广播作为广播改革发展中的类型化广播系列台，与政风行风热线在全国的发展几乎是同步的，由此可见，政风行风热线支撑起新闻广播的重要版图是不足为奇。徐州类型化广播改革起步较早，新闻台的节目结构中，《行风热线》起到重要支撑作用。

类型化电台（又名专业电台、格式化电台），诞生于 20 世纪 60 年代美国商业广播发展的过程中，根植于成熟的受众市场调查和专业内容传播的基础之上，在传媒日益激烈的市场竞争之中，以专业节目集成、专业制造、专业播出以及专业产品开发而独树一帜，通俗而言，广播频率内容定位和品牌已经为听众所熟知，无须看节目表，就知道在收听什么内容。类型化就是，拥有专业的采编播队伍，播出专项内容，全频率一种风格包装，从而吸引专业的听众群体，如类型化音乐台、新闻台等。

2004 年元月，上海东广新闻台横空出世，被称为中国第一家纯新闻类型化电台。2008 年，中央人民广播电台“中国之声”开始类型化探索：整体的频率化形象包装，节目直播，实现最新、最重要内容的前置播出，“轮盘式节目结构”的播出模式，每天滚动播出 40 次，得到了受众的充分肯定。随后，中国国际广播电台开播环球资讯广播，用丰富、多样的节目占据国内新闻资讯报道的最前沿，打造中国广播《第一资讯》品牌，充分体现了“资讯第一、第一资讯”的频率特色。曾落地徐州城市广播（FM 94.7），作为重要新闻资源。到 2013 年，统计全国 332 家电台，大多数地市级以上电台都进行了广播频率类型化改革。

2000 年左右，在全国文化体制改革的浪潮中，不少地方电台、电视台、有线电视台、网络传输公司合并成立广播电视台或者传媒集团。地市级广播电台大都是整体作为一个中心纳入新的广电体系。这种平台整合的初衷是资源优化配置，节省人力物力。但是广播的新闻功能在许多地方与电视新闻共为一个平台，在电视强大的影响力作用下，广播时政新闻采访受到挤压，逐渐边缘化。因此，广播新闻不得不走向民生新闻为主的道路，与政风行风热线的民生报道逐渐并轨，从而塑造广播节目的主体格局，也是大势所趋。

三、从户外直播淮安模式到省市联动直播徐州模式

(一)行风热线户外活动的创新模式

政风行风热线最重要的创新是户外直播,打破传统广播节目的封闭模式,把直播室搬到村头、田头、社区、广场,围绕节目搞活动,依托活动深化节目内容,实现节目主持人与群众真正的“面对面”、“零距离”。

2001年10月21日上午9:00～11:00,淮安台在全国首创广播《行风热线》节目主题式户外直播。12月28日,淮安广播行风热线节目又在金湖县举办农村户外直播活动,实现了行风热线户外活动延伸到乡村的一次创新。淮安持续创新,推出“三个全国首创”:即全国首创主题式户外直播、全国首创户外电视直播、全国首创电台电视台并机直播。直播现场从市区到各个县城,接触的群众越来越多,户外直播的形式也在实践中不断完善形成制度。

此后,全省各地政风行风热线相继开展走进社区、走进工地、走进农村,服务企业、服务“三农”、服务社会,有针对性地解决损害群众利益的突出问题,取得很好的社会反响。

淮安首创的主题式户外直播活动,成为全省各地“政风行风热线”的新的运作方式。2004年全国纠风工作会议要求全国推广淮安的行风热线户外直播的经验。

江苏省政风热线把直播室搬到淮安、泰州、扬州,深入县区,举办《与纳税人面对面》《聚焦民营经济》《情系三农》等省市县三级联合户外直播。每场直播,都要组织30～40位省市县三级政府部门的相关负责人到现场与群众交流,为群众办实事。

徐州《行风热线》开办之初,徐州市委常委、宣传部长李荣启在《行风热线》工作汇报上批示:节目很有影响,对促进党风政风建设起到了积极的促进作用,要通过开办一系列活动进一步加强节目的影响力。

2008年3月14日,消费者权益保护日来临,徐州新闻广播推出大型户外直播活动“诚信、责任、放心消费——2008倾听您的声音”。《行风热线》节目组织17家上线单位,《关注质量》节目组织13家行业顾问单位,走上徐州市中心彭城广场户外直播台,活动现场通过记者连线、辨真识假、有奖问答等环节与现场群众全面互动。引导整个社会关注徐州消费环境、增强消费者的自我维权意识。新闻广播频率10:00～10:40直播活动盛况。

《行风热线》17家上线单位代表组成的强大“维权顾问团”,在现场接受市民的咨询,以实际行动倾听消费者的声音,帮助群众现场鉴定假冒伪劣产品,并现场接受群众咨询投诉,工商管理、质量技术监督管理、食品药品监督管理、商品检验检疫等部门组织全系统收听活动直播,市县区联动处理问题,捍卫消费者的合法权益,倡导放心、和谐的消费环境,这场户外活动影响很大。

徐州广播还依托全市重要活动，让《行风热线》主持人、记者，深入社区基层与群众见面，了解民生、体察民情、推介节目、延伸广播服务，进一步增强与群众的联系，树立主持人记者的媒体形象。2014 年 6 月 28 日 17 时，“践行群众路线，展现创卫成果——新闻主播走基层、进社区”活动首站走进泉山区奎园小区，通过栏目推介、文艺演出等形式，与群众交流。10 位主持人一一亮相，推荐自己的节目，倾听听众意见，体验社区创卫工作，并对创卫先进人物进行现场访谈。主持人走下舞台后，还被热心听众拦住交流，尤其是《行风热线》和《沟通》节目的主持人，更是被热心听众团团围住，现场提出自己的民生诉求。

活动现场，泉山区奎山街道办事处的民政、计生、劳保、司法等部门还在现场设立了咨询台，接受群众咨询和意见建议。新闻广播还对整个历时两个小时的活动进行全程直播。

2014 年 11 月 1 日上午 10 时，“践行群众路线，共建幸福家园——新闻主播走基层、进社区暨 119 消防安全进万家启动仪式”在泉山区管道社区举行。新闻广播主播牵手消防支队推介广播品牌、配合 119 消防公益宣传，取得圆满成功。

舞台上，消防官兵向观众展示了在规定时间内迅速换上消防服、用专业工具破拆钢条、快速扑救燃烧的液化石油气罐等必备技能，还向大家演示了消防钩、破拆钳、消防呼吸器等消防工具的使用。现场摆放的消防宣传展板和各种消防器材，也让大家更进一步了解了消防安全知识和工具的使用。

作为一次特殊的《行风热线》活动，《行风热线》主持人对节目进行推介，并与社区群众面对面谈心、交流，认真记录群众咨询投诉内容。整个活动历时两小时，“无线徐州”还对此次活动进行了全程网络直播、新闻广播频率进行全程直播。

户外直播，市县联动，这种创新之举，渐成星火燎原之势，其快速、高效、开放、互动程度，不言而喻，现场解决了大量的问题，赢得了党委政府和群众的广泛赞誉。随着活动的深入，户外直播已成工作常态，但活动涉及一些复杂的问题，如招商引资项目与环境污染问题，省辖市交界地区的矿产资源非法盗采问题等，也渐渐需要更高的行政层面来应对和解决。

2012 年开始，在江苏省纪委的组织推动下，由江苏省人民政府纠风办、新华报业传媒集团、江苏广播电视总台联手全省 13 个省辖市，展开省市政风行风热线四位一体联动直播环省行活动，全省范围内省市县三级联动处理问题的大门隆重开启，政风行风热线活动终究铸成全省一盘棋的宏阔格局。

（二）省市县联动直播活动的徐州模式

《2012 年江苏省纠风工作要点》中明确要求，组织省政风热线走进市、县开展户外直播活动，逐步推行市长、县长上线制度，着力推动县级全面建立“四位一体”新模式，形成省、市、县三级联动机制。

2012年3月29日,江苏省纠风办在《关于现场观摩政风行风热线省市县三级户外联动直播活动的通知》中确定,2012年4月5日,由江苏省纪委、省监察厅、省纠风办和《新华日报社》、江苏广播电视总台联手各省辖市地方政府,开展的省市政风行风热线"四位一体"联动直播活动。首场走进扬州市,在江都区龙川广场举行。当年巡回活动城市为:徐州、连云港、盐城、淮安、镇江、泰州、宿迁。

扬州市承担首场省市县政风行风热线"四位一体"户外直播,活动主题是"推进民生工程,建设幸福扬州",扬州市委常委、市纪委书记张跃进,市委常委、常务副市长张爱军参加活动。活动现场,扬州市民通过登录扬州网、拨打热线电话参与活动,围绕就医上学、劳动保障、城市公交、停车、老小区改造等热点难点问题,与相关部门沟通,100多个政府职能部门相关负责人现场参加活动,回答了听众及网友的提问,并与场外市民互动沟通,现场办公,为群众解决问题。江苏省纪委副书记、省监察厅厅长、省政府纠风办主任江里程,省监察厅副厅长、省政府纠风办副主任刘井石现场督察活动情况,检验当地行风热线声、屏、报、网"四位一体"的运作模式和运行状况。

当天的活动现场,扬州电视台还开通《清风频道》,这是全省首个宣传反腐倡廉的专业频道,创新意味浓厚。江里程在讲话中希望扬州继续探索,不断完善机制,为全省政风行风热线工作创造新的经验。

随后,省市政风行风热线"四位一体"联动直播走进省辖市巡回活动继续走进其他6家省辖市。4月27日,活动在盐城市宝龙城市广场举行,盐城的主题是"助推转型升级、增进民生幸福"。5月27日走进连云港苍梧绿园,连云港的主题为"建设民生工程、共建和谐港城"。12月14日走进淮安,淮安的主题是"亲民淮安,市长与您面对面"。此活动成为江苏省政风行风热线的重要品牌。

2012年7月20日,省市政风行风热线"四位一体"联动直播活动走进徐州,在电视台演播大厅成功举办。主题为"关注民生幸福　建设美好徐州——市长与百姓沟通零距离",这是徐州《行风热线》开播九周年来一个重要的历史时刻,"市长上线"对徐州《行风热线》节目产生重大影响,省市政风行风热线"四位一体"联动直播的徐州模式更是意义深远。

第一,徐州市市长首次走上直播台,徐州《行风热线》节目实现历史突破。

2012年,省市政风行风热线"四位一体"联动直播活动中,徐州市委副书记、市长朱民,市委常委、副市长王昊,带领鼓楼、云龙、泉山、贾汪区区长以及相关职能部门"一把手",第一次走上行风热线直播台,接听热线电话和群众现场提问、与网民互动,通过收听收看音频视频暗访报道等多种形式,现场接受有关民生问题的咨询投诉,并与场外的市民零距离沟通,坦诚交流,倾听意见和建议,现场办公,为百姓解决实实在在的问题。这种形式,不仅在江苏省政风行风热线"四位一体”联动直播活动中是第一次，被称为徐州模式，也是徐州市行风热线开播九周年以来一次历史性突破。这种形式，受到江苏省纪委副书记、省监察厅厅长、省政府纠风办主任江里程的高度评价和充分肯定。

2004 年徐州《行风热线》就规划开通《市长热线》，期望市领导能够走进《行风热线》直播室参与节目，这样对《行风热线》的发展，将起到极大的鼓舞和推动作用。借鉴其他兄弟省市行风热线经验，淮安、商丘、青岛等不少地市都设立了《市长热线》，市长或分管副市长轮流上线，接听群众反映问题，由于各种因素，徐州一直未能实现。2006 年 1 月，徐州市委书记徐鸣调研宣传工作时，专门视察徐州人民广播电台，调研徐州《行风热线》工作。2007 年，江苏省人民广播电台在苏北五市巡回开展《苏北崛起》异地直播活动，徐州市委书记徐鸣应邀与省委党校教授储东涛一起走进广播直播室参加新闻直播活动。2011 年 3 月，徐州广播电视台专门向市政府报告，希望借助市级机关百名处长《行风热线》上线评议的契机，邀请市长参与《行风热线》，与听众共同参与评议。但是，由于种种原因，徐州《行风热线》工作一直未能实现市政府主要领导走进直播室参与《行风热线》节目。唯一的《市长上线》工作的突破是 2008 年 12 月 25 日，徐州市副市长、市公安局党委书记、局长顾林刚走进《行风热线》直播室，代表市公安局参与《行风热线》节目，接受群众咨询投诉。这是第一位市长作为上线单位领导真正走进广播《行风热线》节目，而同样作为上线单位的徐州市中级人民法院、徐州市人民检察院、徐州市总工会主要领导(副厅级)始终未能实现走进广播行风热线节目。

这次借省市政风行风热线联动直播走进徐州之东风，徐州市委副书记、市长朱民，市委常委、副市长王昊，走进《行风热线》节目直播现场，倾听民声、体察民情、与群众零距离沟通交流，对徐州《行风热线》工作而言，确实是一次历史性的突破，对徐州《行风热线》未来发展意义深远。

第二，精心组织活动，整合平台，创造联动直播徐州新模式。

所谓徐州模式，是相对省市联动直播活动的户外广场模式而言，另一种突出主题、实事求是的创新操作模式。在节目组织过程中，徐州按照江苏省纠风办的要求，组织人员赴扬州、盐城、连云港观摩活动。

徐州充分吸取兄弟城市组织联动直播活动的经验，经过多次讨论研究，大家认为，江苏省纪委、纠风办举办省市联动直播活动的目的有三：一是以省级政风行风活动推行各地市长、县市区长上线制度；二是通过联动直播活动建立的“四位一体”考核机制；三是检验各地建立“四位一体”新模式情况，促进各地形成省、市、县三级联动机制，推进政风行风热线工作为民办实事、形式接地气。检验政风行风热线工作需要市长与群众平等对话、解决问题，但这并不是单纯的市长接待日，来专门处理信访工作的活动，意外的上访活动不仅干扰省纪委纠风办对当地政风行风热线“四位一体”的工作考核，还严重影响了地方政府形象。因此，徐州决定将省市联动直播活动放到徐州电视台600平方米演播大厅相对封闭场所进行，受邀嘉宾持票入场，便于安保管理，保障活动不会受到意外干扰，实现省市联动直播活动的预期目标。

活动演播厅就是放大的广播直播室，而且演播大厅集成了广播热线电话、电视直播录播、网络直播、12345政府服务热线等全媒体要素，市长走进全媒体的直播大厅，与群众电话交流、网络沟通，其效果好于广播直播室的单一环境，对推进“声屏网报”四位一体平台的整合作用更大、效果更好。此外，在电视台600平方米演播大厅播出节目，全媒体传播效果要远远好于户外和声场条件不好的场所，确保活动圆满成功。江苏人民广播电台、徐州广播全场直播，中国江苏网、中国淮海网网络直播，徐州各县市区转播。把电视直播改成录播，江苏电视台、徐州电视台录播报道，最大限度减少不可控的因素。省台广播、电视在徐州暗访的问题在活动前是保密的，因此要求各地梳理排查问题，做好充分准备，把这次活动办成全市作风建设自查自纠、稳步推进的活动。四是全市组织广播收听，网络收看和即时互动，推动全市行风热线工作走向深入。

2012年7月20日，主题为《关注民生幸福　建设美好徐州——市长与百姓沟通零距离》的省市政风行风热线“四位一体”联动直播徐州站活动启动，活动过程中，12345政府服务热线和市行风热线80809393接听群众热线电话260个、接入现场2个，收听收看江苏电台、电视台、徐州电视台采访的问题，《新华日报》、中国淮海网记者以及市民代表提问共10个，共受理问题272个，市长朱民、副市长王昊现场回答问题或表态发言4个，直播现场的政府职能部门负责人就反映的民生问题现场办公，承诺限时解决的9件。就省广电记者暗访曝光的骆马湖河道非法采沙问题和邳州农村桥梁建设问题，直播现场电话连线新沂、邳州市政府，要求现场办公解决问题，新沂、邳州政府负责人做出承诺。整个节目一小时四十分钟，徐州各地群众表达了在教育、计生、环保、城管、饮水、出行、拆迁等诸多方面的民生诉求，政府部门展示了急民所急，现场办公，有所作为的亲民形象，受到江苏省纪委、省纠风室领导的高度赞许，认为是政风行风热线工作一次创新之举。

在活动准备过程中，从立项到外出学习观摩，到进入实战，历时2个月，徐州市纪委、纠风办多次召开工作协调会。徐州广播电视台成立活动领导小组，广播、电视、网络、技术、大型活动等各相关部门也组织骨干力量，各司其职，各负其责，倒排工期，有序推进，保质保量完成了上级交办的任务。这次活动成为徐州广电资源的一次大整合，成为广电技术协作的一次大练兵，成为广电队伍跨专业、跨媒体融合的一次大展示。经过这次活动历练，广电资源整合达到一个新的水平，广电队伍的业务素质也获得较大提升。

活动结束后，各单位对 272 个问题精心梳理，分解责任，加快落实。各媒体围绕群众关心的热点难点问题，及时跟踪督办，形成比较高效的联动监督机制。市纠风办要求市县各级部门对行风热线联动直播活动中的来信、来访、热线电话、微博、微信、上网投诉等不同形式的群众诉求，全部纳入诉求办理范围，针对群众反映的每一个问题，做到“一账两明确”，即建立一个明细台账、明确负责领导和具体办理人员、明确办结时限和答复反馈清单，办理情况和办理结果及时反馈，事事有回音，件件有落实。江苏电视台曝光的骆马湖河道非法采沙问题，徐州、宿迁两地建立专门协调机构，开展专项治理，有效遏制了非法采沙行为，大部分涉及民生的疑难问题得以解决。

徐州活动组织严密、收放自如，张弛有度，取得空前成功，并成为省市政风行风热线联动直播活动的新模式，在全省推广，延续至今。

2014 年主题为“发力五大行动、建设美好徐州”省市政风行风热线联动直播活动再次走进徐州，节目形态结构完全照搬 2012 年的徐州模式。3 月 28 日上午，徐州市委副书记、市长朱民，徐州市委常委、副市长王昊带领 27 名主城区区长，相关部门“一把手”，走上徐州电视台演播大厅直播席。江苏省监察厅副厅长刘井石，省纪委党风政风监督室主任徐大勇，徐州市领导陈志扬、李君超、陈新生等列席整个直播活动。泰州市、淮安市、宿迁市监察机关、广电媒体代表现场观摩。

一个半小时的直播中，场外共接到 172 个听众反映的问题。对此，市长朱民表示，把 172 个问题带回去，一一梳理，交办职能部门，做到件件有回音。

刘井石在讲话中说，徐州市委、市政府、市纪委高度重视政风行风热线建设，多项工作走在全省前列。希望徐州市各地各部门认真办理直播活动中群众反映的问题，防止一些问题纠而复发。各级纪检监察机关要按照中央纪委转职能、转方式、转作风要求，加强监督检查，强化责任追究，切实提升为民服务水平。

徐州模式，或许是对《行风热线》直播室形态的一种提升与回归，行风热线“四位一体”集全媒体传播于一身，提升了传播力和影响力，上线形式从户外回归到便于互动、优于传播的电视演播大厅，其实质是规避了所有不可控的意外因素，集中要素实现融媒体传播，搭建一座省市县三级联动为民解困的信息台和指挥所。由江苏省纪委推进的省市政风行风热线联动直播工作，力度空前、效果空前。徐州行风热线由此进入上接省台、联手县台，直播加活动全面推进的新时期。

（三）民主评议活动的集中评议新形态

民主评议是纪检监察工作的重要部分，政风行风热线从一开始就是民主评议工作的重要平台。从徐州万人评机关，强化软环境建设，到实施“百姓办事零障碍”工程，从民主评议部分职能部门对其基层站所明察暗访，到“四位一体”评议政风行风创新行动，徐州行风热线无不参与其中，成为重要的媒体监督平台。

2013 年，江苏省纪委印发《全省纠风工作要点》，要求对 12 家经济和社会管理部门进行重点评议，实施“四位一体”评议政风行风创新行动。各地组织 12 家职能部门在行风热线平台上作公开承诺，通过声、屏、网、报进行广泛宣传，市、县、镇三级联动，依靠人民群众对参评单位进行公开民主评议，推动各级各单位自觉改进作风、提升服务水平。行风热线“四位一体”各平台，自始至终参与评议工作。

6 月 8 日开始，徐州市纠风办迅速展开“四位一体”评议政风行风创新行动。评议对象为：徐州市发改委、经信委、科技局、财政局、人力资源和社会保障局、水利局、农委、商务局、文广新局、中小企业局、农资局、农机局 12 家单位及其基层站所、服务窗口。评议内容包括五个方面：改进作风方面是否严格执行中央和省、市改进工作作风、密切联系群众各项规定，加强调查研究，改进会风文风，厉行勤俭节约；是否存在有令不行、有禁不止等问题；依法办事方面：是否严格按照“两个习惯”的工作要求，主动接受监督，坚持依法用权；是否切实转变职能，依法履行经济建设和社会管理职责；财政资金尤其是民生专项资金管理使用是否规范；有无敷衍失职、执法不严、办事不公，以及不作为、乱作为、慢作为等问题；服务质量方面：是否认真实施百姓办事“零障碍”工程，服务发展、服务基层、服务群众主动性是否有新的提高，审批或管理流程是否进一步优化，效能是否不断提升，是否存在办事靠关系、搞门道等问题；政务公开方面：是否坚持让权力在阳光下运行，对涉及群众、企业切身利益的事项是否做到应公开尽公开，有无暗箱操作、弄虚作假等问题；清正廉洁方面：是否严格遵守《中国共产党党员领导干部廉洁从政若干准则》等各项规定，做到干部清正、部门清廉，有无以职以权以业谋私、徇私舞弊、吃拿卡要等问题。

评议分为五个阶段：一是通过动员部署，参评单位通过广播、电视、报纸、网络等媒体向社会作“改进作风、优化服务”公开承诺。二是参评单位自查自纠，通过参与行风热线、深入基层座谈走访，排查作风建设中存在的问题和不足，结合《行风热线》节目中群众诉求答复处理情况，选择 1～2 个民生热点问题进行重点整改。同时，在中国淮海网集中公布，接受群众监督。三是明察暗访阶段，徐州市纠风办组织党风政风监督员、特邀监察员、政风行风监督员、行风热线记者明察暗访，深入调查了解参评部门和行业作风建设情况，及时督促整改突出问题。四是集中评议。五是整改反馈阶段。对于评议过程中发现的突出问题认真整改、及时反馈，并举一反三，健全完善制度，积极推进服务标准化建设。

最重要的部分是集中评议，按照自下而上逐级开展的原则，乡镇、办事处以现场直评为主，县级利用已有《行风热线》开展集中评议，借助省市政风行风热线联动直播的徐州模式，2013 年 12 月 3 日，市级集中评议安排在徐州电视台演播大厅进行现场公开评议，“四位一体”公开评议程序主要包括参评部门汇报、电视短片通报明察暗访情况、现场质询、投票、公布结果、专家点评、参评部门表态等 7 个环节。

参加集中评议的代表主要由服务对象及人大代表、政协委员、党风政风监督员、特邀监察员、政风行风监督员、媒体观察员等组成，不得少于 100 人，其中服务对象占比不少于 50%。

群众评价分“满意、比较满意、一般、不满意”四个等次，分值系数分别为 1、0.8、0.6、0。下级评议结果在上级部门综合评定中占 60% 的权重。计算公式为：

各参评单位群众满意度＝(“满意”票数×1＋“比较满意”票数×0.8＋“一般”票数×0.6)÷(总票数－废票数)×100。

各单位综合评定结果＝群众满意度〔本级满意度(30%)＋下级满意度(60%)〕＋日常考核(10%)－扣分。

12 家参评单位负责人首先现场汇报工作，播放明察暗访电视短片、评议员现场质询、投票、公布结果，专家点评、参评部门表态 7 个环节产生最终评议结果。评议活动专门邀请中国矿业大学文学与法政学院党委书记杨思留教授、徐州市委党校经济管理教研室主任张凯教授两位专家现场点评。江苏省纪委监察厅高度重视这次集中评议，省纪委严华主任、洪建处长亲临现场指导，省有关厅局领导也来到评议现场观摩，徐州市领导陈志扬、赵保华、漆冠山、陈新生等参加活动。在活动进程中，场外群众通过淮海网留言，登录无线徐州手机客户端、徐州行风热线微博与参评单位代表进行网络互动、点评。集中评议活动顺利进行，徐州行风热线活动实现了新形态、新跨越。

民主评议结果纳入党风廉政建设责任制、惩防体系建设、政府绩效和机关作风建设考核，与相关部门单位负责人考核奖惩挂钩。对排名靠后、群众满意度较低的单位，主管部门将约谈其主要领导。

这是江苏省市政风行风热线“四位一体”联动直播机制建立以来，开展得规模最大、规格最高、集中展示力度最大以及传播力、影响力最为深远的一次民主评议活动。也许这种模式会成为工作常态。

此外，徐州电视问政节目《对话一把手》栏目定位为：集公开述职与民主评议为一体的对话类节目，2013 年共 47 家单位“一把手”走进电视演播室，向全市汇报履职情况，并接受群众咨询与民主评议，切实回应群众关切，解决民生诉求，成为徐州民主评议政风行风的又一工作亮点。

四、徐州电视问政《对话一把手》

武汉《电视问政》节目,成为广播行风热线开播后,又一波及全国的重大媒体创新事件。徐州《行风热线》也学习借鉴了武汉《电视问政》的节目形态,2013 年 2 月 8 日,徐州《行风热线》电视问政节目《对话一把手》开播。

在徐州广播电视台上报徐州市纪委、监察局、纠风办的报告《"对话一把手"构想》中,把《对话一把手》栏目定位为:由徐州市纪委、市监察局等主办,徐州广电传媒集团协办,一档集公开述职与民主评议为一体的对话类电视节目。

《对话一把手》的栏目设想为:一是"一把手"走进电视演播室首先开场 2 分钟发言,对过往成绩以及今后工作目标的阐释亮出承诺,汇报履职情况,二是通过观看电视台暗访的电视短片反映问题,并由主持人提问质询,现场解答。三是邀请代表到现场向"一把手"提问,并互动,其中话题设置 70%事先沟通告知"一把手",30%为现场发挥的问题,要求"一把手"现场明确回答,以增强节目真实感和吸引力,四是场外观众互动,通过网友留言互动、微博、微信文字与语音提问,也要求"一把手"现场回答,对解决问题限时承诺。最后考虑网友打分环节。节目采取演播室访谈形式,节目时长:每集 25 分钟左右、半月一档,节目播出形态:电视录播、网络文字、图片直播、淮海网、无线徐州全程介入。主席台席位:上线单位"一把手"以及相关部门负责人,观众席位:部门科室人员占一半,基层社区工作者、市民代表共占一半,其中包括 2～3 名专家。

在设计问题时,考虑以"考试"方式进行。按环节步骤分为阐述题、曝光题、解答题、选择题。按节目播出日期分为:半月考、期中考、期末大考。半月考:每期考试设一个主题,以部门职能为切口,围绕市民日常关心的焦点,如中小学布局规划、轨道交通、高架规划、简化审批手续、户外广告设置、建筑立面色彩等问题,与广大市民交流。期中考、期末考:以行风、政风问题为切口,围绕部门做出的承诺,共分为问作风、问执法、问服务、问管理和问环境,集中对一批部门进行访谈,一些易于解决的问题,当场承诺,限时解决。一些难点热点问题,不回避,给出改善工作的思路或整改意见。所有问题通过媒体预告有奖征集,对针对性强、角度好的问题和建议进行奖励,并在电视、网络、职能部门网站公布。

徐州电视问政《对话一把手》最终设计为,市纪委统一安排,每周邀请一家职能部门的"一把手"走进演播室,与百姓"零距离"沟通交流,帮助解决损害群众利益的突出问题。群众代表参与节目、提问、打分等设想,也简化为主持人访谈形式,依据事先录制的暗访短片提问,上线领导回答。电视问政《对话一把手》做到事先充分沟通、准备工作充分,简化对话场景,采用录播形式,创新徐州电视问政类节目形态,取得较好的社会效果。

2012 年 12 月 26 日，徐州市纠风办发布《关于进一步做好 2013 年行风热线“四位一体”工作的通知》，明确要求，电视要全面做好改扩版工作，确保“对话‘一把手’”专题访谈节目的质量和水平，打造全省首家实现周一至周日每周七档的市级台。同时针对电视栏目，提出各上线单位的上线人员要身着正装，有制服的单位要统一着制服，语言要力求标准，谈吐要文明礼貌，对话要平等宽容，态度要积极诚恳，举止要端庄大方，解答问题要耐心周全，不得回避和拒绝现场所反映和投诉的问题，不得出现“上线热、下线冷”的现象，不得有上线期间看稿子、递纸条、接打手机、着装不整、抓耳挠腮等不雅行为，树立部门和行业的良好形象，不断提升行风热线上线质量。

通知附件中除《2013 年市级行风热线“四位一体”工作上线单位时间安排表》外，还列出《2013 年市级行风热线电视专题访谈节目〈对话一把手〉档期安排表》。

2013 年 2 月 8 日，徐州电视台行风热线周末特别节目《对话一把手》开播。第一期节目重磅推出徐州市委常委、市纪委书记陈志扬和市纪委副书记、市监察局局长刘章华走进演播室，就开播《对话一把手》的意义、2013 年市纪委在抓党风促政风行风的具体措施、如何打造民生纪检、实施“廉政实事”工程等话题进行了专题访谈。

应该说，徐州行风热线推出电视问政节目《对话一把手》意义重大。一是徐州《行风热线》创新节目形态，完善了“四位一体”的运作机制，凸显了电视媒体的影响力。

2013 年，全新改版后的电视“行风热线”播出时长从 15 分钟增至 20 分钟，从周五档变为周七档，在全省居前列。这次推出的周日特别节目《对话一把手》更是改版后的新亮点，开创了徐州市级行风热线电视问政节目的先河。

在徐州市纪委的大力推动下，2013 年全年有 47 个职能部门和单位的“一把手”上线，每周走进电视演播室，对话内容涵盖市民日常生活的方方面面，帮助解决损害群众利益的突出问题。

二是直接对话“一把手”，舆论监督力强、解决问题力度大，节目公信力大增。《对话一把手》相继播出了《对话城管局曹东伟局长》《对话旅游局雒永信局长》等节目，短时间内在社会上、在行业内部引起反响强烈。其中，《对话一把手——对话城管局曹东伟局长》节目中，对于“徐州市区大庆路两旁占道经营存在十年之久”的老大难问题，曹东伟现场做出了承诺——一周之内解决问题。节目播出一周后，记者到大庆路回访，发现这一顽疾已经得到彻底的解决。此次行动之迅速、问题解决之彻底得到了周围群众的称赞。

三是电视录播节目，内容可控，上线单位认可，传播效果好。

与武汉《电视问政》相比，徐州电视问政《对话一把手》录播节目，内容以汇报履职、亮出承诺宗旨，场景较小、现场参与节目人数也不多，没有激烈的言语交锋的火爆场景，内容基本可控，延后播出，可以修改剪辑包装，既有较好的传播效果，上线单位领导也容易接受，利于沟通协作，成为电视媒体与政府职能部门合作共赢的项目典范。

与武汉《电视问政》相比，徐州行风热线《对话一把手》把直播改为录播，增强了内容的可控性。但是，也使节目失去了直播中的悬念和受众的心理张力，受众对内容的设计场景没有期待，平稳的节目流程，波澜不惊，也使《对话一把手》节目很难产生电视直播的火爆效果，从而强烈吸引受众参与其中。

《对话一把手》节目没有完全借鉴武汉《电视问政》最精华的节目构架，更倾向于南京《向人民汇报》的节目形态，而不是武汉《电视问政》的问责治庸，内容设计为汇报履职、亮出承诺，使节目内容流于工作汇报，平淡无奇，不利于发挥电视传播优势。尽管电视短片暗访问题可能比较尖锐，现场代表提问互动话题设置70％事先沟通告知，30％为现场发挥题，现场也会有诘问、有追责，可以想象，这些增强节目真实感和吸引力的部分在电视录播状态下，只是认真完成一个过程，不可能有悬念，并且剪辑播出前要征得上线单位认可，因此播出内容不一定以原生态呈现在播出的节目中，这也令《对话一把手》节目的传播效果和吸引力大打折扣。

即便是南京《向人民汇报》的电视直播节目形态，也有人对暗访专题片的传播效果提出质疑，如果上线单位事先了解暗访内容，就会事先从容做出圆满的标准答案，直播节目呈现过程，就失去了突然性和期待感。事实上，暗访的内容很难保密到直播节目开始后，因此上线单位在直播中的互动，会被认为在演戏。南京的做法是，安排电视记者在现场连线，这种即时传播的画面是原生态的、真实的，但是从不同地方实时连线，同步直播，大大增加了一场节目的经济成本和人力成本，导致这种直播不可能频繁地、常态化地进行，而且电视直播还有诸多不可控的因素，导致经济成本和政治风险大增。

电视是真实的图像记录者，是“眼见为实”的证据生产者，因而成为社会影响力的放大器，在当前的政治语境下，电视的舆论监督比“只闻其声，不见其人”的广播媒体要艰难得多，更何况武汉《电视问政》是在市委主要领导的直接安排下，在当地人大、政府、纪委各项配套政策的强力推动下实施的，徐州行风热线《对话一把手》只是基于电视媒体创新行风热线节目形态，创新电视舆论监督形式的背景下，一次谨慎而认真的探索而已。但是，徐州电视问政《对话一把手》具有的传媒意义必将丰富和深化徐州行风热线工作和徐州广电发展史。

第四章　全媒体时代的舆论传播

第一节　舆论及传播要素

一、舆论的形成与扩散

（一）社会舆论的形成

当社会事件发生时，总会在不同的社会群体中引起不同的认识、产生不同的心理反应。这些汇流一起，就形成舆论。

社会群体中的个人，基于自己的利益，对某社会事件，自发地表达自己态度并相互传播，相互影响，就会凝聚成引人注目的社会舆论。一些政治集团或权威人物，提出某种主张或号召，并引起广泛共鸣，也可转化为社会舆论。这两类舆论形成过程可以相互转化。

社会舆论仅存在于街谈巷议，其影响是无力的，而在报纸、广播、电视、网络等大众传媒上广泛传播，唤起社会关注和意见集聚，影响人们的思想和行动，才能形成力量巨大的社会舆论。由是可知，舆论是新闻的重要内容，新闻报道是舆论传播的主要方式。大众传媒是社会舆论的载体，舆论与新闻相互应，密切相关。

舆论没有强制性，不能代替行政权力机关的发号施令。但是，社会舆论能够引导人们的思想和行动，影响公众的价值判断，有时成为一种“道德审判”的力量。历史实践表明，更多时候，社会舆论更真实地反映人心的向背，甚至左右局势的发展。

（二）舆论的扩散和调控

社会舆论的“生命历程”包括：酝酿，即生成阶段；在一定范围传播扩散，形成公众意见；最后产生社会影响，完成舆论目标。

保罗·拉扎斯菲尔德带领一个研究小组以 1940 年美国总统竞选为对象，就大众传媒对政治行为的影响进行研究。结果发现，大众传媒讯息并不是直接对选民产生影响的，而是先到达某个群体中的舆论领袖，然后再由他们，把自己读到、听到的讯息传递给群体的其他受众成员，这个过程就被称为“两级传播”。保罗·拉扎斯菲尔德对舆论扩散过程提出的“两级传播”理论，粉碎了早期传播学者认为大众传媒对受众的作用所向披靡的神话。

保罗·拉扎斯菲尔德提出"两级传播"的舆论扩散理论认为,有效的传播应先集中于社会公众群体以及舆论领袖。而"枪弹论"、"魔弹论"或"皮下注射论",对传播过程的分析过于简单,这种唯意志论观点过分夸大了大众传媒的力量和影响,忽视了影响传播效果的各种客观社会因素,也否定了受众对于大众传媒能动的选择和使用能力。

"两级传播"模式提出后,学者又对"两级传播"理论进行批评研究,认为"两级传播"理论只适用于舆论扩散过程的某些阶段,并不适用于全过程。大众传媒的影响力必须依赖于人际关系和社会传播网络的共同作用。所以,有效的传播应该把注意力首先集中于社会公众群体、它的结构以及舆论领袖。

因此,在"两级传播"理论的基础上,一些学者提出"多级传播"模式:把传播看成一种多级流程或全体制流程。现代信息社会中,社会舆论总要受到大众传媒直接或间接的巨大影响,而社会上每一个人,也总是在某种关系中,在某个问题上成为社会舆论的接受者或者传播者,只是影响大小程度不同而已。

罗杰斯和休梅克提出的"创新—扩散"模式,从具体、微观的角度描述新观念的扩散过程,与舆论扩散过程不谋而合。因为舆论传播之初总是以新观念的面目出现在社会大众面前的。

罗杰斯和休梅克将新观念扩散过程分为四个步骤:一是知晓,受众个体知道了新观念的存在,并对其内容、功能有所了解;二是说服,在对信息内容充分了解的基础上,人们开始从自己的实际情况出发权衡和评价这一信息,形成一种赞成或反对的态度;三是决策,在得到更多信息的基础上,经过深入思考,做出决定,是否接受新观念;四是确定,若新观念被证明可以接受,受众就会受其影响采取相应的行动,否则,就可能放弃这种观念。罗杰斯和休梅克的"创新—扩散"过程是一个学习、改变态度、做出决定的过程。

从舆论扩散的观点看,舆论形成之初,只有小范围的少数人对某个社会问题形成意见和态度。随着舆论的辐射范围不断扩大,更多社会公众对舆论内容有了明确了解。舆论扩散的第一步就是使更多对舆论内容的不明就里的"潜在公众"转变为对舆论内容有明确了解的"知晓公众",完成这一步骤的可能是大众传媒的传播,也可能是传播的速度更快的人际传播。

大众传媒的主要功能是告知,在舆论扩散中,社会大众更多地转向大众传媒寻求舆论内容。由于在年龄、文化层次、社会地位等方面的差异性,对同一问题的看法总会产生分歧。这是因为生活在不同的社会组织里或者不同价值观的社会人际交往的圈子里,舆论传播也常常被局限在一定的范围内,不同的生活背景的受众对舆论的不同理解及不同的价值判断也会意见分歧、争吵甚至对立。要凝聚舆论传播中的统一认识,必须经过人际传播渠道,特别要借助社会公众之中那些资深博见、社会联系深广的或者在某行业领域具有权威性的舆论领袖，以增强的影响力和传播力。

传播学者张隆栋在《大众传播学总论》一书中指出，人际关系在社会群体内部构成了一个传播网络，而且形成一种统一的群体规范，在群体中个人有着顺从群体意见的社会压力。在这个群体规范中，舆论领袖的作用尤为重要。在舆论传播史上，对社会历史产生重大影响的舆论扩散过程几乎都有舆论领袖在其中发挥重大而特殊的作用。这些舆论领袖就是历史上的“伟人”。

那么，舆论传播总是基于特定目的，为影响他人的观念、态度和行为而进行的，有组织的说服性传播活动就是宣传。拉斯维尔认为，“广义的宣传，就是运用种种表态方式以影响人们行动的技术”，这个定义更为强调宣传的技巧性。宣传是通过大量传递说服性信息而进行的社会动员活动，是政府、政党、社会组织的舆论的传播过程，包括了舆论的完整流程，即在社会变动中产生的某种信息，通过一定的传播渠道扩散开来，获得一定范围的信息接受者，形成大多数人所公认的意见，并对社会事件产生影响，直至问题解决。

就舆论宣传的社会功能而言，舆论是实施社会控制的杠杆。社会成员通过广泛参与社会管理，通过参与舆论传播实现了为行政决策提供准确的依据，社会决策者通过舆论获知社会危机，了解危机程度，准确把握社会整体意识，然后制订出相关的政策法规。这导致行政决策者必须倾听大多数社会公众的意见，洞悉人心所向，任何无视社会公众的意愿的决策都是对社会系统的致命破坏。为达到社会控制的目标，行政决策者需要在舆论反馈的基础上对社会系统的各要素进行协调，同时引导社会舆论的方向，进而形成的有效的制度，以便直接发挥社会控制的作用。

舆论的表达不仅能提高社会成员的归属感，表现个人的自我价值而且通过对公众舆论的认识和接受，表明了自己在社会系统中的位置和作用，如党派立场、宗教观点、社会地位、教育程度，并以自己的方式影响着社会。但是，在个人层面上，舆论通常体现为个人所属社会群体的规范，从而引导个人的行为取向。

舆论发挥其社会控制功能，在宏观上，必须要建立一种制度，充分发扬民主，确保社会传播渠道的畅通，确保下情上传，上情下达。要根据社会总体目标引导社会舆论，对正确舆论进行正面宣传，对错误舆论加以抑制甚至抛弃。当一种正能量的舆论需要在社会中扩散时，通过社会组织开展讨论或传达，一般容易把握舆论传播的走向和状态。通过控制舆论领袖的言行，进而把握一般社会大众的舆论价值取向。

社会舆论的多样性是客观的，但是，社会的进步和发展，必然要求决定社会舆论的一致性的，能够代表社会主流的舆论。舆论一致性，是指涉及根本问题的舆论能为绝大多数人接受，能引导绝大多数人的思想和行为。在中国，带有根本性质的舆论一致性为：坚持四项基本原则，即坚持社会主义道路，坚持无产阶级专政，坚持共产党的领导，坚持马克思列宁主义、毛泽东思想，同时，人民群众对各个具体问题发表不同意见，形成不同的社会舆论。通过比较、认知、选择和引导，逐步形成有利于人民、有利于社会主义核心价值的主流舆论，这是社会主义民主的体现。

主流舆论是多数社会公众对关乎国计民生的重要议题的一种正向舆论，它反映社会发展趋向，并对社会发展进步产生决定性影响，是积极的、进步的、正向的、建设性的、以人为本的舆论。一般而言，主流舆论担负着阐释国家政策和社会目标的使命，为国家发展和社会进步提供强有力的舆论支持。舆论没有强制性，不能代替行政权力机关发号施令。更多的时候，社会舆论更真实地反映人心的向背，影响着人们的思想和行动，甚至左右局势的发展。历史实践表明，舆论是政治集团行动的先导，18 世纪席卷欧洲的启蒙思想运动，20 世纪马克思列宁主义在中国的传播，开创了中国新民主主义革命和社会主义革命的崭新局面，革命舆论功不可没。

（三）舆论操纵与舆论领袖

舆论的形成是对个体意见进行加工，最终影响社会的过程。对舆论的形成主要有两种观点：理性模式和非理性模式。两种不同的模式决定了对舆论传播方式的不同推论。理性模式认为，人类是理性的，有较强的分析理解能力，只有获得大量的、完整的、有说服力的信息，才能做出明智的判断，形成态度和意见。非理性模式认为，人类个体是非理性的，理解能力、分析能力以及接受外来信息而形成意见和态度都极易受到环境和群体的影响。有关领域的专门知识是做出正确判断和解决问题的必要条件，况且现代社会具有高度的组织化，没有被统一组织起来的社会舆论，很难形成强大声势和权威的力量。因此，操纵比讨论更重要，这就是所谓的“舆论操纵模式”。“立体型的认知—组织领袖对符号的操纵—情绪统一”模式。

保罗·拉扎斯菲尔德指出，社会的各种利益集团常常通过大众传媒实行社会控制。舆论操纵者在对受众深入分析、全面了解的基础上，瞄准舆论传播的特定受众，并确立明确的目标，然后制作有强烈吸引力和说服力的信息，通过大众传媒传播出去，达到改变受众态度的目的。这正是现代公共关系的沟通方式。

在西方社会中，在主要权力结构中占据着显要地位的社会组织，减少了对公众的直接宣传而转向利用大众传媒进行“公共关系”的宣传。以此，各种利益集团、社会组织在舆论形成过程中的中枢作用日益显著，在现代社会日益成为一个巨大的传媒市场的背景下，各种利益集团操纵大众传媒，操纵舆论的作用也日益显著。

拉扎斯菲尔德在研究决策行为时发现，个人影响比任何一种大众传媒都更为经常、更为有效。就信息的接受者而言，受众群体有“舆论领袖”和一般受众，即领导者和追随者。舆论领袖不是行政领导，他们仅仅与舆论传播所涉及的社会某领域相联系，或是公共事务方面的舆论领袖，或是流行趋势方面的舆论领袖。某一领域是的舆论领袖，在另一个领域中未必能成为舆论领袖。在社会群体中，谁领导，谁追随，关键在于涉及的内容和领域。

舆论领袖是什么？在领域中被公认为见多识广，居于领袖地位的，具有较强的沟通和影响他人的能力，比一般受众群体能够更多地接触社会群体之外的社会环境，更多地接触各种信息来源，是群体其他成员的信息来源，而社会群体中一般受众与舆论领袖同属于一个群体，诸多属性相同，这正是舆论领袖进行舆论传播的重要基础，这也是舆论领袖产生、存在的根本原因。一些学者称这种共同性为“同根相似”，就是说舆论领袖和一般受众在信仰、价值观、教育、社会地位等方面都有相似性，由于一般受众受到生活范围、信息来源和知识经验的限制，对某些社会问题不如舆论领袖敏感，因而其个人态度往往是不明朗的，需要别人引导，有较高信誉度的传播者在舆论扩散过程中更容易达到目标。

二、全媒体时代的舆论传播形态

（一）新媒体舆论传播的特性

全媒体传播时代，网民在互联网上任性地发表自己的意见和主张，勇于争论和批判，因为网民无须在互联网上公开真实身份，这种传播方式降低了参与者“因言得咎”麻烦和风险。网络舆论传播具有隐匿性特点，源于网络传播的虚拟性。网络传播，对每一位网民都是平等开放的，每一位参与者都能以平等身份进行网络讨论，同时，这种隐匿性也大大弱化了传统的大众传播“把关人”的角色和权力，网络传播不可避免地充斥着各种虚假信息、不良信息和别有用心的谣言。

规模庞大而分散的网民在互联网上发表各种言论，对社会热点焦点问题，形成多个意见群体，网络民意的力量集中体现在很多事件中，网络监督、网络维权大行其道，是社会民主进步的明证。但是，网络民意监督事件过程也是一把双刃剑，一方面舆论压力使不少无良官员得以处理，推动事件的良性发展，但在很多时候，网络民意过度发展，成为“绑架”媒体、煽动民愤，甚至直接干预事件结果的“网络审判者”，造成“网络暴力”，给当事人正常生活造成不良影响。

网络舆论传播初期，主要是引用报纸、广播、电视等传统媒体的报道，社会舆论的发生与传播往往被传统新闻媒体的议程设置所主导，网络舆论传播也是通过与传统媒体深入互动，推动事件的发展。随着网民数量激增，这种格局大有改观，互联网传播信息的互动性、匿名性等特点规避了传统的新闻传播媒介“你传我受”的单向传播模式，又以其更加碎片化、便捷性的传播特色成为引导舆论的新阵地。网络舆论传播开始发挥主导作用作用，传统媒体开始被动呼应网络中“爆料”的舆论，引发大范围舆情。

互联网对时空的跨越，突破了地域的限制，实现了信息瞬间生成、瞬间传播、实时互动和高度共享，使传统媒体中“沉默的螺旋”不复存在，互联网包容性、共享式传播的特点，使各种思想、观点、意见都得以在网络中传播。

中国社会科学院新闻与传播研究所主编的新媒体蓝皮书《中国新媒体发展报告(2014)》指出，2013年以来，中国新媒体发展进一步呈现移动化、融合化和社会化加速的态势，微传播成为主流传播方式。基于移动互联网的微博、微信、微视频、客户端大行其道，微传播急剧改变着中国的传播生态和舆论格局。传统媒体和新兴媒体正在加速融合。传统媒体纷纷推出新媒体战略，拓展传播空间，而新兴媒体凭借技术优势整合传统媒体资讯再传播，新媒体引发又一轮传媒革命。

舆论微传播基于更加开放、个性化的社交平台，对线下的行为影响力加大，更多的网民开始热衷于走到线下的现实空间继续关注和推动事件发展。这种由网络虚拟空间走向社会现实空间的做法，在缺乏有效的正确引导时，可能产生的潜在的巨大破坏力。这要求政府信息更加公开透明，有效利用主流网站、公务微博、主流微信公众号，凭借权威性和品牌优势，对于信息接受者的态度和行为施加影响，使各种意见“下情上传”的渠道畅通。面对网络传播舆论的多元化，要强调主流舆论的一致性，网络民意需要主流舆论引导，构建表达民意和理性交流的网络公共平台，增强舆论监督的公民意识与批判性，推进了民主政治进程。

新中国的新闻媒体从一开始就被定为党的喉舌和思想文化宣传工具，成为一种与政治相连的意识形态阵地。大众传媒为舆论进行议程设置时，会自觉地把党和政府的方针政策放在第一位，为舆论提供反映主流意识的标准化意见，承担着以国家意志、意识形态的教化职责。改革开放以后，我国的大众媒体在大的原则和方针上始终担负“上情下达”的重要任务和国家意志、意识形态的教化职责。

在互联网上，每个人都可以成为舆论的主体，既可以是信息的接受者和评论者，也可以是信息的制造者和传播者。这使“下情上传”的网络舆情传播渠道畅通，有利于舆论监督的有效进行。“舆论监督是媒介监督和某种程度的媒介履行公共政治权力被混淆起来的统称”。

改革开放以来，“舆论监督”的概念多次出现在中央党代会的政治报告中，表明党和国家对舆论作为第四种权力的重视。要求我们加强网络主流舆论的引导和舆论监督体系建设。通过舆论传播、舆论监督来增强公民意识与批判精神，使我国的舆论既是社会监督公权力和遏制权力腐败的“利剑”，又是保障和庇护社会公民私权不受非法侵害，维护社会公民权益的"盾牌"。

梁启超指出，舆论是政治、政体之基础，舆论若要对民主政治有所贡献，必须将自身转变和成长为健全的舆论，而健全舆论之形成，则有赖于向导者和民众之诸种心理条件。可见，有统一思想的社会心理特征，有大一统的民族舆论特性，有自上而下主流舆论的引导，我国舆论一致性的舆论传播格局在全媒体传播时代依然坚如磐石，仍然在强力推进我国民主政治的进程中发挥重要作用。

在全媒体时代，主流舆论的引导与社会心理的包容性有利于大众传媒与舆论的互动。首先是大众传媒的舆论导向问题。"报纸或许不能直接告诉人们怎样想，却能告诉人们想什么"，因此，大众传媒的"议程设置"重在对社会信息形态的不同表现进行正确的舆论引导，这有利于舆论传播的理性化、多元化。主流舆论一方面通过全媒体传播合理表达自己的声音，一方面克服国民的惯性思维，多一点冷静，少一些冲动；多一点理智，少一些盲目。用主流舆论引导网民不断增强法制观念和自律意识，增强沟通与对话的理性程度，从而使互联网真正成为进行交流和表达民意的空间和平台。

（二）广播舆论传播的独特地位

广播具有其他媒体不可比拟的独特传播优势，因而在全媒体时代的舆论传播中具有独特地位。

从产业格局上看，2003 年到 2006 年是中国媒介格局发生重大改变的时期，新媒体异军突起，市场份额从 2003 年的 7%升到 2006 年的 21%，更有后来居上之势。相反，传统媒体都深刻感受到网络媒体冲击下这份秋寒：报纸、杂志下滑严重，电视增长乏力，传统媒体只有广播逆势增长 13%。传统媒体大有"萧瑟秋风今又是，换了人间"之叹。

从媒体的发展角度看，广播的逆势增长是必然的。网络新媒体横空而出，其传播特性正好弥补了广播的短板，成为广播大展宏图新的传播平台。广播的数字化、网络化传播，打开一扇融媒体发展之窗，成为影响广播受众的新手段，广播一旦融入新媒体，未来发展可期。

新媒体中特别有影响力的，一是互联网广播，一是移动广播。中国媒介格局中增幅最快的就是移动媒体。手机大概是未来唯一一个绝大多数时间跟随个人的媒体，这就意味着手机可能是所有传统媒体都想登载的平台，而音频是最便捷的，带宽占用少、内容很容易交互，所以很多人持这个观点，手机，特别是智能手机将是下一个广播平台，而且是最具活力的平台，所以手机广播是我们未来要特别关注的新的媒介消费形态。

广播传播的音频是声音和音乐，而这些通过互联网、手机等不同的承载音频的新平台之间转换非常便捷。在所有的传统媒体中，广播是最适宜数字转化的媒体，因为其成本非常小、传播关联度高。广播媒体，只要把握住自己核心的优势：作为唯一的非视觉媒体，伴随性收听是广播的“看家”优势，因为它解决了人们生活快节奏中可以“一心二用”的问题；对所有预知和未知的重大事件实现最短时间内的插播和同步直播，做到“快”；充分发挥广播具有即时参与、即时回应的互动性特点优势。最后广播可以用较少的投入取得相对较大的经济和社会效益。这种“低成本”是市场经济条件下媒体竞争的最大优势。

中国传媒大学副校长胡正荣引述美国一项调查，把听众按年龄段分为12～17、18～24、25～34、35～44、45～54、55～65、65岁以上等7组，调查他们对传统广播、互联网广播、卫星广播、播客广播、MP3的使用情况，结果显示，年龄越大的听众对新平台接受得越少，年轻人对新平台接受越多，特别是25～34这一组，几乎对所有平台都接受，他们是影响社会的中坚力量和消费主体，如果注重培养他们新平台的消费习惯的话，广播未来的发展空间是非常大的。

广播不依靠画面，也许并不是的它的短板，广播给人充分的想象力，对于舆论传播中所表达的概念、观点、思想内涵、深刻的哲理等而言，语言所包含的人类智慧，超越了画面，比画面更有冲击力，“当我们收听传统广播的时候，我们可能会全身心地投入这件事情的本质所在，更能理解它的深刻含义。只要我们认为世界上还有许多事物是超越图像所能表达的，那我们就会对广播有一个更深的理解”，这正是广播独特的优势和地位所在。

（三）广播行风热线的议程设置

美国著名学者李普曼1922年在《舆论学》一书中首次提出“议程设置”概念，李普曼将柏拉图“洞穴人”的思想进行引申，认为“我们就像这些囚犯一样，也只能看见媒介所反映的现实，而这些反映便是构成我们头脑中对现实的图像的基础”。由此，李普曼提出了“拟态环境”理论，认为受众所认识的世界是由媒介参与构建的虚拟世界，这肯定了媒介影响受众的力量。

我们正处在一个信息高度发达的社会，不可能亲身参与到每一件事情中，所以想要了解世界必须要借助传播媒介，而媒介并不是消极被动地传播消息，新闻媒介不是逐字逐句地重复官员的语言，也不会按照事件真实的比例或者规模报道新闻，而是通过选择事实发布新闻，一个重大事件中，记者选择或者抛弃什么，决定于这家媒体的政治立场和编辑思想，新闻媒体强调什么，忽略什么，正是通过设置的议题的手段，来影响社会、影响受众的注意力，甚至干预受众对事实及其影响的真实判断。政风行风热线也是这样，通过选择和重点关注某一事实，来引导舆论。

（1）广播行风热线直播节目中的议题设置。

政风行风热线“四位一体”新模式延展了传统的传播渠道，增强了内容的传播力，形成了全媒体传播的格局。因此在广播《行风热线》直播节目中，主持人的角色定位仅仅是播音或者把控谈话节奏已经远远适应不了现实要求。在全媒体传播的背景下，广播行风热线主持人在组织和主持《行风热线》节目时，要具有“议程设置”的意识与实操。

广播《行风热线》直播节目议程设置的传播效果，一是设不设置《行风热线》议程，重点报道某话题是否会影响社会公众的感知？答案是显而易见的，在《行风热线》直播节目中，主持人把某个问题以及所指向的社会领域作为重点，影响和干预受众对某问题、某领域持续关注，经过直播节目为广大受众和社会舆论所关注，传播效果大有不同。

徐州《行风热线》持续关注徐州铜山区柳泉镇高皇村3名村干部截留私分低保金的问题，最终引发社会舆论空前关注。徐州市纪委、铜山区纪委成立工作组，坚决查处3名村干部，并移交司法机关，随后对全市各地规范低保户申报、低保金发放工作进行大清查，广泛发动群众举报、深入挖掘案件线索，共查处低保案件49起，给予党纪政纪处分57人，移交司法机关5人，收缴违规资金71万元，在农村产生了广泛影响，起到有力的震慑作用。

二是对某些问题蜻蜓点水、一带而过还是重点强调、步步深入？行风热线对少数议题的突出强调必然引起社会公众对这些议题的突出重视。徐州广播《热线直通车》节目“从一只羊说起”，就是议程设置的典范之作，突出强调“不依法行政导致赔偿”的结果，通过舆论监督，引导行政部门，按法办事、依法作为。

三是强调某些问题的先后次序，人们习惯先入为主。按照一定的优先次序给予事件的不同程度的报道，会影响公众对这些事件的重要性所做的判断。也就是说，大众媒体虽然无法去影响人们怎么想以及持怎样的观点，但是却可以通过对话题的选择、强调、排列去影响人们关注什么，在千头万绪的投诉线索中，主持人选择相对简单、容易处理的先做，涉及问题复杂，不是一时能解决的放一放或者转交相关部门解决，也是直播节目需要充分考虑的问题，至于涉法涉诉上访、长期的历史遗留问题等，很难短时间理清是是非非的，本着对人民群众负责、对历史负责的精神，《行风热线》节目组收下转办相关职能部门，也是唯一出路。但是，一段时间社会所关注的焦点难点问题，就是议程设置的重要内容，比如小升初择校，每年都是社会热点，都要动用很大一部分社会资源去解决，大众传媒避而不谈，社会舆论就会众说纷纭，各种传说甚至谣言就会恣意妄为，混淆视听。因此，每年暑假前夕，徐州《行风热线》都要专题安排上线内容，让热点学校的校长直接与家长通过热线真诚对话，解疑释惑，回击社会传播中的道听途说甚至谣言，让广大受众掌握政策方向，耐心引导社会舆论，切实解决优质教育资源不足与家长望子成龙心切之间的矛盾。有时候，每个小问题的解决，都是一次教育管理的进步，都是社会主流舆论推动社会进步的明证。

此外，在细节上，主持人面对受众咨询投诉的内容，面对政府职能部门的工作作风问题，语言强调的重点不同，语言表达的顺序不同，使事件在受众印象中的差异明显。这就是议程设置在主持人语言运用中发挥的巨大作用。

在广播《行风热线》整个直播节目的准备、采访、直播、反馈过程中，议程设置也是一个持续深入、不断强调重点的过程，主持人对一类话题形成持续的关注，持续的观念和观点也会影响到观众。主持人在直播过程中对某些问题强调、对嘉宾的引导、对事件逻辑顺序的安排等，能明显地影响受众对事件的印象和态度。主持人现场主持及节目配音在语气、重音、节奏上不同的处理，也在议程设置中起到重要作用，一定程度上影响了观众的注意力，以先入为主的态度，对新闻事实及其影响支持或者质疑。主持人的风格、性格也会在带有主持人个性和专业偏好色彩的议程设置的模式中，影响广大受众，这要求节目主持人在日常的工作中要注意个人形象稳定性的塑造，注意用事实去引导人，要形象生动、有重点、有高潮、让人听得明白，理解清楚，启迪思考，主持人的态度观点能深入人心，才能朝设定的方向引导人，用主流舆论吸引人，才能达到宣传目的。

因此，在广播《行风热线》直播节目中，节目主持人的重要角色就是要更多地参与节目话题的选择和编排，通过议程设置影响传播效果，让主流舆论更加深入人心。

政风行风热线广播直播节目议程设置的方向和传播价值。

《行风热线》坚持把党和政府一个时期的民生工作重点作为广播新闻的重要议题，形成自己的议题设置方向，体现出多方面的传播价值，产生了积极品牌效应。

一是《行风热线》组织节目、搭建政府具体部门与群众沟通平台，从而有效协调社会关系，这本身就是一次议题设置并实现传播价值的过程。我们处于社会结构和利益格局重新调整的社会转型期，不同利益群体诉求必然会带来多样性和复杂性的社会舆论传播，深刻影响到社会的个体与整体的统一。党和政府坚持人民的共同利益原则，同时也要强调不同阶层、集团、个人利益的合理存在，这就需要加强主流舆论引导来协调社会关系，化解不同利益群体之间的矛盾。徐州广播《行风热线》节目，每天安排一家政府职能部门上线，设置相关职能范围内的民生议题，通过接听群众热线电话，听取群众意见，回答群众咨询，受理群众投诉，推进相关问题的解决，不仅向群众报告政府职能部门的决策过程，为群众提供了发表意见的平台，方便社会各阶层的相互对话、理解、协商与合作。一些事关民生的“议题设置”通过《行风热线》平台的强调、推进，成为社会共同了解的“议题”，并引导社会广泛传播并进行讨论，形成社会讨论的“热点”，对社会发展产生积极影响，也完成了行风热线议题设置的传播过程。

二是《行风热线》议题设置牢固树立民本思想，着眼于社会问题的解决，赢得了民心，增强了广播媒体的社会影响力。

广播《行风热线》直播节目的议题设置牢固树立民本思想，更加关注人民群众的生存状态和根本利益，关注人民群众的全面发展，着眼于协助政府解决关乎老百姓切身利益的社会问题，切实为群众办实事、办好事，把群众冷暖放在心上，着力打造民心工程，强化监督，让民心工程真正落到了实处，让广大群众更多地获得实惠，更多地享受到改革发展的成果。

行风热线议题设置，引导主流舆论，监督政府职能部门和官员，以什么样的态度和效率解决这些关乎广大群众切身利益的问题，作为衡量政府部门执政理念和领导干部作风的关键，也是衡量政府机构能否以取信于民的根本所在。特别是一些教育、卫生、就业、交通出行、生活环境、食品安全和农村、农民、农业等关乎广大群众切身利益的民生问题，可能涉及多个部门，就由市纠风办牵头，会同有关部门组成调查组，15 个工作日办结，做到事事有回音、件件有落实。在促进社会顺利发展、加强社会管理、促进安定团结等方面起到了非常重要的作用，同时政风行风热线还运用批评性报道、揭露性报道的形式，反映群众的意见，揭露和遏制违法乱纪、贪污腐化及严重的官僚主义等问题，也具有非常重要的社会意义。

三是《行风热线》节目形态和“直播＋热线电话”的传播方式，实现议题设置快速展开、快速传播，容易形成中心议题，促进主流舆论传播，最大限度地体现了广播媒体的传播优势和传播价值。

广播传播速度快，覆盖集中、到达率高，《行风热线》节目形态和“直播＋热线电话”的传播方式，实现议题设置快速展开、快速传播，《行风热线》节目对民生问题的突出报道，政府官员与群众通过热线电话“零距离”沟通，这种互动方式最大限度地满足群众的知情权和话语权，保障群众舆论的充分表达，听众既是节目的服务对象，又是节目的传播主体，容易引起了社会的普遍关注并形成了舆论探讨的中心议题。这种中心议题的设置，服从、服务于党和政府工作的大局，帮助党和政府做好各项工作，解决了关乎广大群众切身利益的实际问题。成为党和政府施政的典范。集组织监督、舆论监督、群众监督于一体的创新监督形态，开创了广播媒体舆论监督的新形式，最大限度地体现了广播媒体的传播优势。

广播媒体《行风热线》的开播与报纸、电视、网络多家媒体的联动，探索全媒体传播背景下的民生议题设置，顺应了时代的需求，逐步建立起省市县三级党政职能部门与广播媒体联动、以人民群众满意作为评判标准的工作机制，体现了议题来自民间、结果赢得民心的良好的社会效果。江苏省市政风行风热线“四位一体”联动直播民生议题设置的成功实践，从传统的热线电话、电视VCR短片，到网络问政、网络反馈的新闻传播形式以及市长带领各主城区区长，直面民生难题、敢于当众承诺的现场活动中传递了多种价值追求，其所凸显民本和民生意识对整个全媒体新闻传播形态，产生了广泛而深远的影响，体现了广播媒体创新传播形态、拓展社会功能的最新成就。

《行风热线》的强力监督比主流舆论的正面引导更能在群众中产生强大的影响力和说服力，人们期盼对危害群众切身利益的行为加大了跟踪督办的力度，对不作为、乱作为、推诿扯皮、庸政懒政的单位进行舆论监督，责令其限期整改，纪检监察部门对整改不到位的通报批评，并追究其主要领导的责任。

事实上，政风行风热线十年之间，在优化政务环境、规范执法行为，强化干部队伍素质，提高依法行政的能力等方面硕果累累，由行风热线推动的相关职能部门建立完善各种惠及民生的政策法规，深得广大群众的好评，《行风热线》以“民生为本”进行议程设置，体恤民间疾苦，突出解决群众生活难题，成为全媒体时代主流舆论的策源地，在很大程度上提升了广播媒体的社会地位。

(2) 全媒体时代广播《行风热线》的议题设置。

全媒体传播时代，越来越多的舆论热点不再是自上而下的媒体出品，而成为自下而上的草根制造。在新媒体上发现话题、关注话题，反而成为传统媒体的风向标。政风行风热线“四位一体”开启了全媒体传播时代，微博微信手机客户端等“两微一端”成为新媒体传播登堂入室，在新传播环境下，广播《行风热线》议程设置也出现新变化。

——微博与广播

2009年以来，作为一种基于用户关系的信息传播、分享、获取平台，微博作为新媒体，成为舆论传播的新兴平台。在日渐式微传统媒体中，广播以其鲜明的直播优势，与微博融合互动，效应明显，成为媒介融合发展的典范。

相对于广播政风行风热线直播节目，微博应用于广播直播互动的意义深刻，首先有助于扩大广播受众群体。通过微博，主持人与受众可以实现线上线下的多渠道互动，平台与受众形成一种牢固的黏性关系。表面上看来，这只是深度凝聚了广播受众，但是广播直播中的有效信息通过受众广泛转发，形成多级传播效应。有些微博用户不是广播的受众群体，通过微博平台被动广播受众的微博信息，也会参与电台的微博互动，加入到广播受众群体中，由此，广播的受众群体急剧扩大，受众黏度也越来越高。

对广播受众而言，广播直播状态中，打进电话的机会也是极为有限的。微博与广播融合，增加受众参与节目的机会。相对于热线电话互动和短信互动，微博互动更加方便快捷，在网页上登录微博，可以免费发布和接收信息。主持人与听众的电话互动只能做一对一的双向交流，因为热线电话线路短缺，其他受众只有被拒之门外。由此造成听众心理上的失落感。

微博一人与多人交流可植入到广播直播节目中，微博与广播节目互动成为直播节目一部分，让微博留言在广播直播中展示出来，对形成中心议题，具有很大的强调作用。主持人通过对听众的微博的转发，把信息传给更多的人，从而实现舆论的多级传播。对主持人而言，微博能够提供几乎多到无限制的海量信息，通过微博浏览，听众所发送的信息一览无余，主持人通过快速检索，筛选出与节目紧密相关的话题，进行议程设置，与听众实现即时交流，在有限的节目时间中完成密集度更强的信息交换，引导舆论方向，既切合受众心愿，又丰富了节目内容。

舆论领袖在微博设置议题，引领大家展开讨论，是微博应用于广播《行风热线》直播互动的最新尝试。在广播《行风热线》节目的微博互动中，主持人当仁不让地担当了舆论领袖的职责，把星散在社会各个领域的受众组织起来，形成一个自媒体传播团队，为《行风热线》节目主题策划和议程设置提供选题和意见。主持人通常在微博上提前发布下一期的节目主题，吸引听众提供问题线索、参与讨论，交流意见，这样就可以预知道人们最关心的事情是什么？并适时地对节目内容设置进行调整和完善。主持人可以经常选择不同主题，在微博上策划发起一个引人瞩目的话题，引爆粉丝响应，吸引用户参与讨论，在经常的密切互动中培育出忠诚粉丝，通过粉丝的微博转发，让话题及讨论的范围无限延伸，尽可能扩大受众的传播范围。广播《行风热线》节目可以最大限度地利用微博的可塑性强、用户影响力大、人际传播迅速等特点扩大影响力。

广播《行风热线》节目主持人与微博受众的亲密互动是鱼水之欢，没有受众参与节目，主持人的努力就付之东流，如果没有受众提供线索和意见，节目就如聚沙成塔，岌岌可危。因此，微博为主持人与受众提供了沟通与交流的平台，也给广播节目与受众真正的互动机遇，这要求主持人尊重每一位受众，重视受众的反馈与建议，更重要的是不能忽视和冷落少数人的意见。主持人的微博要及时地刷新，否则受众会感到冷落，失去讨论的兴趣，造成受众流失。广播节目可以从受众的评价中学习反思，提升业务水平和节目质量，而每位受众的反馈都是对节目质量的关心和真正的检验。

此外，微博作为虚拟空间一个开放的信息发布平台，信息发布具有匿名性和随意性，因而其真实性常受质疑。主持人一定要遵守新闻纪律，认真审核和报审通过才能发布，还要经常使用微博检索工具，对与节目相关的话题进行监控，关注听众的建议和信息反馈。一旦遭遇了负面信息，应快速了解情况，联系发布者，督促删改，这样处理才能避免误导、赢得受众。

微博实现了文字、图片、音频、视频的多媒体发布,信息的多平台和多样式传播,弥补了广播靠声音单一形态的传播缺点,丰富和深化了广播的传播方式,使广播变得有声有色、富有活力。对《行风热线》节目而言,微博内容形式的包容度恰好解决了《行风热线》反馈过程中的诸多问题,《行风热线》记者可以跳出单纯声音的束缚,以现场音频、视频、画面和文字的方式,全面记录、真实再现为民办实事的进展和政府职能部门的整改力度。

广播与微博融合发展的意义还在于,以往人们收听广播的地域及终端限制被完全打破,受众可以通过计算机、手机及其他网络终端在同一个界面上选择上百个电台的节目,其选择空间之大、资源之广、彻底打破了地方广播频率资源的瓶颈和限制,呈现出终端在手,任我纵横的自由而生动的局面,再加上广播主持人与听众之间只听不聊、只聊不听或边听边聊得多向互动,广播与微博融合势必成就传统广播媒体在一个崭新的网络域场中再次强劲振兴、重造巅峰。

——微信与广播

著名营销策划专家何学林说,微信是互联网行业最伟大的策划。微信在微博横扫天下的背景中横空出世,再次颠覆式地刷新了传统的社交方式。微信不只是个聊天工具,更是一种生活方式,将微信引入广播传播环节,是听众的需求,更是一种语音互动平台。

广播传播纯语音元素,语音消息很适合受众互动,“广播还原生活之本来面目,一个鲜活、受人欢迎的广播必须运用当事人的声音,及时、真实地传达当事人的喜怒哀乐。”微信开发的语音功能可以即时发布语音信息,对于广播而言,直接将微信上精彩的语音植入节目,重温微信传播中的精彩语音片段,将成为广播直播节目鲜活的部分,对于《行风热线》直播节目而言,微信的语音功能放大了广播的受众互动体验,使直播节目更具真实性和现场感。徐州广播《行风热线》收听主要集中在早班通勤车上,大量集中收听的机关干部有条件时时通过微信语音功能与广播节目互动,真正做到了“一路同行”。这种语音交流,简化了沟通的方式,听着主持人的话题,有感就发;看到什么景象,有料就报,随便拿起手机就能说一两句,而且生动真实、有身临其境之感。因而,微信与广播的融合可谓水乳交融。

如果说微博是一个公众展厅,任何人都可以看到,那么微信就像一个私人会客厅,不加好友进不了朋友圈。对于议程设置而言,微信是更加个性化、更加有效的舆论传播平台。每个微信用户都可以拥有很多松散的微信群,可以借此进入不同的社会群体、专业群体和利益群体,在其中接受信息、参与讨论,发表意见,助推舆论的形成和传播。每个人也可借此设置议题,挑起争论,扩大影响,而通过添加微信好友形成的朋友圈,则是用户有选择地建设一个信息收集群和舆论集散地，只有好友才能进入朋友圈，分享事件，意见和讨论，只有在朋友圈中才能彼此分享并彼此影响，并实现真正意义的分类传播和分众传播。《行风热线》主持人作为意见领袖，利用微信群和朋友圈，实现舆论的多级传播，可以游刃有余地实现从媒介到舆论领袖到受众，再从受众到媒介的全过程，从而始终占领主流舆论影响社会舆论导向的主阵地。

2014 年徐州广播《行风热线》开辟了微信、微博、短信、热线等互动平台，微信是最活跃互动方式。无论是参与话题讨论，表达自己的意见，还是转发别人的看法，微信都能立刻呈现。

此外，微信与广播的服务功能相互交融，徐州广播《行风热线》关注沛县大白菜滞销等问题，节目播出后，微信服务功能跟进，如何运输、储存白菜、关于白菜食用菜谱、都在微信上互动开来，这些内容又丰富了广播直播节目。

全媒体传播时代，广播网络新媒体的融合发展，使广播媒体的服务功能得到了应有的放大和尊重，只要充分了解、尊重、满足受众的需求，就没有任何一种传统媒体能像广播一样充满惊喜和悬念，节目行进的每一个时刻，都有可能改变原有的设计，因为听众随时都能成为节目的一部分。当某一议题设定，更多受众就发微信直接当参谋，告诉微友怎么做，有什么经验，有什么解决问题的渠道，围绕议程设置，直接用微信语音功能表达观点、想法，最后再通过广播传播让广大受众受益，这无意间开启广播节目的一个创新形态。

此外，微信自动回复设置也延伸了广播服务功能，《行风热线》很显然无法消化所有的咨询投诉信息，微信自动回复设置就成了直播节目之外，争取网友共鸣、披露最新事实与事件进展最好的发布平台。

在《行风热线》议程设置中，微信编辑可以同步在广播中告知发送方式，将内容“批发”给微信用户，为了让消息不至于一刷而过，用户仍可以通过回复“特定字词”重温，弥补了广播一听而过的缺憾。通过自动回复设置官方微信，徐州广播《行风热线》已经成功推送了上线单位预告、阶段性活动介绍、主持人介绍等项目，使得线上宣传与线下推广相辅相成。

——手机客户端与广播

手机客户端的运用于广播直播节目也是开移动互联一代风气。2015 年 4 月，徐州广播电视台新媒体中心推出全新的无线徐州手机客户端行风热线平台，与中国淮海网行风热线直播音视频同步互动，简化了用户的投诉渠道，通过手机实时反馈信息，保证了相关单位及时回应的高效率。这个平台同时和电视、广播的《行风热线》节目也建立良好的互动机制，为行风热线的全媒体融合发展奠定了坚实的基础。

2015 年 5 月 1 日，徐州广电强力推进行风热线网络平台全新升级，将“无线徐州”的平台技术优势引入行风热线，打通手机入口，将行风热线的影响力进一步拓展到移动互联网领域，手机处理咨询投诉成为徐州行风热线“四位一体”的重要一环，网络问政也在探索广播电视的跨界融合。

群众随手拍、随手发，通过手机随时随地关注和参与行风热线，让网络问政不再局限于“电脑＋网线”的传统模式。新平台在收到市民发来的问题之后，可以通过短信第一时间自动交办相关单位，极大地降低了对接成本，提高系统运转效率。事实证明，市民对此反响非常热烈，在新平台上线之后一个月，手机新平台已记录整理市民问题 130 多条。

新的行风热线网络平台重点整合内部信息统计，深挖数据背后的信息。第一，新上线的“逾期警示”功能，可将长期未获得妥善解决的问题自动提取出来，提醒关注。第二，对于“回复率”、“解决率”、“满意度”等指标的自动排序，直观体现出各单位的工作进展排名。第三，在各单位的名下新增了相关链接，通过专页可具体了解各单位的整体工作。

这次网络问政平台升级中，行风热线四位一体借助新的技术手段，为群众提供了更加贴近的使用体验，更加具体的数据体现，使网络问政的跨界融合成为现实。

在全媒体传播时代，受众对信息能够迅速反馈，即时参与议程设置、舆论传播和扩散能力呈爆发状态，其引导媒体、影响和干预社会的作用不断放大，其监督特点和作用方式，大大超越传统媒体，成为对现代政府实行监督并使其规范行政的一种必然，在这种崭新的媒介环境下，广播行风热线的传播价值正日益显现。

当然，行风热线的民生议题设置必须与时俱进，把握时代脉搏，深化节目的创新驱动力，协调推进解决问题的力度，才能在激情飞越的全媒体传播时代，保持生机与活力。

第二节　领导干部如何应对政风行风热线

一、“行风热线”是一种政府形象

不少领导干部困惑于为何代表单位去参加一场《行风热线》直播活动不同于一般的媒体活动？因为《行风热线》是不折不扣的行政行为，领导干部参加行风热线活动，不是代表某单位与群众沟通交流，这种媒体行为代表的确实是整个政府的形象。

这是全媒体时代的政党政治传媒化的必然结果。

政风行风热线是党委政府主导下的大众传媒的形态展示，是党委政府与群众之间互通互信的桥梁纽带，政风行风热线实现行政监督、舆论监督、社会监督的完美融合，体现我党治国理政的新思维，它的政治意义超越媒体意义。因此，参与《行风热线》其实质就是展示政府形象和行政作为。

二、领导干部如何应对政风行风热线

（一）政风行风热线与官员问责制

近年来，“政风行风问责”“电视问政”“网络问政”等媒体传播形态层出不穷，媒体问责风声鹤唳，成一时风气，事实上，我国的“官员问责制”也正是在媒体监督和其他社会因素的共同作用下逐渐实现的。不少基层干部和行业领域的负责人承受巨大压力，对政风行风热线也到了谈之变色、畏之如虎的地步。

官员是国家机关中行政权力的把持者，也是行政资源的分配者，如果官员能够获取较多的利益而不受任何处罚，能够低成本低风险地违法攫取利益，那么官员谋取私利的欲望就不会受到遏制，这势必导致国家和社会利益受到严重损害。追究官员的行政责任无论从规范行政行为，提高政府效率，还是改善政府管理方面，都具有极为重要的意义。

首先“官员问责制”并不是为政风行风热线量身打造的，而是政府追求行政高效率、塑造社会形象的制度之一。如何规范官员行为、防止违法乱纪？必须建立官员问责制度，使违法乱政甚至不作为、乱作为的官员受到应有惩罚，也让那些“临界”的官员三思而行，不敢越雷池一步。

官员问责制不仅是有关官员违法犯罪的惩处规定，也是对其不当行为、失职不作为及其后果追究责任的制度，是强化和明确政府责任，改进政府管理的一种有效的制度，是社会公众监督政府的重要方面。首先，对官员的问责最严厉的是触犯刑律，负刑事责任；其次是违反行政法的行政责任；再次是违反党章或政纪的政治责任；最后是工作不力的道义责任。一般学者认为，2003 年的“非典”危机是促成官员问责制度的直接原因。一些重要官员因重大责任事故、行政不作为和恶性违法事件受到问责处理，各地相继实行了问责制度。

2003 年抗击“非典”期间，全国主流媒体重量级、战役式的报道揭示了一些政府官员轻视危机的行政不作为，压制媒体暴露真相的不正常行为，引起了社会公愤，被相应问责。主流媒体的空前力度介入每天抗击“非典”的进程，促成了“非典”危机的及时化解，客观上也推动官员问责制跨出坚实的第一步。

2005 年 1 月 3 日，海南省发布《海南省行政首长问责暂行规定》。2005 年 12 月，广东深圳市出台《深圳市人民政府行政首长问责暂行办法》，2006 年 1 月 1 日，四川成都市施行《成都市行政首长问责暂行办法》。

行政首长问责制的实施，有利于强化政府及各部门行政首长的“第一责任人”意识，不仅追究“出问题”行政官员，也让那些四平八稳、懒政惰政、无所作为的“太平官”倍感勤于政务的责任感和紧迫感,让行政首长切实担负起岗位职责,有所作为。

2004 年 4 月,中共中央批准实施《党政领导干部辞职暂行规定》,详细列举了应当引咎辞职的九种情形,为规范官员处罚措施提供了具体依据。

引咎辞职的本质是官员负一种道义责任,2005 年 12 月,因松花江污染失控而疏于环境监测的国家环保总局局长解振华申请辞职,这是《辞职暂行规定》颁布后辞职的第一位重要官员,解振华的举动表明,官员自身正在从道义和责任上正视工作的失误,通过“引咎辞职”自我谴责,同时也显示,官员失职的处理不再限于免职的行政问责行为。

追究官员责任必须先有启动“问责”程序的理由,其中必要条件之一是“公民、法人和其他组织的检举、控告、投诉,新闻媒体曝光”。而行风热线,正是这样一种媒体平台,每天承载大量的公民、法人和其他组织的对政府部门行政行为的追错、对政府部门甚至官员个人行政不作为的检举、控告、投诉,并通过广播、电视、报纸、网络新媒体实时曝光。全国范围内,因乱收费、乱作为引发的行政问责,也是触目惊心的。河北省《阳光热线》开播五年解决各类实际问题 45 000 多个,退还各种不合理收费 2 亿多万元。2007～2011 年,主流媒体曝光了 57 件在全国有重大影响、较为典型的典型案件,包括徐州儿童医院医生冯东川率先向媒体披露的三鹿毒奶粉事件以及三鹿奶粉流向社会的重大食品违法案件、涉及全国的“瘦肉精”猪肉案件等,责任追究和问责的各级领导干部达 500 多人。

媒体监督为民请命,突出社会责任,促使政府信息公开,促进绩效评估,赢得民心,对官员问责制的实行和完善都起到重要的作用。

我国宪法规定,中华人民共和国公民对于任何国家机关和工作人员,有提出批评和建议的权利;对于任何国家机关工作人员的违法失职行为,有向国家机关提出申诉、控告或者检举的权利。然而从现实来看,在私人问题上追究官员责任,上访渠道复杂,大都不畅,司法环节有时也阻力重重;在公众问题上,人们通常出于对领导的敬畏心理不敢与之抗衡,并因为问题不只有出在自己身上而把解决和追究的希望寄托给他人,这样往往导致干部犯错结果不了了之。

主流媒体应当成为公众问题的代言人,政风行风热线平台通过热线电话、群众来信来访、网络新媒体平台等各种渠道受理群众的诉求甚至匿名投诉,并把这些意见建议以报道的形式融入舆论监督中,对政府官员不当行为进行揭露和曝光,并借助舆论监督的力量,请他们限期改正,或者把群众举报的重大问题转交纪检监察部门办理,在督促官员负责的过程中代表广大群众,把群众的社会监督转化为舆论监督。

公开公正是媒体监督的重要原则。我国 80%的信息资源都为政府所拥有,主流媒体是获取信息并促使信息公开的最佳部门，但是主流媒体不能仅仅依靠政府发布机制被动地接受信息，还要主动地获取事关民众利益的政府信息，尽可能使政府信息透明化，保护社会民众的知情权。此外，官员问责制要求问责过程和结果的公开知情，这也使官员问责制更具震慑作用，官员顾及“面子”问题，也会降低违法犯罪的可能性，从而切实保护公共资源和群众利益。

政府绩效评估是考察政府官员业绩的重要制度，评估的主体由党委政府多个机构来进行。政风行风热线平台起到了帮助和监督政府绩效评估的作用。监督政府及其工作人员业绩和效率在政风行风热线平台上表现得更直接、更深入，促进了对政府部门的有效舆论监督。政风行风热线对群众投诉事件的连续报道，正是一份对政府职能实现程度的调查报告，谁勤恳扎实地做好工作、谁玩忽职守滥用职权一目了然，主流媒体从正面进行的绩效评估，客观上为官员问责提供了公正的现实依据。武汉《电视问政》节目开播三年，曝光问题 280 多个，333 名官员被问责，受到党纪政纪处分，促进政府建章立制 60 多项。

党的十八大以来，反腐工作进入一个新阶段。2014 年 1 月 14 日，中共中央总书记习近平在十八届中纪委三次全会上表示，要“以猛药去疴、重典治乱的决心，以刮骨疗毒、壮士断腕的勇气，坚决把党风廉政建设和反腐败斗争进行到底”。2013 年，31 名中管干部被查，18.2 万干部受党纪政纪处分，36 907 名涉腐官员被立案查办，30 420 名党员干部因违反八项规定精神被处理，这张反腐“成绩单”令人惊叹、令人鼓舞。在这个新形势下，媒体舆论监督必将激发了群众关注政府行政行为的热情，推进官员问责制这一新的制度不断发展和完善。

（二）领导干部如何应对政风行风热线

美国著名记者迈克尔·凯利说：“媒介与政客同玩一场游戏。”美国学者怀特海说：“在美国，如果新闻界还没有准备好公众的思想，那么任何国会的重大立法、任何国外冒险、任何外交活动、任何重大的社会改革都不可能成功。”凡是成功的政治家，大都是媒体的好朋友。如果他惹怒了媒体的话，那他的政治生涯也就不远了，古今中外，基本如此。这些都说明媒体塑造政府形象具有不可替代的作用。在《行风热线》平台上，塑造政府的良好形象是通过每一次上线的领导干部完成的，领导干部的个人形象在群众眼里就是政府形象。

我们先聚焦两个概念，一是形象，《现代汉语词典》将形象定义为：能引起人的思想情感活动的具体形状或姿态，通常指“人的神情面貌和性格特征”。在现实中，每个人的形象都是内在素质和外在表现的综合反映，向外界传达的整体信息。就个人形象而言，属于私人生活范畴，具有一定私密性和随意性。而官员的个人形象却是面向大众的职业形象和社会形象，官员在工作中，通过言谈举止表现出的工作态度和精神风貌，时刻接受社会大众的检验。这种职业化的社会形象,通过大众传媒来展示,就是媒体形象。报纸主要是文字、图片形象,静态展示、信息表达相对滞后,但可控性强。广播形象指声音形象,传递信息比较单一,但神情具备,令人遐思。电视传播速度快、信息量大,一瞬间把个人的音容笑貌、仪表举止全方位传播,纪实与放大作用成为塑造媒体形象的利器。至于网络新媒体形象,有强大的复制扩散力量,成为引发社会舆情的策源地和意见集中载体。

二是领导干部。领导是领导者为实现组织的目标而运用权力向其下属施加影响力的一种行为或行为过程。领导工作包括五个必不可少的要素:领导者、被领导者、作用对象(即客观环境)、职权和领导行为。龙永枢、杨伟光主编的《领导者形象媒介设计》所指的领导者主要是:县团级以上党政军部门和企事业单位主要负责人。而政风行风热线节目中所指是领导干部,指参与《行风热线》上线的市属部委办局各单位、经济管理部门及其企事业单位、司法机关、部省属直属企业和与群众生活密切相关的行业领域、窗口单位负责人。这里在徐州市纠风办的有关规定中为,县处级单位班子成员以上,带队参加《行风热线》节目的负责同志。

明确两个概念,我们就可以集中探讨《行风热线》节目相关的领导干部形象塑造问题。在领导干部媒体形象塑造,应该基于原则:

一是符合身份。必须考虑领导干部组织、职业的特点,充分考虑行业领域的特点,又要照顾到个人的性别、年龄和具体职务的不同。人物形象容易让人接受,符合社会大众对这类形象的心理预期。

二是符合目的。活动目标不同、目的不同,塑造形象是不同的。在《行风热线》节目中,你的目标是确实为民办事,解决问题,扎实改善工作作风的,还是故作玄虚,避重就轻,敷衍群众的,都能在媒体中充分展示,让人一眼看穿,无可躲避,领导干部的媒体形象也高下立判。

三是符合特定场景和文化传统价值原则。在直播室、在户外直播、在解决问题现场,场景不同、面对对象不同,就要考虑着装、言谈,顾及社会习俗、传统观念,符合文化传统价值观。

四是符合媒体传播规律,能够有效互动。这需要领导干部懂媒体、懂新闻传播规律,才能驾驭这个原则,才能引导媒体关注,在媒体中展现良好形象,尤其是接收意外情况反馈的时候,能够成功应对,媒体宣传效果事半功倍,领导干部媒体形象才是成功的。

领导干部扮演的是特定的社会媒介角色,代表着一种使命的化身,一种公平公正的理想的化身,一种不屈不挠的意志力的凝聚。《行风热线》平台,通过热线电话与群众直接沟通,是声音传播、语言传播的平台,具有传真、传神、传情的优势,领导干部面对群众困难,能够温情善意地表达、认真负责地处理群众诉求,及时有效地反馈,就能取得较好的传播效果,就能给广大受众留下良好的印象。久之,政府部门就能在这个主流媒体平台上树立良好的形象,行政官员也能树立个人的魅力形象。

因此,领导干部出现在传媒上,言谈举止要符合大众心中传媒形象的要求,如果受众对心中传媒形象失望,或者丧失期待感,后果十分严重。因此,领导干部的媒体形象,一方面是社会赋予官员的角色的规定性,即社会认知标准,另一方面取决于官员自身的个性素质和修养,这样才能确立官员的媒体形象与威信,二者相辅相成,不可或缺。

在政风行风热线中,政府职能部门官员应注意以下几点:

一是要做到态度真诚,珍惜每一次与群众沟通的机会,认真准备上线工作,做到工作心中有数,职责业务烂熟于心。

每次上节目之前要充分调度工作职责范围内的各种情况,有特殊的群众诉求、有政策调整带来的现实问题,有历史遗留问题,总之要认真准备,对群众可能提出的问题和诉求要有准确的预判,做到心中有数,才能游刃有余。

节目开始后,带队领导有一个简短的开场白,可以介绍一下工作业务职责范围,也可以介绍一下工作成就,但是都要言之有物,要有一个真诚沟通,虚心接受批评建议的态度。

在随后的直播节目中,政府职能部门上线领导首先要放低姿态,俯下身子,认真倾听,对接听的问题和诉求要实话实说,群众才愿意听,愿意和你交流。这就要求干部不仅要有较高的政策水平,有较强的沟通协调能力,回答群众关切还要有很好的说服力,能够通过对话与群众逐步建立相互信任的关系。几个月轮一次,一次解决几个问题,上节目的次数多了,问题处理及时,群众满意,形象就出来了。2007 年徐州《行风热线》直播过程中,群众质问一家单位上线官员不懂政策法规,解决问题没诚意,主持人站在群众一边,要求官员解释,结果这位官员不仅在节目中与群众发生争吵,下节目后向媒体领导告状,说主持人对他人身攻击,有损其人格。最后市纪委出面协调,主持人与官员双方座谈,此官员受到市纪委严肃批评。

2009 年,某局领导带队上徐州《行风热线》,在接听几位群众咨询投诉后,推说这些事情都不在其职责范围。结果有听众打进电话开始严厉批评这位局领导推诿扯皮不作为,甚至说啥都不归你管你们还有存在的必要吗?纳税人的钱都花到你们这些不干事的人身上,你们对得起徐州人吗?等等。这位领导受不了,节目后对主持人大发雷霆,认为主持人不帮他化解群众怨气,损害政府部门形象。从工作职责上看,这些事情或许真的不在他们的行政管辖之内,但是,群众满怀期待打入电话，不是要听你如何划分职责范围，而是群众难题要有人受理、有人解决。所以，这位局领导完全可以引导一下群众，或者帮助群众沟通协调处理，甚至下节目后单独沟通行政管辖问题，态度真诚、解释到位，就完全可以化解这种沟通不畅理解错位造成的矛盾冲突。不过这位局领导经过此事后，反而经常走进直播室，参与徐州《行风热线》直播节目，与群众沟通交流越来越多，为民办实事效果良好，最终受到群众好评。

广播直播节目覆盖广泛、瞬时到达，声音的传真、传神、传情的传播效果真实、感人。从实际效果看，普通话水平也许不是最重要的，略带乡音，能够清楚表达即可，而官员的态度和表达的内容才是至关重要的。

政府官员上《行风热线》直播节目是对个人素质的全面展示，每次上线，都是塑造官员良好媒体形象的一次积累。珍惜每一次上线机会，留下好印象，事后善于总结，三省吾身，多方吸纳意见，是塑造媒体形象的必由之路。

二是，以实实在在切实解决群众难题为目标，是赢得民心、树立媒体形象的路径。

《行风热线》节目结束后，随之而来的是记者追踪报道和问题解决处理反馈情况。上线领导干部作为第一责任人，留下的“课外作业”是兑现限期解决问题的承诺。一诺千金，兑现承诺，建立公信力。诚信是塑造领导干部形象的唯一途径。《行风热线》提出事事有回音、件件有落实，只是做好常态工作的原则要求，而及时地、积极地推动问题解决，让群众满意，让党委放心，是职能部门领导树立形象的根本保证。2012 年，不少群众在徐州《行风热线》节目中投诉徐州不少婚姻登记机构在办理新婚登记时，违规收取 20 元手续费，并有搭车推销物品的乱象。钱虽不多，但引起公愤。《行风热线》记者对全市的婚姻登记机构进行明察暗访，连续报道，揭露这一乱象。民政部门领导十分重视，调研后，果断下文禁止婚姻登记项目收费，使得这一收费乱象在全市范围内被杜绝，社会各界好评如潮。

领导干部代表党和政府的形象，那么党和政府的形象是什么？从大的方面说，党和政府的形象是党的建设、政府作为的综合反映和总体概貌，是党和政府的施政作为和自身建设情况通过主流媒体报道的一个个具体的事件来呈现的。如何运用传媒资源把党的宗旨、目标、思想理念，转化为传媒形象？关键在于党政官员亲民、爱民、为民的施政行为，通过媒体进入大众视野，这是《行风热线》的根本任务。利用行风热线“四位一体”平台塑造党和政府的良好形象，也是行风热线增强党的执政能力、提高党的宣传能力和舆论影响力的重要职责。

这其中，最关键的一点，就是参与《行风热线》的领导干部，要切实提高运用媒体资源来塑造自身良好的媒体形象的能力，通过媒体展示，自觉尊重公众的知情权和参与权，凸显党和政府施政理念中越来越重要的公众意识，博得受众的信赖和拥护。正如徐州《行风热线》宣传片中所言：《行风热线》已成为一条为民务实的答疑线；行业作风的自省线；为民解难的帮困线；政府与群众的连心线，为党委、政府与人民群众之间架起了一座联系、沟通的桥梁。应当明确的是，《行风热线》平台是桥梁，而主角一边是人民群众，一边是的领导干部，领导干部有了好的媒体形象，才能有很好的影响，形象成为一种执政权威，一种宣传导向，更是一种政治力量。

第三节　徐州《行风热线》典型事例

一、第一期《行风热线月报》通报

第一期《行风热线月报》摘录《行风热线》现场回答问题部分内容，反映了第一轮《行风热线》上线的真实状况。

（一）段庄农贸市场活鸡市场长期设置在市场外，卫生状况堪忧

建工小区刘女士：这个市场是封闭式农贸市场，所有的经营都应该在场内。他们把杀鸡和卖鸡的都放在市场外边。正好对着居民的楼，不光是噪音，那卫生状况都不能看了。

执法局局长杨军：由我负责，找泉山区政府和泉山区执法局立即把这个事情解决了。通知泉山区把它立即解决了。我看，两天之内就解决好。

（二）奎河沿岸公共便民桌凳损坏严重

杨先生：我反映的问题是在奎河沿景点，园林处搞的石桌子遭到严重破坏。具体在泛亚大厦附近，出南门桥往东拐，石桌石凳有 7 副现在只剩 5 副了，桌面子全部都掉在地上，一片狼藉，我看到这个景象非常沉痛。

园林局副局长杨学民：谢谢这位杨先生向我们反映的这个情况。市政府为了改善环境，大量资金用于园林建设绿化的设施建设，园林部门也花大量的人力、物力管理，但是少数市民素质不高，随意破坏绿化，给公共绿地管理造成了一定的困难，尤其是奎河沿这些公共绿地也存在管理不到位的问题。我把情况记下来，及时维修，还要配合执法部门进行查处。特别需要像你这样热心的市民参与，对我们很有帮助的，谢谢你，我们共同的努力把园林绿化搞好。

次日下午，市园林局绿化管理处长刘景元就来电反馈，他们已经到奎河边实地查看，确如杨先生反映的那样，他们近期就对被毁坏的设施进行维修。

（三）拆迁房建建停停，何时能上房

王女士：我原来住在和平路 29 号，这个房子由云龙区房地产开发公司 1999 年拆迁到了黄山新村 48 号。协议上说 18 个月上房，但是到现在房子还没有盖

好,又停工了,我想知道什么时候能上房?

云龙区副区长曹东伟:王女士的问题不止一户反映,还有好多人存在这个问题。首先我代表开发公司表示歉意。按照政府要求,春节前一定要把房子建好,现在剩下的问题主要是水电收尾工作,如果没有特殊情况,春节前就能够上房。

(四)废弃多年的储水罐影响了居民生活

荣女士:就是为了解决当时居民吃水难的问题,在我们楼前盖了两米宽的大棚,放个罐,十年了,居民生活多有不便,更可气的是,老年人病了,叫救护车都进不来。

泉山区副区长王少年:荣女士,我马上派人调查了解一下,这个水泵房有没有合法的手续,有没有产权证;如果有合法手续,我们找产权单位做协商,看能不能拆掉。如果是没产权证的,也就是不合法的房子,我们将责成办事处向规划处反映,以法律手段来解决。

(五)污水和生活垃圾围困住宅,要求整治塌陷地卫生

贾汪区张先生:我住的地方,当年是一个塌陷地,我盖房子的这个地方,当初说规划的还有六百多平方米房子要盖起来,后来就没有盖房。现在我家门前,右边是一片六七百平方米的大坑,一米多深,夏季不用说了,到处都是水,到处是苍蝇蚊子,污水和生活垃圾离我家门就二三米远,臭不可闻。我们要求,能不能把塌陷地垫平,卫生整治一下,我们就很满足了。

贾汪区副区长史孝国:我们回去调查之后,协同居委会,尽量去解决这个事情,如果如何那个坑没有其他用处,我们搞点建筑垃圾,来把它填平,尽量达到你的满意。

节目还没有结束,贾汪城管办主任刘洪才就安排相关部门,立刻实地调查。下午,刘洪才主任又打来电话说,他们已经调好了建筑垃圾,准备填埋,但是道路狭窄,车进不去,他们将和居委会协商,尽快解决。

二、徐州《行风热线》十大典型

(一)优化一项金融管理制度:盲人存取款,不用再签字

2007年5月15日,徐州银监分局上线的《行风热线》直播节目。盲人彭先生打热线反映说,每个月到交通银行领工资成为最头疼的事,因为取款要签字,而他却没有办法签字,找人代签,有时还遭到拒绝。因此,彭先生建议盲人用按指模的方式代替签字。

徐州银监分局局长卫功琦现场解释说,签字确认是目前银行为维护储户的利益,保护银行的权益,普遍采取的管理方式。对于彭先生提到的使用指纹签收这种方式,卫功琦认为,每个人的指纹都不一样,具有唯一性。对彭先生这样的特殊群体来说,应该可以使用。

9 月 27 日，彭先生再次给《行风热线》栏目打来电话求助说：银行采纳了彭先生的建议后，彭先生取款时反而更麻烦了。银行要求，彭先生在按手印后，依然要签字。

如何帮助盲人解决好银行办手续难的问题？记者从徐州市残疾人联合会了解到：徐州目前有近 9 000 名视力残疾人士，其中有不少是经常到银行存取款的，他们同样要面对这一难题。

节目播出后引起社会广泛关注，也引起多家银行领导的关注。节目组将这一特殊群体的生活困难再次反映给徐州银监分局。徐州银监分局局长卫功琦表示，对盲人这样的特殊群体，可以从技术上和制度上两个方面解决特殊服务问题，可以用密码或者私章，也可以用按指模这种方式。因为每个人的指纹也同样具有个人身份的唯一识别码性质。从制度上，对这类特殊群体，可以免签。卫功琦局长承诺，会妥善处理好盲人存取款签收的难题。

徐州银监分局经协调，多家银行同意，要求银行网点增加探头，盲人以按指纹的方式签收存取款凭条，解决了这一问题。建设银行采取了申请盲人凭条的做法，交通银行、工商银行等实行盲人按指模存取款，对盲人这一特殊群体提供了有效的帮助。

记者在追踪报道中，再次联系盲人彭先生取款的交通银行徐州分行，交通银行徐州分行监察室张主任对记者说，经过协调，省交通银行已经同意，优化这一管理制度，顺利解决了这个难题。盲人取款时只要按手印就可以了，但是省交通银行也要求徐州分行在给盲人群体办理业务时，必须保证有两名工作人员现场操作，以确保盲人群体存取款资金的安全。

（二）国家粮食直补究竟多少

2009 年，铜山县棠张镇双井村一位高姓村民向《行风热线》节目反映：按照规定，国家给农户每亩地 20 元的粮食直补，但是他们村干部在计算符合国家粮补政策土地的亩数时，出现偏差。村民怀疑村干部利用职权擅自减少了农户实有的土地面积，贪占了原本属于农户的粮食直补款。这位村民投诉：国家政策一亩地给补 20 块钱，但是村干部一亩却只按八分地计算。他说：“这不是说针对哪一家，我们整个村土地都是这样计算的，我想问到底是怎么回事，想要个说法。”

接到反映后，徐州市委农工办责成铜山县委农工办和县财政局、县农业局组成了联合调查组深入双井村查访落实农户反映的问题。

经调查核实，双井村村民反映的问题部分属实。针对这一情况，铜山县棠张镇政府专门成立了整改工作小组，并公布了相关处理意见和结果：责成双井村对符合国家粮补政策的农田进行重新登记造册，由农户签字，并在全村张榜公布；棠张镇政府勒令追回部分村干部和村民多享受的粮补款，因计算错误导致部分农户被减掉的粮补面积重新补上。在有关资金全部追缴到位后，对少享受粮补的农户如数补发粮补款。

为落实整改情况，《行风热线》节目组又电话采访棠张镇副镇长陈洪利，追踪问题解决情况。陈洪利说，第一，目前所有的整改工作都处于具体实施阶段：粮补的重新登记造册、计费面积重新核实，我们正在进行张榜公示、农户签字，我们都拍照作为资料留存。第二，凡是涉及由于村里面操作不细造成粮补和农业税面积不实的，我们正在清现。资金我们正在和上级反映，正在核实、落实当中。

记者又回访了投诉问题的村民，证实了当地对粮补工作正在彻底整改。

（三）市县文化管理部门整治农村唢呐班低俗表演

近年来，村民们婚丧嫁娶请来唢呐班助兴成为一种新时尚。不少唢呐班为吸引眼球，靠表演低俗节目来竞争农村演出市场，污染了农村文化环境，造成很坏的影响。

2010 年，丰县范楼镇一位王姓村民通过热线反映说："现在农村喜事白事要请喇叭班吹打，但是有的喇叭班太低俗，那些女孩子虽然穿的是裙子，但是露到大腿，男孩子也是光着膀子，唱流行歌曲也还可以，但最后演的节目，所谓小品，有时候说的话都非常低级下流。"

徐州市文广新局文化市场管理处长尤建在上线时接到反映后，立即与丰县文化市场管理部门取得联系。据丰县文化部门相关负责人介绍，一些唢呐班和游散艺人在演出时内容低俗的问题，已经在当地引起较大影响，经过前期调查发现，这些游散艺人大多来自安徽的萧县和砀山县，由于他们居无定所，表演地点经常变动，因此监管起来十分困难。

群众反映的问题引起丰县政府的高度重视，并制定一套整治方案。尤建介绍说："当地政府近期要召开县、镇和村文化部门负责人的管理工作会议，成立当地唢呐班协会，定期对本地的唢呐班进行培训，提高他们的守法意识，出台办法管理游散艺人，要求他们无论婚丧嫁娶，只要唢呐班演出，就必须要到当地政府申报，并且要报送演出的内容、地址，公布举报电话，一旦发现有类似违规的情况及时拨打文化管理部门举报电话。"

尤建介绍，根据他所掌握的情况，除了丰县之外，贾汪区也出现了类似情况。为有效遏制低俗表演的蔓延，徐州市文化市场管理部门要求各地加大监管力度。尤建说："我们局根据丰县群众反映的问题，举一反三，对其他县也发出了通知，要求徐州市六县一区的所有的文化部门要对当地的游散艺人进行进一步的监管，避免类似情况再度发生。"

（四）徐州区划调整，退休职工医保问题无人问津、求告无门

2010 年 11 月 15 日，徐州经济技术开发区党工委委员余承琅带领相关部门

负责人走进《行风热线》节目，接受群众的咨询、投诉。市民杨先生反映了大黄山食品站退休人员医保一直没有解决的问题，

开发区社会保障局副局长王莹在节目中回复，此事与徐州经济技术开发区无关，是当时大黄山镇所隶属的铜山县没有移交杨先生的医保关系。

杨先生则认为，他是 1979 年从大黄山食品站退休的，但是退休之后就没有医保了。原来大黄山食品站属于铜山县食品公司，退休后 2000 年办医保时，铜山县食品公司以经济条件不好没有为他们办理。2005 年大黄山镇由于区划调整划入了徐州经济技术开发区，开发区了解自己的医保情况，开发区工作人员表示铜山县并没有移交杨先生的医保材料，杨先生又去联系铜山县，而铜山县相关部门则表示已经把他的材料移交到开发区了。找来找去，直到现在，杨先生的医保都没有着落，他感觉自己被相关单位“踢皮球”了。

徐州经济技术开发区社会保障局副局长王莹表示，2005 年区划调整时，大黄山食品站的企业交接情况她并不清楚，因为各种原因，该企业的退休人员的材料一直没有进行交接，目前开发区不方便来接收这部分企业职工的医保问题。一旦交接的问题弄清楚以后，如果属于开发区接收，则由开发区统一扎口解决。她建议杨先生先找到当时的主管部门了解清楚，到底因为什么原因没有对他的医保进行交接管理，确定这个问题以后，才能进行下一步工作。

王莹还表示，开发区社会保障局 2009 年 7 月 28 号才成立，原来她在组织人事部负责劳动工作，对类似杨先生的医保问题也比较了解。她表示大黄山食品站职工医保的问题是一个长期遗留下来，一直没有交接，也一直都没有解决，所以不是开发区单方面能解决的问题，还需要铜山县方面的配合。

杨先生表示，为了解决医保问题，自己已经连续找了四五年，求告无门，凭自己的力量确实有限，他希望通过《行风热线》节目协调，能够帮助他了解当时交接的具体情况，以便解决他的医保问题。

杨先生还想知道，2005 年他们这批人的养老保险金已经转入市区管理了，但为何医疗保险一直没有着落？另外，像他这种情况的退休人员，类似的难题到底该由哪个部门来统一管理？

王莹表示，因为杨先生退休时隶属铜山县，而 2005 年大黄山镇划归开发区管理时，杨先生的关系也没有进行交接，所以目前杨先生还是应该由过去的单位主管部门铜山县商业局来管理。王莹还表示，正常的手续应该是杨先生退休后，铜山县把他的材料交到市劳动局，但是当时铜山县具体有没有交接他的材料，开发区不清楚。当时杨先生的养老保险转移工作也没有通过开发区，是由铜山县和市劳动局直接进行的交接，开发区没有参与。

最终，在《行风热线》节目组的协调下，徐州市纪委高度重视，召集开发区和

铜山区相关部门的工作人员现场协调，解决了杨先生的医保难题。

（五）铜山村干部私扣滥发低保金被投诉，引发全市大规模清理整顿

2013 年 1 月 25 日，铜山一村民通过《行风热线》节目，反映铜山区柳泉镇高皇村村干部存在违规领取低保户低保金问题。投诉内容十分详细，包括低保对象已死亡，但村组干部不及时上报注销，其亲属仍继续领取低保金或村组干部代为领取据为己有的；不符合低保条件特别是村组干部及其亲属不符合低保条件但被确定为低保对象领取低保金的；村组干部以拼户保为由克扣低保金的；村组干部故意扣留和找借口收回低保卡，贪污侵占低保金的；村组干部挪用低保资金发放村组干部工资或办理其他事项的；低保金中的过节费扣留不发的。

《行风热线》节目跟踪报道后，问题仍然久拖不决。徐州市纪委督办此案，组织专门力量，清理整顿铜山区柳泉镇高皇村冒领、骗取、贪污、截留低保金的行为，全面促进依法行政。

徐州市纪委纠风室对铜山区柳泉镇高皇村原村支部副书记张德刚、原主办会计周峻生、原村委委员郑广新截留私分低保金案件进行了深入调查。铜山区高度重视，也专门组织调查组展开调查，并依法依纪做出了严肃处理。市纪委查明：铜山区柳泉镇高皇村三位村干部利用协助政府从事低保发放工作的职务便利，贪污低保金、五保供养金共计十多万元，并违规为自己亲属办理低保，非法占有低保金。调查发现，张德刚、周峻生、郑广新在五保金、土地征收补偿金、粮食补贴、社会抚养费等方面存在贪污、受贿和滥用职权行为，被依法送交司法机关处理。2013 年 11 月 20 日，铜山区人民法院判处张德刚有期徒刑 12 年，没收财产 5 万元；判处周峻生有期徒刑 11 年，没收财产 5 万元；判处郑广新有期徒刑 10 年 6 个月，没收财产 4 万元。

与此同时，徐州市纪委在全市范围内开展为期半年的低保专项清理活动，纠正违规申办低保这一带有普遍性的问题。全市各地通过自查自纠，共清退不符条件的低保户 21 730 人，查处涉及低保的案件 49 起，给予当地干部党纪政纪处分 57 人，收缴违规资金 71 万元。触犯法纪的严重后果在低保从业人员中产生了广泛影响，起到了有力的震慑和教育作用，有效防范了违纪违法行为的发生。

（六）市民质疑：房管处二手房交易资金监管为何不付利息

二手房资金监管就是买方将房款存入交易结算资金专用账户，房屋办理完过户后，卖方才能领走房款。在房产交易未完成时，交易资金始终处于房管处监管之中，如果发生违约情况，买卖双方当事人均可提出终止交易，从而有效保障了交易资金的安全。

2012 年，很多市民向《行风热线》反映说，但从近几年房产交易旺盛，每套房资金都是大数目，巨额资金在房管处监管期间，房产部门并未向二手房交易中的

市民说明资金去向，交易过程有时候一个月才能跑完手续，交易完成后，房管部门也不向他们支付利息，市民质疑，这种状况持续很久了，这些巨额资金利息的使用情况不明，给自己造成了一定的损失。

《行风热线》节目播出后，在市民中引起强烈反响，引起徐州市房管局高度重视，经过相关部门调研，最终决定公开资金监管去向，使交易透明化，并向资金监管当事人支付应有的利息，赢得社会赞誉。

（七）第三中学学生自行车管理混乱，三方推诿究竟谁负责

2013 年 2 月 18 日的《行风热线》节目中，市民许女士反映说，他的孩子在三中读高一年级，上学期在学校门口一连丢了两辆自行车，其中，第二辆是给看车人交过看管费之后一个月内丢失的，车辆丢失后，学校、黄楼办事处、看车人都推脱说没有责任，许女士感到非常生气。节目中，上线的三中负责人周某一直没有正面回答这个问题，一味强调学校只负责校内安全。这一表态引起听众不满，纷纷通过热线表达自己的意见。

节目后，记者对这个问题展开了调查。三中校方坚持表示，学校只负责校内安全，车辆停在校外，不属于他们管理。黄楼办事处则表示，他们只对辖区内的自行车停放负有秩序指导上的义务，办事处没有收费也没有安排人员看管学生自行车。因此，也不负责任。

记者经过多天连续调查，从看车人那里得知，是一位李姓女士从黄楼办事处承包了三中门前停车场。但黄楼办事处坚决否认，并坚称从 2009 年职能转变后就不再收费管理三中门前停车场了。

为了尽快落实责任，解决三中学生停车有人看管、丢车有人负责的问题。2 月 20 号上午，徐州市纪委纠风室成立工作组，协调鼓楼区纪委、徐州市城管局、鼓楼区城管局、黄楼办事处等相关部门负责人一起来到市三中，与三中校领导共同召开现场协调会。

协调会上，三中副校长王继民表示，经过他们的调查，三中门前停车场的管理是一个历史遗留问题，以前都是学校委托黄楼办事处管理的，后来校方一直以为是这样，延续至今。

对于王校长的说法，黄楼办事处城管科科长杨晓勇表示，几年前，三中门前学生停放车辆是由学校委托办事处管理，当时双方确定了相关的协议、管理人员以及收费标准。2009 年以后，因为办事处职能的调整和收费标准的变化，办事处不再参与管理。根据《徐州市市容管理环卫责任区制度暂行规定》，厂矿企业、学校机关团体，管理范围他们是责任人，包括自行车停放、门前秩序都由企事业单位管理。按照规定，车辆应当进入单位内部管理，没有条件的在指定区域划定停车点，企事业单位或者学校指定专人负责管理。

最终，在各方协调之下，三中和市城管部门、黄楼办事处达成了共识：学校积极推进解决学生自行生进校停放难的问题，在此之前，由三中负责安排车辆管理人员对学生车辆进行看管。

三中学生丢车的问题在《行风热线》节目播出后，引起了很大的反响，听众们非常关注事件的调查进展和结果。与此同时，市教育局向各地教育局、局直属各学校，机关各处室下发了《关于进一步做好行风热线工作的通知》，要求切实增强做好行风热线"四位一体"工作的责任感；认真落实行风热线"四位一体"新模式各项要求，上线人员到"六要六不"；充分发挥行风热线服务民生的积极作用。这一举措加强了教育系统各单位对《行风热线》上线工作的重视程度，确保上线问题能得到真正落实。

（八）市民投诉洗车不开发票，地税道歉，城管全市清查洗车黑窝点

2013 年，市民王先生向《行风热线》反映，1 月份，他到泉山公园附近一家汽车服务公司购买了洗车卡。不久，他要求开发票，服务人员说，洗车卡要额外付款，才能开发票。他说你要发票就要增加百分之十七的税，要不然就不给你发票给收据，我说是什么税增加百分之十七，他说是增值税，我说洗车行业怎么有增值税，他说不出来，就给我一个收据。

王先生说，随后他到泉山区地税局举报，工作人员留下他的收据，并承诺妥善处理，然而 2 个月过去，事情依然没有解决，王先生没有拿到发票，收据也不知去向。

接到投诉后，徐州市地税局征管处王楠负责调查此事。王楠对记者说，关于某汽车服务公司未按规定开具发票一事，地税三分局在 1 月份接到举报，当时管理二科负责处理举报情况说："被举报的汽车服务公司，主要从事汽车维修、美容、装潢业务，兼营洗车业务，由于它的洗车业务未单独核算，按税法的规定，属于缴纳增值税的业务，应开具国税局提供的增值税发票。"

当时，地税三分局管理二科督促公司单独核算洗车业务，并要求这家公司领购了洗车业务适用的发票。汽车服务公司也按照举报人要求，补开了 100 元的洗车发票，王楠说，地税三分局将尽快安排将 100 元洗车发票送到举报人王先生手中，并因此给王先生带来的不便表示歉意。

《行风热线》报道此事后，不少市民继续投诉相关洗车不规范甚至乱收费问题，徐州市城管局根据群众投诉，组织力量，在全市查处洗车黑窝点，并对进行洗车行业全面进行执法检查，规范了洗车市场。

（九）供电、公安自加压力安民惠民，获社会赞誉

（1）由于历史原因，徐州市区 2010 年以前的老旧居民小区用电计量装置破旧、维修资金不足，安全隐患大，群众在行风热线中多次投诉，由于资金问题，难

以解决。徐州供电公司急群众所急，积极对上争取一亿多元专项资金，首批投资3 000万，对徐州师大晓光社区等多个老旧居民小区的表箱进行集中改造，最终这项工程惠及徐州城区10万户，没让群众出一分钱，供电公司此举受到社会各界赞誉。

(2) 近年人口流动加大，许多云贵川等地的人员在徐州安家落户，由于长期与家里失去联系，当地的户口底数不清、数据丢失现象很多，给这些迁居徐州市的人员带来严重生活困扰，也给公安机关依法行政带来很大麻烦。徐州市公安局为此组织专门力量，远赴云贵川，摸排人口底数，共解决5 916位迁居人员的户籍问题，使他们在徐州能够安居乐业，受到社会赞誉。

此外，2012年获赞的事例还有：徐州市城乡建设局为民工集中讨还拖欠工资问题，以及徐州市计生委承诺全面启动市区独生子女持证退休职工一次性奖励问题。

(十)《行风热线》年度通报：多部门乱收费被纠正，部分扯皮事件仍无下文

(1) 纠正乱收费。

2012年，不少退休人员反映贾汪人保局在办理退休手续，提取档案时，违规收取档案托管费。按照规定，提取档案并不缴费。经查，贾汪区人保局属于违规收费，总值达30 000多元。最终这些款项均退还退休人员。

2013年，群众投诉云龙交巡警大队在指定停车场违规收取交通事故中查封、扣押车辆的停车费的问题。《行风热线》报道后，形成了强大的舆论声势，涉事的云龙交巡警大队被通报批评，徐州市交巡警支队对违规收取停车费的停车场进行规范整顿。

2013年，市民投诉徐州市展览馆门前无证停车场违规收费，无人管理的问题。经《行风热线》持续报道，徐州市城管局停洗车场管理处牵头协调解决此事，违规收费被叫停。

(2) 扯皮事件仍无下文。

小区违建问题：汉御花园6号楼一顶楼住户，将自家门前楼道用铁栅栏圈起来，装了一道防盗门。邻居认为妨碍生活，要求拆掉违建物。市城管、规划、房管等部门以及彭城办事处、云龙居委会、小区物管公司等单位均出面协调，未能解决此事。

市规划局表示无法律依据给城管局下通知，房管局表示，主要监管房屋的结构安全，对顶楼的私装行为无法管理，云龙区城管局表示，防盗门不属于他们管理，违建认定权在规划。

诸多执法部门都推说没有管理权，究竟该谁管？扯皮到何时？

附　　录

附录一　徐州《行风热线》节目活动文本

一、《行风热线》直播节目文案

2011 年 7 月 27 日《行风热线》文案

上线嘉宾：徐州市园林局局长李云岘

主持人：金诚

《行风热线》栏目曲

【开场白】

倾听百姓心声，接受群众监督。各位好！欢迎您收听《行风热线》直播节目，我是主持人金诚。

今天是 7 月 27 号，星期三，今天的上线单位是徐州市园林局，市园林局李云岘局长、泉山区园林旅游局于道平局长、鼓楼区园林旅游局司衍磊局长、云龙区园林处李光处长、经济开发区市容市政管理局海卫副局长、市园林执法督察大队陈益胜大队长、市城市园林绿化管理站刘景元站长、园林绿化管理处何树川处长、园林规划建设处田园处长、园林公园管理处沈维维处长、行政许可服务处程建安处长，都来到了新闻广播的直播间，就市区园林绿化、花草树木养护等方面问题，现场接听市民的咨询、投诉和建议。

节目参与热线：80809393，现在已经为您开通了。如果您不方便拨打热线，可以登录中国淮海网，点击《行风热线》我要留言，留下你的问题，或者编发短信或登录微博的形式参与节目，移动、联通、小灵通用户可以编辑数字 930＋需要反映的问题，发送到 10665566077。另外，可以登录新浪微博点击徐州电台《行风热线》节目，欢迎在微博给我们留言，反映您所遇到的一些问题，我们会在第一时间给您回复，期待您的点击与参与。

好，刚才已经向朋友们做了介绍，今天是市园林局的领导走进直播间。市园林局李云岘局长此刻就坐在我的旁边，李局长你好。

李云岘：你好。

主持人：好的，李局长，我们来接听一位听众的电话。来听一听他的问题。你好这位听众。

听众:你好。

主持人:有什么问题请讲。

听众:这几年园林局做了很多的工作,在园林绿化方面取得了很大的成绩。但是我们典型的景点,比如说云龙山、云龙湖是比较有名的景点,有的景点文化的内涵还稍微欠缺一点,不那么厚重。现在新的景点有音乐厅、艺术馆,但是体现徐州今天园林景点发展状况的宣传方面还很欠缺。古老的徐州已经有几千年的历史了,两汉文化创造了很大的辉煌,徐州是兵家必争之地,历史上发生过多次决定国运的战争,最著名的是淮海战役。解放战争之后我们的发展也很快,但是在旅游方面,宣传徐州汉文化传承的比较欠缺。就像历史上文字的东西有碑文的形式刻下来,比如宋代的苏东坡写的《放鹤亭记》一直流传到现在,这个就很有影响,那么现在如果有类似这样的文字,宣传徐州形象的赋文刻出来,使游人看到徐州的文化品位,这是我提的要增强景点的文化内涵,要厚重一点。

主持人:这位先生讲得非常好,主要是我市园林绿化工作包括我市文化景点特色不够突出。

听众:另外,这几年街头绿化也很好,但是存在两个问题,比如淮海路改造的问题,原来的隔离绿化带拆除之后,变成现在大理石花盆,群众是不太满意。第二,生态城市的发展也不和谐。那个小的花盆在我们客厅里可以,那么长那么宽的街,弄那样的小东西,不能解决问题。再说投入太大,一年换几次花,换花的成本、人工的成本、浇水的成本。我们城市的资金的开支还不那么充裕,希望把这些钱用在刀刃上。我还建议,能在目前的基础上,把大理石的花盆去掉,还弄成原来那样,弄小一点,不影响车辆通行就行。我们的城市是以人为本,不是以车为本。街道的绿化,咱们园林局还是以生态为主,又能吸尘又能环保的作用。第三,希望中山路绿化建设别在走淮海路的老路,其他细节上的意见我不再提了。

主持人:好,非常感谢您参与我们的节目。

听众:展览馆门前那堵墙该拆掉,用其他园艺的设计。那一堵墙栽那点花没有意思。

主持人:你讲的具体是哪一面墙?

听众:展览馆门前。那堵墙从两侧进取,既不协调也不艺术。这个他们去考察一下。属于比较初级的设计,堵上人了,但是美化没有、交通方便没有。我建议,展览馆恢复到原建的状态,有花坛有树木,有灌木有乔木,清早傍晚市民在那休闲非常好的地方,不要光考虑停车。展览馆毕竟是个标志性的建筑,在徐州那样的建筑不多了。

主持人:好的,这位听众。您的三个建议我们一直在倾听。应该说我们的市民对我们这所城市的园林绿化包括城市改造是非常非常关心的,每一位听众都有自己的见解和意见，我们的李局长也一直在倾听，和听众交流一下好吗？

李云岘：非常感谢这位朋友。确实，如果徐州的园林绿化如果没有市民的关心爱护与参与，可能就没有今天建设的成果和成就。刚才这位先生的提议非常非常好，应该把我们园林的问题都提出来了。确实在现在全国的园林绿化建设里都是这样，如何打破千层一面的问题，每个城市建出来的园林绿化的园子都是一样的，其中只有深刻挖掘自己的文化内涵，才有可能把我们园子建的和其他城市不同。

这几年我们也致力于这方面的建设，当然也有很多不到位的地方。比如在湖东路文化古迹游览区，我们就建了刘备泉、挂剑台等，在今年云龙山的敞园改造过程当中，还将复建一些文化古迹，包括云龙书院、张山人故居以及放鹤亭等。另外，在八一大堤的景观改造过程当中，我们建了一个金石园。

主持人：是的，我们也能感受到这种文化特色。

李云岘：金石园的建设可以说把徐州几千年的文化都有体现，包括有李可染的“爱我家乡徐州”这样的印章。同时在我们的奎山公园进行敞园改造，我们把它建成一个劝学励志的广场。虽然我们做了一些工作，但是和徐州这个历史文化名城的厚重相比还有一定的差距。在今后的建设中，我们会更加注意挖掘文化内涵，建设特色徐州园林。

第二个问题关于淮海路这一块，当初淮海路上花坛的拆除，作为园林人来讲我们肯定是反对的。但是如果和整个城市的交通相比，我们认为应该先解决主要矛盾，所以当时就同意把中间的绿化隔离带拿掉了。那么拿掉后怎么满足老百姓爱绿、爱美的需求呢，所以当时我们就借鉴南京等一些城市的做法，做了一些花池。为什么没把它栽到地上呢？就是避免过两年交通又不行了，又不满足通行需求之后，又要拿掉，整个路面要重新建设。所以在目前交通还能维持流量的情况下，我们临时采取这个措施。而且这种花岗岩的花池是可以反复使用的，如果这个地方交通需要拿走了，我们可以拿到其他地方，也是一种节约园林的体现。刚才这位先生也讲到，里面栽的东西有的确实可以改，当时栽的主要以花为主，主要是想以花来烘托一下城市的氛围，现在我们已经在逐步改善，里面因为土层不是太厚，栽一些大的灌木可能有问题，技术层面上解决不了。但是我们可以选择一些浅根类的，一些常绿的灌木。另一方面，我们现在已经逐步改成自播花卉。一年播一次之后，它能不断地自播、自衍。这也是一种节约园林的体现。所以这位先生提得非常好，我们今后会在整个园林的建设和管理中，不断地完善。

【片花】

主持人：好，欢迎朋友们继续关注我们的《行风热线》，今天上线的单位是徐州市园林局，市园林局局长李云岘带领各区园林旅游局的负责人，来到了我们的直播间，就市区园林绿化、花草树木养护等方面问题，接听市民的咨询、投诉和建议。我们的热线电话80809393，继续为您开通着。我们来接通下面一位朋友。您好这位听众。

听众：你好你好。

主持人：有什么问题请讲。

听众：有一个问题想问一下李云岘局长，我们也是开车一族。

主持人：这位听众，您的电话信号太差了。对对对，您这样吧，还是不行，换一路电话来交流您的问题。我们来接通下一位朋友的电话，您好这位听众！

听众：喂。

主持人：喂，您好。有什么问题请讲。

听众：我刚才听了园林局李局长讲话，其实我们市民都能感受到徐州市各条道路绿化面积都增大增广，确实不错。而且敞园开放这一块，各大公园都很方便市民。

主持人：对。

听众：云龙山这一块，就是好像没有几个大的公园了。云龙山弄的也是比较到位。正好我住在附近，我们想知道，大概什么时候能完工，我们市民能享受云龙山敞园开放，进去散步、锻炼啥的。

主持人：对。我们的短信平台上也有一位听众发来了短信，想了解一下云龙山敞园改造正在进行当中，大概什么时间能够对外开放？

听众：对对对。

主持人：好，李局长。

李云岘：好的。谢谢您的关心。云龙山敞园改造是我们今年的重点工程，它的建设年限是两年，今年到明年两年。主要的一期工程是一到三节山。现在我们已经开始这方面的工作，但是为了广大市民的方便，云龙山还是在正常的时间对外开放的，施工期间是我们建设的范围内的工作时间。另外现在还涉及现在的广电局拆迁问题。

主持人：现在我们直播间所在的位置。

李云岘：对对对，等它搬了以后呢，我们会尽快地把它建设完。减少对市民的影响。

听众：那大概今年能结束吗，这个工程？

李云岘：今年建不成，两年期的工程。

听众：哦，两年。

李云岘：广电局单位下半年才能拆，拆掉之后明年我们才能把现在所处的山下这块规划的园林建设起来。

主持人:因为广播行业比较特殊,我们的电波不能够中断,还要考虑其他的一些成本,我们的广电大厦在新城区正在建设中,我们也是期待能够早一点搬到新的大厦中,有一个更好的环境迎接各单位领导走进我们的直播间,来和听众作交流,也使云龙山的面貌变得更加美丽,满足更多市民的需求。

听众:好的好的。我知道了,我们也期待着。

主持人:感谢您对节目的关注。我们的热线电话 80809393 继续为朋友们开通着,在这里也是提醒更多的听众朋友们,关注我们明天以及后天的上线单位。明天 7 月 28 号,市经信委上线,7 月 29 号,徐州工商局上线。朋友们有相关的问题,都可以通过我们的电话 80809393 来进行交流。也可以提前拨打场外热线 80808093。

主持人:好,我们继续来接通下面一位朋友。你好这位听众。您好,您的电话接通了,有什么问题请讲。

听众:喂。李局长吗?

李云岘:你好你好。

听众:李局长。

李云岘:你好,请讲。

听众:我想向你反映一个问题,我是余窑 20 号楼 2 单元的,我们院里面有两棵杨树。现在已经有超过 7 楼高了,现在地坪也撑裂了,还有一打雷下面都冒火花。年年春天刮风那个毛毛,人身上都过敏,大人小孩身上都起疙瘩。这个树不要了,想通过你园林局看采取什么办法给我们伐掉?你们拉走。

李云岘:好的好的。这样,我一下线之后我们就安排人过去看去。好吧,尽快帮你们解决这个问题。

听众:因为我们两栋楼也找到街道办事处,全楼签名也递上去了。

李云岘:好的,我尽快办。

听众:我们属于余窑街道永安办事处,这些手续都递上去。他说就等人来看,申请书也写过了。三月份就递了,迟迟没有人解决。

李云岘:那不会的,绝对不可能的。是不是在这个运转过程中发生了什么问题,我不太清楚。这样,我查一下。按照道理来讲,你的报告递上来以后,我们肯定会在三天之内到你家去看去,五天之内肯定会批复掉的。所以你讲这个三月份是不可能的事情。

听众:我们三月份就递了申请了。

主持人:这样吧这位听众,刚才李局长也说了,下线之后会及时落实一下。了解一下这个情形是否符合相关的要求,具体的和你联系一下。

听众：确实离楼太近了。好吧。

李云岘：涉及安全隐患的，我们马上会批的。

主持人：这样，您把电话留给我们的导播，保持您电话的畅通。今天我们泉山区旅游局的于道平局长也来到我们直播间，下线之后会针对您的问题和您联系，及时帮助你解决。好吗？

听众：谢谢金诚老师和李局长。

主持人：不客气。对这件事情，我们在明天的节目当中也会继续追踪报道，好吧。一定保持您的电话畅通，方便上线单位和你联系。就这样，再见。我们来接听下面一位朋友的电话。你好这位听众。

听众：喂，你好。

主持人：有什么问题请讲。

听众：我反映一个问题。我们是合群桥北，苏堤小区的居民，我们小区有20个棵法桐树，现在长有十几米高，有十几年了，现在一直没有人养护管理，枯死树枝往下掉，砸到人、砸到车，现在进入雷雨季节了，容易招雷电，看能不能安排修剪一下。

李云岘：好的，谢谢你。这个节目以后，我们泉山区的同志会到现场看下，小区绿化是小区负责管理的，但是我们会马上安排人过去。

听众：好的谢谢。

主持人：这位听众，要保持你的电话畅通，方便和你沟通和联系。好的，我们来接下一路电话，来听听他的问题，你好，这位听众。

听众：您好，目前徐州市绿化建设搞的挺好的，云龙公园还有好多园都敞园了，咱们群众都享受到好处了，现在我们想了解一下，咱们下一步咱们园林局有没有具体措施办法，把我们的城市管理得更好。

李云岘：谢谢你，确实园林建设是三分建，七分管，而且现在生态改造很大，绿化面积逐步扩大，市民百姓对绿化管理越来越高，因此我们管理重要性越发显现。现在我们对绿化管理主要是分级管理，重心下移，同时强化考核，是这么一个管理体制，那么对于一些重要的广场、公园、景区，作为市管绿地，市里面专门出台了公共绿地管理办法，对管理有非常严格的要求。同时，我们市园林局和标准计量局，共同颁布了《绿化管理养护规范》这个地方性的标准，根据标准进行绿化的养护和管理，一些道路和辖区的管理是由我们各个区的园林处负责管理，以及还有一些属于单位绿地的，由单位来负责管理，应该讲这几年，市政府投入在绿化方面管理费在逐步增加，通过市场化的运行，引入了一些竞争机制，通过市场化的竞争，来不断提高绿化养护的水平，同时，市委市政府还开展了精品绿地的达标创建工程，通过3年精品绿地达标创建，要求70%以上的绿地要达到这个标准的要求。通过达标创建,有一批精品绿地成为典型,起到引领示范作用,使全市整个绿地绿化都在向高标准看齐。

主持人:我觉得城市园林绿地的管理不仅是我们园林绿化部门的事情,也是我们每位市民关注的事情,只有我们每位市民都关心这个问题,我们这座城市才会变得更加美好。也是非常感谢李局长的介绍。

听众:我们还想了解一个事情,我们都是有车一族,道路是越来越拥堵,有些道路把中间的绿化带给弄掉了,李局长对这个问题下一步有具体的措施和打算。

李云岘:这个问题很好,这也是我们很难办的一个问题,鱼和熊掌不能兼得,全市人民都希望我们的绿化面积越来越多,那么如果是有车一族,希望我们的交通越来越畅通,那么在这样的情况下,确实很难,城市道路规划已经形成了一个格局,再去大拆大建有很大的问题。所以,老城区在不太拥堵的情况下,尽可能保留分车带,分车带有一个很好的作用,因为徐州是寒冷地区,冬天常绿的树种落叶,这就靠隔离带的植物给我们一些绿意。不过,在没有办法的情况下只能拿掉,服从交通规划。今后在其他的道路建设当中,我们会严格把关,保留两侧充足的绿化空间,打造一条既快速通行,又绿化美景的道路。我们新城区的一些道路,和平路东延长段等等,道路两边的绿化带都是挺宽的。

主持人:看来,在我们老城区解决这个问题确实挺难的,希望我们更多的市民能够理解。

【片花】

主持人:欢迎继续收听,今天上线单位是徐州园林局。你好,让您久等了,有什么问题请讲。

听众:我给你们反映个问题,在鼓楼区的奔腾大道,看到有的树原来栽得好好的,后来两边开了门面房了,你看它两边缺的树好多,一部分是死掉了,很大一部分是商家为了树不挡他的门面,晚上偷偷锯掉了。我晚上看到他们锯树阻止他们,他们不听。我想我们这个园林部门要加强处罚力度,其他地方肯定也有这种现象。另外一个我们要在市民中宣传,增强大家的爱绿、护绿意识。不然,商家为了生意,就把它弄掉了,园林好不容易从外地运过来,你晚上锯掉多可惜。另外,两边栽的行道树,小的时候好好的,等到树长大了,那树根地面砖都起来了,很难看。我想园林部门是不是想办法解决这个问题。

主持人:好的,这位听众,由于时间的问题,我们就先接听到这里,今天我们鼓楼区园林局的孙彦磊也是来到我们的身边,关于奔腾大道两边的树木被砍伐问题,我们也是希望下节目以后及时落实解决。好,今天,由于时间的缘故,我们的《行风热线》到这里结束了,非常感谢园林部门的领导做客我们的节目,感谢听众对我们这座城市的园林绿化的关心和关注,希望园林部门下线之后及时的落实，给听众一个满意的答复。好，听众朋友，再见！

二、2013年5月13日《沟通》直播节目文案

主持人：金诚

【片头】 关注百姓呼声，增进交流理解，加强舆论监督，共筑和谐社会，FM 93每天下午17:30分，欢迎收听徐州新闻广播《沟通》节目！

首先，简单地把我们节目情况给您做一下介绍，以方便大家了解，更好的关注、交流和沟通。我们这档节目主要就大家普遍关心的，当天《行风热线》听众反映的热点、难点和疑点问题，及时的给予反馈。听众通过一些其他途径反映的问题，比如，微博、微信、中国淮海网的网络留言，还有群众来信、新闻热线80808093等反映的典型问题，在这里也有记者的调查和相关单位回复处理情况的追踪报道。简单一句话概括，这档节目可以说是上午《行风热线》的延续。我们将在电波中营造良好的沟通环境，体现媒体传播的价值！希望新老朋友及时的关注和支持！

【片花】 回音壁！回音壁！

好！进入今天的节目内容，今天的行风热线上线单位是徐州市消防支队，上午的节目热线不断，可见，大家对消防安全的重视。下线以后我们栏目组也对听众反映的问题进行了梳理，就主要的消防设施、消防通道的问题进行了落实和采访！今天的回音壁就一起听听！

上午的《行风热线》节目中，幸福家园小区的居民王先生反映说，小区里的消防设施不齐全，他担心一旦发生火灾，延误灭火时机，造成严重的后果。幸福家园小区消防设施的配备是否符合规定，节目后，记者和消防支队的人员来到了小区，请听记者臧静茹发回的报道：

【出录音】

居民1：应该得配备灭火器吧，就是挂在墙上面那种，楼道跟前的那个。

居民2：应该在楼道里面得有。楼道里面消防带，里面有水，居民要用来灭火直接就喷了。

【录音止】

幸福家园西区的居民都表示，在小区里没有看到防火设备。记者和消防官兵带着疑问，在小区里仔细查看后发现，居民之所以说没见到防火设施，是因为小区的公共绿地，几乎都被人圈了起来作为自家的后花园。而设置在小区公共绿地上的消火栓，也一同圈了进去，被蔬菜花草遮挡的一干二净。

那么，这些消防栓能正常使用吗？消防官兵打开了消火栓的阀门，一股水流立刻喷了出来。

徐州公安消防支队防火处法制科薛伟：（出录音）

我们到现场也看了一下子，室外消火栓也有。我们现场测试了一下，它这个室外消火栓也是有水源的。但是也反映出一个问题，我们这个小区的很多消火栓，被居民给遮挡了，自己圈占菜园。（录音止）

薛伟表示，按照消防法的相关条例规定，损坏或者故意破坏消防设施的行为，他们会给予处罚。（出录音）我们这块还是督促他们，有物业单位的，还要通知物业加强管理这块。如果说没有物业的，要通知相应的居民委员会包括社区，共同出面把这个事情处理一下，主要是靠大家自觉来遵守，共同来维护（录音止）。

小区里配备了室外消火栓，那么小区居民提出的室内消火栓，是不是也应该配置呢？薛伟表示：（出录音）根据建筑不同，哪些建筑需要上室内消火栓，哪些建筑不需要上室内消火栓，有具体的标准，具体的情况来看，不是每个小区都要上室内消火栓。（录音止）

希望幸福家园西区把公共绿地作为自家花园的居民，别忘了消火栓担负着的重要功能，千万不要因小失大。

主持人：好！感谢小臧的报道！我们常讲公德之心！公德之心是什么？大家都知道，都明白。比如，刚才说到的公共绿地，它是属于大家的，你就不能自己占用。如果说大家都有这方面的想法和要求，想把公共绿地变成花园，让自己的居住环境更美一些，更温馨一些，可以通过合理的诉求，来改变啊！千万不要为了一己私利而带来安全方面的隐患，更何况是消火栓，你圈起来了，一旦发生了火灾，怎么办，这方面的惨痛的教训不胜枚举！

再说一个涉及公德问题。今天的《行风热线》接到市民反映，民富园小区消防通道被占用、堵塞的情况较为严重。节目结束后，我台记者跟随消防部门来到民富园调查采访，接下来，我们就连线记者彭婷，了解一下情况！

彭婷，你好！

主持人，你好！

下线以后，我们和消防人员就来到了在民富园小区。看到不少车辆交错停放在小区的主干道上，使本来就不宽的道路更显得狭窄，而且车辆停放也不规则，周围居民出行很不方便。

采访中，也不断地有居民向我们诉苦，说小区原来没有车位。现在生活条件好了，几乎家家都有车。上班时间还好，车辆少，大部分都开走了，可到了晚上五六点钟下班了，差不多都要回来了。一直到第二天早上的八点之前都比较堵，出去都很难。

民富园小区物业管理处的张根生向记者介绍说，这个小区从 2008 年开始，小区内的机动车数量就不断增加。但是由于这个老小区前期建设时并没有留下足够的停车位，才导致现在消防通道被占用的情况出现。张根生说现在小区的居民是 5 000 多户，固定车位寥寥，一个楼道也就是两个固定车位吧。最新的统计现在小区共有私家车 2 000 多辆。

主持人：嗯！车多停车位少，这可能是一些老小区遇到的共同问题。也使得不少车辆占据小区消防通道停车。这给小区的消防工作带来了隐患。

彭婷：是的！主持人，徐州市公安消防支队监督管理科毕兴普说：目前很多老小区都普遍存在这个问题，一个是停车难的问题，停完车，尤其是晚上，发生了一些事故和火灾，导致 119 车辆无法正常的进入小区。在全国也发生过类似的事情。很多火灾都是眼睁睁地看着它烧，消防车都无法开到现场去。

为了应对这种情况，消防部门只能在出警的时候，尽量配备比较多的消防水带，到达现场以后尽可能地向现场铺设水带。通过这种方式来避免这种情况。

毕兴普说，目前，消防部门正在和民富园小区积极协调解决小区内占用消防通道停车的问题。民富园小区的物业管理部门也表示，他们将加强对消防通道的日常维护和管理，并向小区居民普及防火安全教育，让大家自觉不在消防通道处停车。我的报道就到这里！主持人！

谢谢！彭婷，再见！

主持人：客观地说占用消防通道是全社会都面临的一个棘手的问题。随着汽车时代的到来，多数小区规划落后，没有足够的停车车位，还有的虽然建设了地下车位，但由于价格偏高，多数居民无力购买，还有的地下车位和地上车位无法满足所有停车需要，业主无奈只好把车停在便道上。对此，物业公司一般视而不见，这样无疑会埋下事故隐患。这个问题看上去是小事，但一旦出事后果难以预测。我们也希望在现有的情况下，居民尽量不要占用消防通道，小区的物业能履行职责。消防部门能检查及时，执法严格。更希望政府部门在制定老小区的改造和相关规划时更科学、合理一些！不要出了事以后才后悔！

【音乐】

今天上午的《行风热线》直播中，市民焦先生打来电话反映，大约四个月前，他在中介看到一则招工信息，说是徐州市消防支队招聘合同制消防员。他给孩子报了名，还交了 600 元的中介费，可是已经过去很长时间了，却杳无音信。前几天，他又找到中介想退钱，却遭到拒绝。这其中到底发生了什么事情？请听徐州台记者林晓婷发回的调查报道。

依托中介找工作未果，600 元中介费为什么不退，究竟是谁收了这笔钱。接到焦先生的电话，我们把这件事反映给了徐州市消防支队。特勤大队副大队长杨勇拨通了焦先生的电话：（出录音）

杨勇：你反映什么问题，能给我说一下吗？

焦先生：有四个月了，听说你们公安消防支队招人，我就打这个电话联系，他收我 600 块钱，给我一个政审表，上街道派出所政审没有违法犯罪记录，我盖过章给他了。我说你要真不能弄，把钱退给我，他不想退，我说你不退咱到派出所说理。他说我在积极给你办。我想问问你们这事真假，你们消防招人了吗？

杨勇：焦先生，我们确实在前期招了一批合同制消防队员，我们委托徐州市百邦劳务咨询有限公司，有这个情况。但你铜山新区贴的广告反映的这个情况，是不是百邦公司这个公司？（录音止）

挂掉电话，杨队长还告诉我们，类似的反映他在两三个月前也接到过，而且他现在还有当时反映人送来的一张宣传单。

【出录音】我们招工信息是真的，年龄限制也是差不多的，8 小时工作制这一块，我们毕竟是消防部门，24 小时执行战备，但是进到我们部队的合同制的消防人员每个月有 6 天的休息时间，平时就是在队参加执勤训练抢险救援灭火。工资待遇这块目前与招工信息单子上有出入，最后一条满一年做得好的 70%转编的，我们是没有这种说法。（录音止）

据了解，两三个月之前，徐州市消防支队确实招聘过一批合同制消防队员，现在这批队员已经开始集训了。所有人都是委托徐州市百邦人力资源有限公司招聘的。徐州市消防支队特勤大队副大队长杨勇：（出录音）我想提醒广大市民，徐州市公安消防支队招聘合同制消防队员是通过与我们合作的唯一的一家徐州百邦人力资源有限公司，委托他们招聘的。如果还有其他中介也发布这些信息那应该是虚假信息。

那么，收取焦先生 600 元的中介人宋梅又和百邦公司是什么关系呢？我们将对此事继续进行调查采访。

【片花】

一切合理、真诚、客观的反映，在这里都应该有回音！我是徐州台主持人金诚，为了你的诉求，我和我的同事将共同努力！

好！欢迎你继续收听《沟通》节目！我是金诚！我们的热线电话 80809393 为你开通着、微信《行风热线》、微博徐州行风热线也都期待着你的交流和沟通！

接下来关注听众在微信《行风热线》的留言及对上线单位的打分。

网友，我是小草说：云龙区上线时，我反映津浦花园小区有新建违章建筑的事，上线时他答应好好的，来看看解决，为何迟迟不见动静！要是我给他们打分就是零分！

网友我爱考拉幸福说：4 月初汽配城查验点给新车上牌照，一早取号后等到下午四点多，汽配城查验点工作效率这么低。

关于津浦花园小区有新建违章建筑的事，我们已经和上线单位进行了联系，城管局副局长王镇回复说，他们和规划部门联合对这个违章下达了通知书，限令10天内拆除，搭建人拒不拆除违章建筑的，除法律另有规定外，由行政机关依法申请人民法院强制执行。我们也将继续关注！

针对网友我爱考拉幸福反映汽配城上牌照的问题，记者联系了市车管所二级警员郑浩，他解释说，为了方便群众，交警部门在多个地方都设置了机动车的查验点，但是大量的业务还是集中在汽车城、汽配城这两个地方。

到其他的地点，新车的注册是单一的业务，但是汽车城和汽配城是车辆的转移、变更以及转出转入，业务比较复杂，不是单纯的查验和录入的过程就能完成的，所以耗时比较长一些。

郑浩表示，汽车城、汽配城查验点从早上8点半开始叫号，下午4:15进行最后一次查验，之后的时间还要进行材料的归整、受理。像网友这种情况，即使没有能够进行受理，工作人员也会为他先进行车辆检验。

我们执行的是朝九晚五，中午不休息，我们4:15进行最后一次查验，如果你4:15不能够受理，我们也执行先给你查验完。但是，4:15查验完之后材料必须上传，然后进行微机的受理。我们已经制定了车辆查验的业务重组和分流，以后可以更方便。

【音乐】

好！接下来我们关注朋友们在微博和中国淮海网的留言。

新浪徐州行风热线微博：

网友大侠徐州人：建议各个小区消防通道的存在的问题，请市公安消防支队加大查处力度！新工程审核不要走形式，让徐州百姓生活在安全中！不要以罚代管现象！该拆除的拆除！还百姓生命的通道的畅通！

谢谢！大侠徐州人，真的是名如其人，也说出了我们大家的心里话！

网友我是侯红留言：物价局上线时曾经说过公交车是在5月18号统一实行空调票价上车投币2元，可是昨天我在居乐园乘11路附，上车后司机让投币的乘客投币2元，而且还没到18号早早地就把《普通票价一元》的牌子拿掉。就此问题请公交公司给予解释。

这个问题，下线后也会具体落实，给网友一个交代！

【音乐】

中国淮海网四位一体网络平台今天有一位许先生留言：

你好，我是徐州经济开发区大庙镇大庙村，向你们媒体反映一个事情，我们这个村每一户都没有房产证，去找村里，村里说这个事情，不好办不知道该向哪个部门反映，谢谢！

房产证、土地证这些涉及老百姓居住的利益事情，大家也越来越重视。许先生反映的大庙村为什么没有房产证，节目之后我们会和徐州经济开发区联系，给一个说法？能办就抓紧办，不能办是什么原因，要给听众解释清楚！

好！沟通上下，增进理解，今天的《沟通》节目由于时间的关系就到这里，感谢你的收听！节目以外，欢迎朋友们通过几种方式和我们节目交流，微信《行风热线》可以对上线单位打分及反映你的问题和看法，微博徐州行风热线以及中国淮海网网络留言，还有就是场外热线 80808093 反映的问题，我们会尽全力帮助你解决难题，维护公平、公正！

我是金诚！稍后继续关注新闻广播新闻晚高峰，朋友们！明天同一时间再见！

三、2012 年江苏省市政风行风热线“四位一体”联动直播的徐州实录

关注民生幸福　建设美好徐州——市长与百姓沟通零距离

时　间：2012 年 7 月 20 日上午 9:00

地　点：徐州电视台演播大厅

主持人：江苏电视台政风热线主持人：王楠

　　　　徐州人民广播电台主持人：凌飞

【播放徐州城市宣传片】

徐州，古华夏九州之一，是全国重要的综合性交通枢纽和东西南北经济联系的重要十字路口，被誉为北国锁钥、南国门户，素有五省通衢之称。是江苏省重点规划的三大都市圈核心城市和四个特大城市之一。这座 2 600 年的古城，经过新时期的锤炼洗礼，凝聚成新的城市精神——有情有义、诚实诚信、开明开放、创业创新。

近年来，徐州市委市政府始终把改善民生民计作为工作的根本出发点和落脚点，切实抓好民生幸福工程，大力开展多媒体联动“四位一体”行风热线，12345 政府服务热线，倾听群众呼声零距离，推进百姓办事零障碍。全市就业和社会保障体系日益完善，累计新增就业 46.6 万人，城乡低保、新农合、城镇居民医保和城乡居民养老保险实现全覆盖。社会保障基金发放超百亿，城乡居民基础养老金发放率达 100%。社会慈善救助工作不断强化，先后建设经济适用住房 246 万平方米，廉租房和公共租赁住房 16 475 套，解决了 4.7 万多户特困和低收入家庭的住房问题。民生环境不断优化。大龙湖景区、小南湖景区、珠山公园等一大批山水园林工程相继完成。空气优良天数连续 7 年超过 300 天。森林覆盖率 31.3%，城市绿化覆盖率 41.9%，荣获全国环保模范城市、国家森林城市等称号。

目前，市委市政府着眼全局，以“关注民生幸福，建设美好徐州”为己任，规划建设淮海经济区产业、交通、商贸物流、教育、医疗、文化、金融、旅游八大中心，加

快建设特大型区域性中心城市。970万徐州人民，肩负着江苏省委赋予的加快发展带动苏北加快振兴，加快全面小康步伐带动苏北小康建设进程的新使命，共同构建美丽富饶、温馨和谐的家园。站在新的时空坐标上，徐州正迸发无限激情与活力，盛情迎接五湖四海的新朋故友，迎接更加璀璨的未来！

【播放直播活动片头】

【主持人开场】

王楠：各位领导，各位嘉宾，各位观众、各位听众，欢迎收听收看2012省市政风行风热线四位一体联动直播《关注民生幸福　建设美好徐州——市长与百姓沟通零距离》。我是江苏广电总台主持人王楠。

凌飞：大家好，我是徐州广播电视台主持人凌飞。

王楠：刚才，我们通过一个短片，能够切实地感受到古彭徐州经济社会发展成就辉煌，民生建设也是扎扎实实。今天，省市政风行风热线"四位一体"联动直播走进了徐州。徐州市委副书记、市长朱民将会带领着各个区政府的区长，以及各个相关职能部门的主要负责人，在现场接受群众的咨询和建议，而且也会和场外的听众进行沟通和交流，替百姓解决实实在在的问题。

凌飞：是的，以本次活动为契机，将会进一步加强我市机关作风的建设，加强民主监督，创新社会管理、推进民生幸福的建设，进一步打造幸福和谐新徐州。

王楠：本次活动由江苏省人民政府纠风办、徐州市人民政府、新华报业传媒集团、江苏省广播电视总台（集团）主办；中共徐州市纪委、徐州市委宣传部、徐州市监察局、徐州市人民政府纠风办、徐州报业集团、徐州广播电视台联合承办。

凌飞：同时我们本次活动将会由江苏新闻广播、江苏新闻综合广播、徐州新闻广播同步直播，中国江苏网、中国淮海网网络视频同步直播。江苏电视台以及徐州电视台进行联合录制播出。当然，我们徐州市各县区政府和相关部门目前也正在组织集中收听收看本次活动。

王楠：我们在现场还开通了12345政府服务热线和行风热线80809393，随时接听市民朋友的建议和意见，您也可以登录中国江苏网、中国淮海网留言参与节目。

凌飞：好，朋友们，我们接下来非常荣幸地为大家介绍出席今天活动的各位领导和嘉宾。他们是江苏省纪委副书记、省监察厅厅长、省政府纠风办主任江里程；

王楠：江苏省监察厅副厅长、省政府纠风办副主任刘井石；

凌飞：徐州市委副书记、徐州市人民政府市长朱民；

王楠：徐州市委常委、宣传部部长张彤；

凌飞：徐州市委常委、市纪委书记陈志扬；

王楠:徐州市委常委、副市长王昊;

凌飞:徐州市政府党组成员、秘书长周建洪。

王楠:参加今天节目的嘉宾还有徐州市各个区政府的区长以及相关各职能部门主要负责人,非常感谢各位的光临。

凌飞:当然在今天的观众席上,还有来自于社会各界的市民朋友、主要媒体的记者、市人大代表、市政协委员、市行风热线监督员以及大学生村干部的代表,还有来自徐州103家《行风热线》上线单位的各位负责人,欢迎各位的到来!

王楠:关注民生、关注民情。今天,省市政风行风热线"四位一体"联动直播走进徐州,市长和百姓零距离沟通。现在,就让我们畅所欲言,也让各级领导来听一听,百姓的诉求,意见和建议。

凌飞:好,从节目一开始,我们的12345热线一直是响个不停。下面就让我们进入正题,首先进入今天节目市民的第一个热线电话。您好,这位朋友。

【主持人与听众电话连线】

听众:喂?

凌飞:你好。

听众:是我吗?

王楠:是您。

听众:您好您好。我想问一下,因为咱现在这个政府部门太多,服务热线也多,每次我们想问一个事,总打不到该打的地方去。他们都各管一摊,真是有问题要解决就不知道找谁了。我想有没有这样一个主管单位,就像首问负责制一样,方便老百姓。无论找谁,我打电话他们就帮我去问这个事,而且还有个头有个尾。你看,有没有这样的一个部门?

凌飞:好,这是您今天带来的问题,第一个打进热线,这个问题就和热线有关。这样,今天有很多市相关领导就在现场,这个问题您想问谁?

听众:朱市长在吧?那就问朱市长。能不能帮我们解答一下。

凌飞:好,朱市长,第一个问题交给您。

【徐州市市长朱民回答】

朱民:好。这位听众提的问题我觉得很有针对性,也跟我们市政府想到一块去了。过去,政府的许多工作部门,包括中央政府、省政府管理的部门,也包括我们地方政府的部门,为了方便百姓办事,陆续开设了一些热线服务电话。应该讲这些热线服务电话为方便市民办事起了很好的作用。但是,随着热线的增多,确实也涉及老百姓搞不清相关部门的职能。那么,为了解决这个问题,我们正在逐步地来整合这些资源。在刚刚结束的市十五届人大二次会议上,我们在政府报告当中非常明确,就是我们要努力打造一流的政府公共服务平台。

那么，这个政府公共服务平台的抓手，或者重中之重就是抓好 12345 政府服务热线的管理和运行。这个管理和运行下一步就是两个方向去延伸，一个就是把 12345 政府服务热线往基层延伸，市、县、乡镇能够三级联合；第二个就是范围进一步拓展，现在 12345 服务热线主要是从事政府服务和公共事业类的服务，下一步我们想继续延伸到百姓生活类的领域。那么，12345 这个热线的设立，也是应着我们进一步提升我们政府行政服务中心的服务效能，顺应百姓办事零障碍工程这么一个要求设立的。

从开始设立以来，我们 24 小时接收市民的电话，目前为止大概接收了超过 10.5 万个电话，应该说是受到了市民的广泛的好评和高度的关注。目前，市行政服务中心和市监察局正在按照政府工作报告的要求，着重推进三件事情。一个就是抓整合，就是把 12345 打造成今后政府对外服务的一个统一的平台，其他各种专业的热线，将逐步整合到这个平台上来。也就是你刚刚提到的这个问题，今后政府受理市民的咨询、投诉、服务统一的号码就是 12345，当然这个过程中有个并轨的过程，其他热线就逐步变成后台，变成处理和服务，前台就是 12345。第二个工作就是抓服务热线的延伸，我们争取各个县市区都能够把 12345 开通运行起来，这样就能真正使 12345 公共热线，能够从市到县区一直到乡镇三级联动起来。第三块就是抓服务的延伸，就是政府的服务热线不仅是解决政府本身的事务服务和公共类的事业服务这一块职能，我们考虑争取把老百姓开门七件事，日常生活当中碰到的一些烦事、琐事，也把它纳入这个服务范围当中来，从时间节点上，我们争取年底，能把这个范围拓展纳入进来。所以，非常感谢你的关心。这个工作对我们今后进一步提高政府效能也是一个很好的促进，也希望你们继续监督我们。谢谢。

凌飞：好，谢谢朱市长！这个朋友应该还在线上。

王楠：您对朱市长的回答满意吗？

听众：那我们以后打 12345 都可以解决问题了？

凌飞：没错。

听众：也非常感谢朱市长，我们也希望这一块做得更好。

凌飞：也请您做好这个推广工作，跟街坊邻居也说一下，记好这个热线，很好记，12345。好吗？这位朋友。

听众：好的，好的。

凌飞：谢谢。非常感谢。

王楠：好记好用，也做好宣传工作。

凌飞：没错。正是如此，一个电话能解百姓之忧，也是我们徐州市政府推行的百姓办事零障碍的目的所在吧。

王楠：好，各位听众、各位观众，在线的网民朋友们，您现在收听收看的是2012年省市政风行风热线“四位一体”联动直播。今天我们走进了徐州，地处骆马湖畔的新沂窑湾中学的师生和家长们，向我们的栏目反映，说在学校附近每天有数以百计的采沙船，在河道当中，夜以继日，不停地非法采沙。师生和家长就非常担心，随着汛期的来临，河床会被挖空，危及学校和师生生命财产安全，我们来看江苏新闻频道《政风热线》记者的调查。

【播放 VCR：暗访新沂非法采沙】

（配音）窑湾中学地处窑湾古镇，西望京杭大运河，东濒骆马湖，是新沂市一所有着六十年历史的学校，景色宜人。学校现有师生800多人，本该在学校快乐教书和学习的师生们，近年来却被骆马湖上热火朝天的采沙场景所困扰。

（同期声）新沂窑湾中学教师

你想离学校那么近，离堰那么近，整天打，堰边都打空了，都打八九十米深。一旦来大水，堰边开口沉下去了，学校整个不都得淹吗？

（配音）在学校附近，记者看到，河道上密密麻麻地耸立着打沙泵，黄沙从沙泵里喷涌而出，河道两旁堆满了沙子，前来运输黄沙的船只川流不息。

（现场）

记者：你们镇上有多少这样采沙的机器？

采沙船老板1：机器？大泵？我觉得查不清。也得有1 000台左右。

采沙船老板2：可以打到100多米。

（配音）那么，这些打沙船是否都有合法的租运手续呢？

（现场）

记者：你们要不要报什么土地部门、水利部门批啊？我看你们这到处都是采沙子的。

采沙老板：交钱。买下来三四万吧。

记者：你们交钱给哪个部门啊？

采沙老板：河道管理站。

（配音）只要交了钱，就可以大肆在湖中采沙，真的如采沙老板说的那样吗？5月17日上午9:00多钟，记者来到了窑湾镇河道管理所。

（现场）

工作人员：你要找，就到上面去找。

记者：你管不了？

工作人员：我一个人怎么管？

记者：你怎么不向上反映？

工作人员：不是我不向上反映，这个事不是一天两天的事，谁都知道。

（配音）河道管理所隔壁就是海事所，海事所的领导表示，因为非法采沙是从河底大量直接抽取沙层，原本的航道变了模样，航运安全也大受影响。不过海事所的领导强调，对非法采沙的打击和管理是一个多头管理的事，涉及河道、水利、国土、公安等七八个部门，海事一家也没法管。

（同期）新沂市窑湾海事所工作人员

多家都管，多家都发证。怎么弄？你搞，我有你的证，你说怎么弄？

（配音）于是，记者来到了窑湾镇政府。

（同期）新沂市窑湾镇政府负责人

绝对没有，真的没有。他们都没有办手续的，镇里一直都是打击的。

（配音）面对事实，镇里的领导为什么还要矢口否认呢？镇国土所的负责人表示说，他们一个开采证都没有发过，不过采沙船却依然在大张旗鼓地采沙，现在是多个部门在收费，却没人管的状态。

（同期）新沂市国土资源所工作人员

航道局它应该管的，（航道局说不是他们管）那他收人家钱，他不说呢？

（配音）眼看汛期来临，愈演愈烈的河道采沙让窑湾中学的师生们感到不安，他们多次向相关部门反映，一直未得到任何明确答复。于是，记者以学校老师的身份来到窑湾镇水利站反映情况，希望他们管一管。

（同期）新沂市窑湾镇水利站工作人员

水利站工作人员：这不归水利部门管。

记者：它有防洪安全问题啊，马上汛期就要来啦！

水利站工作人员：对，不归这边管。

记者：归谁呢？

水利站工作人员：不归水利。

记者：防洪安全不归水利部门管吗？

水利站工作人员：对，防洪安全不归水利，采沙是政府的事。

（配音）无奈之下，记者来到新沂市政府反映情况，希望有关部门立即采取措施，禁止非法采沙。

（同期）新沂市信访局工作人员

信访局工作人员：市政府每年集中一段时间打击一下，好一点。稍微停下来，又冒出来。打沙有利益，这是暴利。

记者：现在越来越多了，我来的时候都在挖沙，汛期马上就来了，我们学校师生都很危险的，你说呢？

信访局工作人员：这个建议很好。

记者：我不是来提建议的，我是要你们赶快去处理。

信访局工作人员:你不叫建议还是什么?你只能建议政府,你还想怎样?

记者:我们现在很着急啊!

信访局工作人员:那登记,登记交办。交给责任单位,由责任单位来答复你。

(出字幕)

记者先后走访了当地的六个部门,然而面对非法采沙行为,他们都推说无法管理。

【回到现场】

【主持人与新沂市副市长田志耕电话连线】

王楠:好,我们新沂收听收看现场也在看这个片子,我相信新沂的田副市长也都看到了片子里所反映的问题。田副市长,你好。

田志耕:你好,主持人。

王楠:田副市长,刚才这个片子,我们知道这是一个复杂的问题,采沙并不是新沂市一家的问题,而且也不是一个部门的问题,所以处理起来应该是比较复杂的。但是在片中我们还是能够看到,我们当地存在一些默许的态度,还有工作人员互相推诿,还有态度有些生硬的问题。您对这些问题,觉得应该怎么来解决?

田志耕:好,主持人。我简单介绍一下情况。我们骆马湖新沂市境内湖泊面积126平方公里,占骆马湖总面积的三分之一,近年来骆马湖内无证开采、越界开采、盗采等非法开采行为时有发生。据我们调查,骆马湖湖区内有两市三县采沙船只近千条,我市境内湖区采沙船只三百多条,其中属流动性非法采沙船只两百多条。自年初以来,我们先后组织联合执法20多次,规范采沙秩序,刑事拘留三人,治安处罚三十人,取得了一定成效。但是非法采沙者多以越界开采、夜间盗采等方式逃避执法,遏制非法采沙的形势依然严峻,目前正值主汛期,我们严格按照省、市关于淮河流域河道采沙专项整治工作的要求,四个强化,抓实抓好打击非法采沙工作。

王楠:好的,田副市长。您能给我们讲一讲,从五月份我们拍了这个片子到现在,我们都有哪些举措,举措之后现在是一个什么样的效果?刚才我们听到了你们采取了一些行动,现在窑湾中学门前的非法采沙的问题怎么样了?

田志耕:记者在骆马湖窑湾应该是中运河段吧,这段的河道距离我们的水域是50米,河道以南是宿迁市的河道,经过我们这段时间的打击,采沙船只基本有序停靠了,境内的非法采沙行为已经得到了遏制。

王楠:就是说,我们的窑湾师生可以不要这样担心了吗?还是只是一个阶段性的行动?有长期的管理吗?

田志耕:现在的教师和学生的恐慌心理已经消除了。

王楠:好的。谢谢田副市长。刚才我们说了,骆马湖地处两市三地,涉及徐州和宿迁，涉及宿豫、邳州和新沂，涉及我们徐州的两个市，这个问题不是新沂市一个地方就可以彻底解决的。我想这个问题还要我们市级层面进行协调，而且也需要和临近的宿迁市进行沟通，我们想听听朱市长对这个问题有什么好的办法？

【徐州市市长朱民表态】

朱民：好。这个问题，其实正如刚才片子里反映的，每年非法盗采的情况时有发生，屡打不止。我们现在市政府协调的措施，一是加大跟淮河管理局的联系沟通，因为采沙的证是由淮河局发放的。这是中央垂直管理部门，我们也希望能够规范发证，或者是减少发证。第二，市县联动，这个市县联动既涉及我们市内，无论是新沂市也好，睢宁也好，邳州也好，也涉及交界的兄弟市，比如宿迁，因为这块的非法采沙，包括有证采沙也存在越境偷采的问题。所以专项行动我们每年都搞几次，每年都不能根除这个问题。所以这个片子给我们一个启示，一方面政府的态度，政府的措施要进一步落实，第二，我们政府部门的服务态度要进一步改善。谢谢这个片子给我们的提示。谢谢。

王楠：好，谢谢。朱市长很坚决的一个表态。

凌飞：非法采沙，挖的是沙子，掏空的是民心。刚才我们听到新沂市的田副市长也说了，窑湾中学的师生心头的疑虑已经消除了。当然我们相信，也期盼，消除的不仅仅是心头的疑虑，而要消除非法采沙带来的安全隐患。好的，接下来我们继续来接听热线，我们的现场《行风热线》栏目的电话，大家非常熟悉80809393，也一直处于开通的状态。接下来我们通过这部热线，请进一位朋友。

【主持人与听众电话连线】

凌飞：　你好，这位朋友。

王女士：是我吗，太好了，太好了。这个电话太难打了。

凌飞：　热线不好打。您贵姓？怎么称呼您？

王女士：我姓王，是这样的主持人。我有一个问题想反映一下，我是2004年退休的，到现在我们单位还存在，退休的时候也没有转到社区，现在就是想问一下我们独生子女一次性奖励资金什么时候发？到现在也没有什么消息，我们也很着急。

凌飞：　您说的单位是哪个单位？能说一下吗？

王女士：我是徐州市第四建筑公司的，当时我2004年退休的时候，没有领5%，因为那时候退休是属于病退，所以没有领5%的退休奖励金。当时我也没有在意，心想早晚得发。但是现在一直没发，去找单位，单位说现在没有钱，也不是你一两个人的事，以后再说。你想想，这八年过去了，一直没有拿，我们想能不能赶快拿到这个钱。

凌飞:好。单位也承认这个问题,但是就是存在一个现状就是没有钱去发。

王女士:是。

凌飞:好,这个问题正好我们今天现场有市计生委的在现场上线,我们有请计生委的相关负责人回答一下。

【徐州市计生委主任刘汉英回答】

刘汉英:主持人好。这个问题由我来答。这个王女士反映的问题在徐州市还是存在的。因为养老制度的改革、保险制度的改革,退休的持独生子女光荣证的企业职工,在退休的时候是增发5%的退休金。这个政策调整之后呢,1996年、2002年、2009年,按照省政府的要求,徐州市贯彻落实,在2009年以后,我们经过统计了解企业的改制、兼并、破产,按照资金的渠道、人员的渠道进行了分类。目前徐州市有43 850人符合一次性奖励的条件,奖励的标准是2 400元。目前属于市政府这个层面来解决的,已经解决了3 144人,资金划拨是7 500多万元,已经全部拨付到位。目前,企业有改制有破产的,有的由于经营比较困难,目前企业拨付了11 000多人,资金是2 700万元。目前全市还有56家这样的企业,还有1 157人需要拨付,需要的资金是277万元。刚才这位王女士反映的问题是建筑经营资产公司,它下属有六家单位,它是第四建筑公司,涉及人员是394人,这个工作市委市政府高度重视,我们相关部门也在积极协调,按照文件的要求,按照我们徐州市的实际,按照企业的实际情况,我们下一步采取几个办法,一是宣传引导企业承担社会责任和义务,维护职工的合法权益,一定做到位。第二,我们根据领导小组成员的单位进行会审,确实困难的企业,我们怎么解决?对正常经营的,这个单位存在的,应该有承担义务的,必须依法办事。刚才王女士反映的问题,我们下线以后,你可以记住我的电话,83937218,我姓刘,叫刘汉英,如果有不满意的地方,我们下线以后可以及时沟通对接。谢谢你的提问,谢谢你关心人口计划生育工作。谢谢。

王女士:好的好的,刘主任。

王楠:我想问一下刘主任,我们这个朋友什么时候可以拿到,或者争取什么时候?

刘汉英:这个工作有4年了,2009年的12月底开始启动,到2012年12月底全部结束。1 157个人,277万元,一定要到位的,涉及56家企业。

王楠:好,这位王女士,如果到年底拿不到这个钱,就找这位领导。

刘汉英:就来找我好了。

凌飞:电话也记好了。

王女士:记好了。谢谢刘主任,谢谢主持人。

凌飞:也谢谢你,王女士,谢谢您带来的问题。

王楠：好的，我们的直播继续。

【插播：徐州直播活动片花】

王楠：各位听众，各位观众，各位网民朋友们，您现在正在收听收看的是省市政风行风热线“四位一体”联动直播，今天我们走进了徐州。邳州市的运河镇葛城村钱堡组，是离邳州市区最近的一个村庄，他们进城并不远，但是出村却不容易。好不容易盼到修一座便民桥，但是这座桥从申报到修建到停工已经四年过去了，到现在这个桥还是一个半拉子工程，我们来看江苏新闻广播政风热线的录音报道。

【出邳州市的运河镇葛城村钱堡组便民桥录音报道】

运城镇葛城村钱堡组有一条8米宽的灌溉渠，这条渠正好将全组人隔在了马路的一侧。全组200户600多口人都要绕行一公里才能出庄。为了方便出行，老百姓自己在灌溉渠上用土临时堆了个临时通道。可是全组人种了几百亩小麦，每到农忙季节，由于没有桥，大型机械车根本进不来。邳州运河镇葛城村钱堡组村民：

（出录音）

你看这些路，大型机械怎么能进来？成熟没法收，你运不出来。小麦因为下雨在地里放着，结果都烂了。

让老百姓高兴的是，2008年7月份，运河镇张楼办事处申请到8万元财政资金，要给村里修一条便民桥，2009年底，施工队拖来石子、石块，在定点位置施工。村民宋刚：

（出录音）

他们施工队员来了，就是四五个人来修桥，我们老百姓围着有几十口人在看，比他们还上心。早上起来看这个桥修成什么样了，晚上都看到天黑才走。

可才施工一天，施工队就突然中止了修桥。为了弄清楚怎么回事，老百姓委托宋刚去镇里了解情况。可是问了一年多，老百姓还是不知头绪：

（出录音）

村里和队里都不知道怎么回事，张楼办事处也没什么说法。就说给修，但是迟迟这几年没见行动。

记者了解到，2008年7月份，邳州市财政局确实拨款给钱堡组建这座便民桥。经由邳州市水利局水建公司中标建设，不过据水利部门反映，由于地质比较复杂，工程造价较低，中标单位无法施工下去，要求建设单位追加投资。建设单位不同意追加，因此施工单位放弃该工程。

记者联系到邳州市运河镇张楼办事处的张书记。张书记表示，当时没有修之后，这笔资金也被财政收回了。不过，他会再次上报，重新进行修桥：

（出录音）

等那边八万块钱，前期所有的清账，这些钱都是我们地方配套的，今年我们准备想往市里报一次，重新修。

目前已经是7月份了，记者来到运河镇葛城村，灌溉渠边依然杂草丛生，没有丝毫动工的迹象。申报修桥的进展如何呢？记者联系了目前负责此事的张楼办事处吴书记：

（出录音）

我刚来，现在具体我还说不清来，我再了解一下子吧。

虽然便民桥何时能修成还是个未知数，可是钱堡组的居民仍然充满着希望：

（出录音）

你们来说修这个桥，夜里做梦梦到桥都修好了，就盼到这个程度。

【主持人与邳州市市长王强连线】

王楠：我们的收听收看现场，邳州市政府的官员也正在收看我们的节目，我们来连线邳州市的市长。喂，你好市长。

王强：您好，主持人。我是邳州市人民政府王强。

王楠：王市长您好。刚才这个片子当中，尤其市民的最后一句话，做梦都梦见这个桥修好了。这个问题什么时候能够解决啊？

王强：这个情况，记者采访以后，我们了解了这个情况，听到这位市民宋先生的投诉以后，我们还是很受震动的。由于邳州的河网密布，桥梁比较多，现在的公路桥梁是798座，接近800座。农田水利桥梁是1 280座，接近1 300座。应该说，这几年，由于年久失修，我们很多农桥成为危桥，最近几年我们结合新一轮的农村公路建设，把危桥改造作为一个重要的民生实事工程，应该说不断地加快改造步伐，这几年我们已经改造了800多座，还有接近300座危桥，我们计划用两年的时间完成。刚才这位葛城村的村民宋先生讲的这个桥的改造是2008年的工程，我们听到这个信息以后，感到很吃惊，2008年的工程拖到今天没有做，市民反映的情况是属实的，充分反映我们的部门机关、镇村干部对群众的利益不重视，作风不扎实，作为市长我有责任，我也想向这位葛城村的村民表示歉意。向反映这一问题的这位村民表示感谢，感谢他对我们政府工作的支持。下一步我想有这么几个方面，第一是尽快施工，由于现在是汛期，我们想汛期过后，八月份的主汛期过后，用两个月的时间，确保十月底把这个桥梁建好。

王楠：就是汛期以后两个月就把这个建好。

王强：十月底之前一定做好。一定不能再让我们的百姓失望。第二，全面排查，对我们这几年实施的民生实事危桥改造工程，进行全面的排查，一个都不能少，一个都不能漏，确保不能再次出现这个情况。确保把好事办好，实事办实。

第三，我们启动问责程序，到底责任在哪一个环节，到底责任在哪一个人身上，到底责任在哪一个部门？我们通过举一反三，吸取教训。确保让老百姓满意，我们也真诚地欢迎广大的百姓对于我们的工作给予支持。再次感谢媒体对我们工作的监督和支持。谢谢主持人。

王楠：好，谢谢王市长。您这个回答非常好，让我们看到了马上解决问题的一个希望。我想，修桥也许真的不是一件大事，可是拖下去就容易把大家的心都拖凉了。如果办好了，及时的主动地替百姓去解决这个难题的话，其实也是给我们今后的工作铺一个路，因为与群众的关系好了，以后我们遇到问题我们解决起来也容易了。您说是不是？

王强：这也是我们和谐社会建设的一个基础性的工程。

王楠：好。谢谢王市长。

凌飞：感谢王市长。便民桥也是方便百姓、与政府沟通心连心的一座桥梁，在桥梁的建设当中，我们也可以由此及彼来看一下城市的建设。在城市飞速发展建设的同时，我们看到以前的老工业区目前已经变成了居民区。但是也存在着一些问题，那就是老的一些污染区，污染的问题依然存在。针对徐州市北区目前存在的化工企业污染市民，严重影响市民生活的问题，我们记者进行了采访。那这方面的情况，我们通过采访的短片一起来了解一下。

【播放 VCR：北区化工企业污染】

（配音）华美生态园位于鼓楼区，虽然环境优雅，绿树成荫，但是提起空气质量，市民们却意见纷纷。

（同期）华美生态园小区居民

居民甲：现在臭烘烘的味，危害人的身体。

居民乙：我们之前在东区的民祥园住，没有闻到这种臭味，这边的比较严重一点。那边化工厂的问题吧。

（配音）距离华美生态园不远，有天嘉食用化工有限公司和恩华药业两家化工企业，华美生态园所反映的异味，主要来自这两家企业。

（同期）恩华药业股份有限公司工作人员

从我们工作的角度来讲，生产的话可能稍微要有点味。产生的味道比较大的，一个是危险废物存放的场所，还有就是我们的污水处理站。

（配音）恩华药业和天嘉化工都是较大的正规公司，各种环保设施比较齐全。但还是影响了附近居民的生活，在我市北区，还有一些小化工企业，造成的影响更大。比如徐州双龙防腐保温工程公司，规模不大，设施陈旧，污染严重，附近居民深受其害。

（同期）附近居民：

连窗户都不敢开，有味呛人。

（配音）据环保部门工作人员介绍，该公司根本达不到环保验收标准。已经被责令限期整改，但目前仍在偷偷生产。

（同期）鼓楼区环境监察大队大队长陈言武：

这里间断性生产，还是早晚干一段时间。

（同期）徐州市双龙防腐保温工程公司负责人马凡彬：

根本就不可能生产，我们没生产，一直没生产。味道刺鼻的那多了，那生产涂料的，搞那个电镀的，他们也是刺鼻的味道。

（配音）这位马老板，虽然是在为自己辩解，但他的话也从侧面反映了北区化工企业集中所带来的问题。据统计，目前我市鼓楼区境内共有工业企业88家，其中化工企业28家，占全市主城区化工企业数量的70%左右。这些企业产生的废水大都排入荆马河中，污染水源，产生的废气、烟尘，让居民们苦不堪言。

（同期）居民

北边的这些小区越来越多，他这个工厂还是在这放着，对人的损害还是很大的。所以希望这一块谁能管一下。

【回到现场】

凌飞：过去的老城区、工业区啊，确实对于城市的建设做出了贡献，但是目前存在的问题也不容忽视，像这种污染的问题，有一种说法，空气是想逃都逃不掉的，因为每时每刻你都在呼吸它接触它，针对这样污染问题，刚才提到的是北区，应该是鼓楼区的辖区，那么这个问题我们想请鼓楼区的王区长来回答一下。

【鼓楼区长王维峰回答】

王维峰：谢谢主持人。大家好，我是鼓楼区区长王维峰。首先感谢大家对鼓楼工作的关心支持，对我们工作的监督。大家知道鼓楼区是老城区，也是老的工业集聚区，在历史上曾经是城区相邻，烟囱林立，对徐州市的经济生活发展曾经做过重大的贡献。但是随着城市建设发展的加快，特别是群众对生态环境要求的提升，北区现存的工厂，特别是化工企业，对生态环境的影响应当是日益凸显，特别是靠近化工区居住的居民，对他们的影响更大一些。这个问题我们一直在关注。这几年来，市委市政府对改善北区居住环境、强化北区的基础设施以及产业结构的调整做了很多工作。在市委市政府的关心下，几年来我们做了工业企业退城入园，产业退二进三的这样一个大工程。我这边有个数字，这几年的努力，我们全区搬迁和关闭的工业企业是251家，其中化工企业27家，我们又在全市率先关闭了17家小煤港码头。因为小煤港码头扬尘严重，对居民生活影响是比较大的。这种大量的搬迁对北区的环境已经起到了很大的优化提升作用。

王楠：那剩下的88家怎么解决？

凌飞:有没有时间表?

王楠:一般留到最后的都是最难解决的。

王维峰:因为企业的搬迁按照市委市政府的要求进行的,我们也是先易后难,但是在搬的过程中对一些大型的、影响比较大的企业也率先启动,比如说北方氯碱,已经全部停产了,今年要关闭,全部搬迁完毕。现在还剩88家,其中化工企业是28家,按照市委市政府的统一安排和要求,28家分两年关闭完成,今年先关14家,明年关14家,这样到2013年底,三环路以内的所有化工企业全部搬迁或关闭或转场结束。那么到2015年,剩下的88家工业企业全部搬到三环路以外,或者是关闭,刚才片子里讲的,这3个企业,恩华药业、天嘉食用化工和双龙防腐。双龙防腐从6月份就下达了一个停产整改的通知,到年底如果整改不过关,肯定要关闭。从目前情况来看,肯定要关掉。

凌飞:是关闭,不是拆迁?

王维峰:是整个关闭,因为这个企业生产条件、设备这方面都是不够的,一定要关闭到位。

凌飞:那么这两年之间有没有给他们提一些要求,比如在环保整改的方面,在环保的投入方面,要达到一个什么样的要求?因为两年的污染期也不短。

王维峰:这三家企业,刚才短片里讲了,对于恩华药业已经启动搬迁,明年年底搬迁,现在我们对它进行监控,就目前它的环保设备,不能完全消除它的污染,只有加快搬迁。对于双龙防腐,加快关闭,对于天嘉食用化工,今年年底前必须关闭。在这个基础上,我们要进一步和环保部门配合,加强监督,减少污染对居民造成的影响。

王楠:我们希望这14家和另外14家,整改的程序表是不是能够通过一些途径给当地居民看到,让他们知道这几家到时候有没有关闭,也好让群众的进行监督。

王维峰:可以。欢迎大家监督。这个28家已经在市政府的文件中已经明确了,我们会加强宣传。同时我利用这个机会也想说一下。北区作为一个老的工业区,环境受到一定的影响,但是这几年在市委市政府的领导下,我们做了很多环境提升的工程,包括所有的截污管网,投入了三亿多元,所有河流的截污管网全部是雨污分流,然后加大了绿化工程,绿化量增加了70万平方米,通过我们的努力,使北区的天更蓝,水更清,空气更加洁净,给老百姓一个更好的生活环境。

凌飞:是,政府所做的每一件事情老百姓都会看在眼里。

王楠:其实不仅是鼓楼区,其实这几年,整个徐州市的环境整治还是非常不错的。因为我们是老工业基地,这个环境整治问题是迫在眉睫的问题。

凌飞:是,像刚才反映问题的,住在华美生态园的朋友,以后要是再有外地朋友来到他们家之后,不会再去抱怨这个空气这么难闻这个问题了,希望他们能安居乐业,生活得更好。也谢谢您,王区长。

王楠:刚才我们这个片子说的是工业污染的问题,昨天我在徐州的市区走了一圈,其实发现另外一种风景,那就是我看到一个个流动的烟囱,烟冒得真不少。

凌飞:您说的是烧烤。

王楠:对。全徐州市民都知道。

凌飞:怎么说呢,徐州这个烧烤目前已经是变成一种民间的市井文化了,这个烧烤的管理过程中,由于市民对它的认可,总会存在一些问题,城市管理一直都是一个难点、一个重点问题,针对这方面,我们记者前期也进行了一番暗访、调查,我们通过一个短片一起来了解一下。

【播放 VCR:烧烤摊点油烟扰民】

出字幕:2012 年 7 月 8 日泉山区盛世佳园小区门前

(同期)附近居民

离居民区太近了,夜里都两点多钟才能安静下来,有划拳的,喝酒闹事的,解小便的,和社会的和谐气氛很不符合。

出字幕:2012 年 7 月 8 日泉山区奎园小区南门

(同期)附近居民

(烧烤)干多少年了在这里,俺都住了十五六年了,从一开始就在这干。还影响孩子学习,还影响人休息。

出字幕:2012 年 7 月 13 日泉山区工程小区门前

(同期)附近居民

俺天天都呛死了,天天遭受这个灾。

(同期)附近居民

天天投诉,两年了。市里边要来检查吧,提前他就知道消息,把桌子板凳收里边,等一会过去了,又摆出来了。

出字幕:2012 年 7 月 13 日　泉山区湖滨广场

(同期)附近居民

谁出来问,老百姓有什么用。

(同期)附近居民

周围这么多小区,这么多居民,反映一直很大,为什么这点小事就解决不了它。

【回到现场】

王楠:意见这么大,这个问题为什么就解决不了?这个烧烤问题,可能我们吃的时候痛快,没注意到造成的烟气、噪声、污水、脏乱这些问题,我想徐州的市民应该是最有感触的，我们现场请到了徐州市民代表，我们想看看他有什么话想说。

凌飞：来，我们大家举手，好不好？请这位先生。

【市民代表发言】

市民（男）：烧烤市场我觉得应该规范一下。夏天来临了，他们（烧烤店）为了方便老百姓就餐就是沿街，在道路两旁设置，这虽然是丰富了市民的夜生活，但是确实给附近居民的造成很大影响，例如它占道经营，影响出行，还有一个就是产生油烟，污染环境，还容易滋生一些不良的习俗。例如夏天他们吃烧烤就喜欢赤背。

王楠：赤膊是吧？

市民（男）：赤膊。

王楠：那您对这个现象是什么态度？

市民（男）：我觉得这一块应该规范一下，有关部门就是提供一个场所，集中管理，如果确实不能达标，看能不能取缔？

凌飞：您是不是觉得烧烤，对自己的生活已经产生了影响？您是住在烧烤店附近吗？

市民（男）：住在那个矿大老校区。

王楠：您附近有没有烧烤的问题，有没有深受其扰？

市民（男）：楼下就有。

王楠：楼下就有。

凌飞：听他这个话，肯定是深受其扰。

王楠：难怪了，我要是住在烧烤店楼上的话，语气一定比他强硬多了，好市民。还是用词比较柔和的，要规范，是吧。

凌飞：这个问题已经反映出来了，谢谢您。

王楠：我们再听听其他市民代表。

凌飞：前面这位女士。

市民（女）：主持人，您好。我跟刚刚这位先生的观点有一些不同，因为夏天吃吃烧烤、喝喝啤酒，已经成为徐州民俗文化的一部分，如果我们贸然地把它取消或者禁止，这样会伤害相当一部分市民的感情，我认为这样做是不合适的。

凌飞：那您的建议呢？

市民（女）：我的建议是，我们是否可以尝试这样做：一是规定营业时间，比如说晚上 11 点之前必须要结束营业；第二个就是规定营业地点，稍微远离居民区，既有利于打造我们的烧烤文化街区，形成我们徐州的特色。另一方面，有利于卫生以及治安的管理。这是我的观点。谢谢。

王楠：我们从设备上也可以考虑一下。

凌飞：是，到底是女性，思考问题的角度挺善解人意的，考虑到爱吃烧烤的朋友的感受。

王楠：这两位市民的态度已经有一些不同了，所以我想这也就是我们工作的难点：烧烤店屡禁不止的难点所在。但是刚才虽然反映的是泉山区的问题，其实在整个徐州……

凌飞：这是一种徐州的文化。

王楠：徐州的一种文化，刚才我们反映的是泉山区的问题，所以我们要来问泉山区的蔡区长，请他来回答。

【泉山区区长蔡成缓回答】

蔡成缓：主持人好，大家好。我是泉山区区长蔡成缓。首先感谢大家通过热线对我们政府的工作进行监督。近年来，我们夜市烧烤已经成为徐州街头一个特色餐饮，烧烤成为不少市民特别是晚间餐饮一个重要选择。据我们不完全统计，光是泉山区大概就有130多处的夜市烧烤的摊点。在这130处烧烤摊点中，大概有40处是室内烧烤，经过我们这几年的治理，这个比较规范，大家在室内烧烤。室内烧烤的摊点都有比较完善的排油烟设施，卫生条件也比较好。但是还有不少的摊点，不同程度地存在占道经营。

王楠：还有八九十家都在露天留着呢？

蔡成缓：因为受到空间的限制，存在占道经营的问题，片子中反映的，这个经营条件比较差，卫生条件也不是很好。对于这些摊点，我们一直采取专项治理和长效管理相结合的办法，进行管理。特别是从6月份开始，利用3个月的时间，搞一次专项治理，这段时间我们已经取缔了14家经营不规范的摊点。

王楠：时间不等人啊，市民们夏天开不了窗，两点睡不了觉，他们一天都忍不了。我觉得这个问题的处理主要在速度，一定要在夏天把这个事情解决。尤其是在最近，徐州的民俗要吃羊肉，解决问题一定要落实在速度上。

蔡成缓：是的，正像主持人所说，我们正面临着伏羊节，天气比较热，客流量也比较大，烧烤经营摊点的空间也比较小。这期间占道经营现象还是比较严重的。

凌飞：这样，蔡区长。刚才那位女士提出的建议，我们可以采纳吗？

蔡成缓：是的，下一步我们将采取这样几项措施，第一就是要管理，通过综合执法，组织食品监管部门、城管部门、公安部门还有工商部门联合执法，加强管理，对于一些不规范经营的，扰民的这些现象，要进行治理。

王楠：您的意见还是3个月之内解决，您看能不能快点？3个月一晃就秋天了。

蔡成缓:第二条,我们就是要疏导,最近泉山区政府要建一批疏导点,让一些室外经营的摊点能进到规范的经营场所去,减少对老百姓的干扰。第三个,要推广一些无烟的烧烤。比如通过微波烧烤、燃气的烧烤、用电的烧烤等。第四个就是加大宣传,向烧烤经营者宣传,让他们能够自律。

王楠:这个事情还是要监管,我们希望不是三个月,短期拿出短期的办法,长期拿出长期的办法,您刚才说的办法是一个长效管理的方法,最好我们短期能有办法。能不能给我们居民有一个承诺?不要再受油烟的侵扰了最近。把烧烤摊点挪到一个不能干扰大家的地方。

蔡成缓:完全挪到不干扰大家的地方,我觉得近期不是很现实。夜市烧烤就是贴近老百姓的小餐饮。你把他弄的很远,可能消费者就不太方便。所以我们希望能够加大措施,既能够让经营者能够规范经营,减少污染,又能使消费者能够方便消费,满足消费的需求,我觉得这个应该是我们努力的方向。

王楠:消费者来一次就走了,住的人天天住在那,我还是希望这个问题能够快速的得到解决。

蔡成缓:我们一定加大力度,尽快地解决这个问题。

王楠:好的,希望居民马上能够看到成效。的确,这个难点就是既要尊重民风民俗,又不妨碍别人的利益。

凌飞:没错,既然称之为市井文化,文化的形成需要时间,疏导也需要时间,我们希望这个时间缩短,越快越好。

王楠:对,我觉得最主要是领导上心,工作人员用心,这个问题能够得到及时的解决。

凌飞:好,谢谢蔡区长。我们行风热线栏目一贯的宗旨就是"为百姓办事,替政府分忧"。接下来,我想请大家通过一个短片,共同回顾一下已经九岁了的行风热线,在这九年期间走过的历程,我们一起来看。

【播放 VCR:徐州市行风热线九周年宣传片】

这是一条为民务实的答疑线;这是一条为民解难的帮困线;这是一条政府与群众的连心线。

由中共徐州市纪委、市监察局、市人民政府纠风办、徐州广播电视台主办的《行风热线》节目,自 2003 年底开播以来,已经走过了九年风雨历程。

九年来,在各级领导的关心和支持下,《行风热线》上线单位由最初的 25 家,发展到 103 家,实现了与人民群众密切相关的政府部门和行业的全覆盖;节目由每周 2 档发展到现在每周 5 档,每天一小时,实现了所有工作日全覆盖;徐州各县(市)区全部开通《行风热线》节目,实现了行风热线在各县(市)区全覆盖。"行风热线"成为老百姓遇到难事,首先想到的诉求渠道。

2011 年 11 月 23 日，徐州市行风热线“四位一体”新模式正式启动。电台直播、电视跟踪、报刊点评、网络互动多媒体联动工作机制的实行，极大地提高了群众关心的热点、难点问题和重要投诉事件的办结力度，进一步强化了行风热线的服务和监督职能，行风热线影响力不断扩大，辐射力不断增强，成为群众的“贴心人”、社会矛盾的“减压阀”、行风建设的“监督岗”。

九年来，《行风热线》节目共接受群众咨询投诉三万多件，为民办实事一万五千多件，群众满意率高达 96% 以上。一头是各级领导的真情牵挂，一头就是老百姓的殷切期望，《行风热线》在群众与政府之间架起一道沟通交流的民心桥，成为构建和谐新徐州的一道美丽的彩虹。

【回到现场】

凌飞：好，欢迎继续回来。这短短三分钟的一个短片，让我们共同浓缩回顾了这九年期间《行风热线》走过的风雨历程。当然也让我们看到这个栏目解决民生问题的一个新希望。

王楠：好，我们的直播继续。您现在收听收看的是 2012 年省市政风行风热线“四位一体”联动直播。今天我们走进了徐州。我们今天的主题是：关注民生幸福　建设美好徐州——市长与百姓沟通零距离。

凌飞：那么在电台直播的同时，我们的网络也在进行同步的视频直播，中国淮海网正在对于本次活动进行直播，广大网友可以通过网上留言的方式，参与到我们的互动中来，那么接下来，就让我们利用这段时间来倾听一下网民的心声。来，有请我们淮海网的网编。

【媒体记者区：中国淮海网编辑章文：反映网友提问】

（大屏幕显示网页留言：头像、字幕）

章文：好的，主持人。各位好，在节目进行当中，很多网友通过中国淮海网的百姓留言板积极地发表看法，提出问题，那其中一些问题就集中在教育领域。很多网友提出教育资源能不能优化配置，比如呼吁杜绝教育乱收费、解决上学难尤其是上幼儿园难的问题。比如网友“宇宙超人”就给我们留言说，他说孩子上幼儿园的问题让我困扰不已，许多幼儿园设立了亲子班，要交上一两万的亲子班的费用，那如果我们没有交这个亲子班费，也没有上亲子班，那我们上幼儿园的问题该怎么解决？那这个网友想问问市教育局的领导，请他来回答这个问题。

王楠：有请市教育局的领导。

【徐州市教育局局长强国回答】

强国：好，我是徐州市教育局局长强国。客观地讲，这个问题在许多城市，在许多地方，都是普遍存在的，徐州也不例外。入园难、入园贵的问题确确实实存在。这个问题一是我们资源匮乏，徐州市 970 万人口，按照国家的规定，应该设立 970 所规范的幼儿园，但是我们现在才只有 531 所，那么这个入园难的问题在短期解决起来相对难一些；第二个就是优质资源比较少，大家都想去优质幼儿园，那么现在徐州市仅仅有 182 所省级优质幼儿园，大家都集中到这个幼儿园，可能难度就相对大一些。

王楠：那上了亲子班，这个难题就解决了吗？

强国：上亲子班这个问题我们已经有明确的规定，如果不上亲子班就不能上幼儿园，这个做法是错误的。现在物价局已经出台了新的物价指导方案，现在正在规范运作；第二，市教育局根据省里的政策，制定了一个文件，关于幼儿园收费的管理的，明确指出：任何幼儿园都不能收取和亲子园入园相挂钩的费用，包括赞助费、捐资助学费、借读费等等。现在正在暑假期间，我们也正在自查自纠，在这个基础上，全市进行一次全面的检查，本月我们还要开全市大会，对违规的地方要严肃处理，力争在新学期开始前把这个问题解决掉，谢谢主持人。

王楠：如果以后还有这个问题，是不是找您投诉？

强国：可以。我们教育局现在都有 12345，就会把这个问题交给我们，哪所幼儿园出现这个问题，我们去查处。但是，有一个问题短期内解决不了，就是有些幼儿园的容纳量非常小，只有 400 人。现在有 800 人要进去，恐怕想进这样的好幼儿园还很困难。现在市委市政府已经启动了三年的行动计划。

王楠：我们现在只要把违规的事情解决就可以了。我们希望这位网民朋友能够满意这个回答。

凌飞：我相信在网络上已经可以同步收听收看到这个视频，得到了回复。我们刚才说的是教育，都说教育是大事，也是大家普遍关注的事，接下来我们说相对比较小的事，吃水。

王楠：这事一点都不小。

凌飞：我们每天生活都会遇到，都要去接触它，但是就是这个基本生活保障，在徐州有些地区都达不到。接下来就通过一个短片共同关注一下贾汪区青山泉镇王集村村民朋友吃水难的问题。

王楠：当时我们的记者是 2 月份接到的投诉，当即就到现场进行了拍摄，现在我们来看看，这么长时间过去了，情况怎么样。

【播放 VCR：王集村村民吃水难问题】

（现场）在贾汪区青山泉镇王集村民的家里，看到最多的东西就是盆、缸、桶。这些都是他们家的必备品，专门用来装水。吃水难，是村民们最大的烦心事。

（同期声）贾汪青山泉镇王集村　村民甲

村民：不管是冬天夏天，反正是隔一天来一次水。

记者：不太方便是吧？

村民:肯定不方便,不跟人家经常有水的方便。

(同期声)贾汪青山泉镇王集村　村民乙

记者:多长时间了像这种情况?

村民有一两年了。

(现场)采访中,村民说每隔一天村里放一次水,而每次放水的时间也仅仅只有两三个小时,每到放水的点,村民需要要放下手上所有的活,准备接水。

(同期声)贾汪青山泉镇王集村　村民丙

先接水,你不接好水,你没法吃,第二天就没法吃了。

(现场)王集村四面环山,南北落差有 15 米左右。住在相对低洼的地区还好一些,而山脚下的居民,连两天一次的供水都保证不了。

(同期声)贾汪青山泉镇王集村　村民丁

村民:反正都上前院来,前院担点吃或者上隔壁颗粒厂弄点吃。用水桶拉,反正都是。

记者:有自来水管吗?

村民:没有。这下边有,上边没有。这上边也不太能上来水。

(配音)这位村民告诉我们,平常孩子要是在家还能给帮点忙,否则就得自己一点一点地从山下往上拎水。

(同期声)贾汪青山泉镇王集村　村民戊

村民:我喘。

记者:这一缸水你得拎多少次?

村民:得拎好几趟。这能盛三挑子半水。

(配音)吃水难,让村民们苦不堪言。王集村方书记告诉记者,该村经济比较薄弱,供水系统也比较陈旧,吃水难的问题确实存在好多年了。为了解决山上村民吃水,他们也在半山腰安装了水泵,可是治标不治本。

(同期声)贾汪区青山泉镇王集村村支书方元密

我们井供水量、上水量比较小,天天送水的话,个别人家就吃不上水。因为管头比较多,这样我们为了让老百姓吃上水,把从小井(的水)打到一个大池子里边去,蓄水池,然后从大池子里,每小时一百方的泵,再分到老百姓家去,我们必须要有个什么样的过程呢?一天一夜把那个池子喝满之后,再开始供水。

(配音)对此,贾汪区水利局相关负责人表示,已经将王集村列入了改水计划中,但是由于需要将全村的供水管网全部进行改造,短时间内也无法彻底解决。

【回到现场】

凌飞:好,片中所出的这个问题,我觉得如果不是我们记者进行深入采访,或许身边有很多朋友都不敢相信我们徐州地区还存在这种情况。这个问题是 2 月份记者采访的，到目前为止已经过去5个月了，目前贾汪区青山泉镇王集村吃水难的问题究竟解决了没有？我们有请贾汪区的曹区长来解答。

【贾汪区区长曹志回答】

曹志：主持人好，大家好，我是贾汪区区长曹志。首先感谢大家对贾汪区工作的关心和监督。

王楠：好的，曹区长。事情已经过去五个月了。您能不能用一个简短的语句告诉我们现在处理到什么程度了，什么时候能够完全把这个问题解决掉。

曹志：王集村处于山区，取水量不足，用水不方便的问题非常突出。区委区政府也是高度重视，这个问题已列入今年农村饮水工程的规划，今年年底前我们要实施花庄水厂的建设工程。花庄水厂包括花庄、王集两个村，这个水厂建成后能够覆盖到王集村。今年6月份花庄水厂的建设工程的科研报告已经省发改委、省水利厅批复。目前我们正在公开招投标，优选施工队伍。这个汛期过后，我们将加快工程的实施，严格工程的质量监管，确保在春节前我们王集村的村民能和其他城镇的居民一样，喝上安全可靠的自来水，确保农村安全饮水工程成为人民满意的工程。

凌飞：您所说的这个时间在春节前？

曹志：春节前。

王楠：好的，我希望这个问题是真的能够得到解决。到时候我们的记者还会到当地进行一个回访。希望看到的是他们的笑脸。好，谢谢您。

曹志：谢谢主持人。

王楠：好，您现在收听收看的是2012年省市政风行风热线“四位一体”联动直播。今天我们走进了徐州。食品安全是大事。餐饮服务行业是和我们百姓密切相关的。那么接下来我们通过一个短片来了解一下消毒餐具存在的安全问题。

【播放VCR：消毒餐具安全问题】

（配音）2012年2月6日，有市民举报鼓楼区八里村一自建民房里，藏匿有一家无证生产消毒餐具的作坊。

（同期）消毒餐具生产点工人甲

记者：这些餐具都是干什么用的？

工人：这是俺自己办事，大席。俺自己用的。

记者：什么时候办的席？

工人：昨天。

（配音）近百米的平房里，满地都是污水、剩饭剩菜，餐具清洗只有两个步骤——自然风干后便塑封出售。

（现场）我们意外的发现这个餐具包装里面竟然还有两片菜叶。

（配音）无证餐具生产作坊大都藏匿在市区周边的自建民房或废弃厂房，鼓楼区新台子这家作坊生产条件同样让人瞠目。

（同期）消毒餐具生产点工人乙

记者：用什么消毒？

工人：84跟洗洁精。

记者：就这两样？

工人：是。

（配音）铜山区三堡镇自建民房内这家消毒餐具生产作坊，规模不小，虽然使用所谓的清洁餐具全套设备，但其消毒效果是否达标呢？

（同期）消毒餐具生产点工人丙

这是红外消毒知道吧？是的，你看，三百多度都能调到。

（配音）而记者注意到，84洗洁精内洗过的餐具，没有流水冲洗直接进入了烘干机。上面的残留物可想而知。

位于鼓楼区殷庄工业园这家餐具作坊，位置同样非常隐蔽。一进入生产间，一股异味扑面而来。所有工人没有统一的服装，而且是全手工操作。

（现场）您擦的布就这么脏吗？

（配音）面对这样脏乱的环境，老板却理直气壮。

（同期）消毒餐具生产点老板

老板：我在全徐州市来说，比我刷得干净的没有。

记者：您这么自信？

老板：是的。我就是用这个地方生产出全徐州市最合格的东西。

【回到现场】

王楠：我们现场一阵骚动，我想大家都看不下去了，画面太触目惊心了。我们之所以对消毒餐具能够信任，就是因为消毒两个字。但如果消毒不能把有毒有害东西给消除掉，相反，还留有一些像八四消毒液、洗洁精的残留，那不就是毒上加毒吗？我觉得这让人太无法接受了。

凌飞：毒没消掉，毒反而更加重了。

王楠：我们来问卫生局的领导，这位卫生局的领导您做一下自我介绍。

【徐州市卫生局局长吴宪回答】

吴宪：我是徐州市卫生局长吴宪。卫生局承担着食品安全办公委员会的综合协调的职能。看到这个短片，暴露出我们的食品安全监管还很不到位，特别是在城郊接合部，偏僻的农村地区，小作坊，小餐饮，存在的问题还十分突出。针对这个问题，我们将协调负责食品安全的相关执法部门立即展开专项行动，开展暑期的餐饮安全专项行动。重点检查餐饮消毒的情况，严格查处生产、经营、使用消毒不合格产品的行为，同时加大对餐饮消毒的餐具的监督、抽检的力度，并定期向社会来公布。我想通过这些措施，尽快地改变这种餐具不安全、不消毒、不卫生的状况。同时，也真诚地希望我们社会一如既往地关注食品卫生，监督我们的工作，谢谢。

凌飞：老百姓已经够关注这个问题了。

王楠：我们关注到你刚才说的，要定期向社会公布，我们希望尽快地能够公布查处的结果。刚才我们看到的，真是不说令人作呕吧，也是挺难受的。朱市长，入口的东西真是不能马虎，不仅涉及我们这一辈，还涉及下一辈的人，这个危害实在是太大了，您有什么好办法能把这个常抓不懈，不仅要严格抓，还要长期抓。

【徐州市市长朱民点评】

朱民：好。这个片子所反映的问题确实也反映出我们当前食品安全监管领域存在的薄弱环节。总体来讲，现在我们监管的力量跟我们所存在的这些问题，还不相匹配，完全要依赖目前的监管力量来把这个事情做好，还是有一定困难的。因此我们就希望能动员全社会的力量，来抓这项工作。市政府最近在研究两项措施，一个就是即将出台这个食品安全的有奖举报制度，欢迎市民投诉举报，发现一起查处一起，这个片子反映的问题，卫生局也回答了，我们将针对这个问题进行综合整治；第二个就是把食品安全纳入各级政府的绩效考核当中去，把它作为我们各级政府的政绩考核的一项重要内容。所以也借今天这个机会，希望各级政府和相关部门能认真贯彻国务院最近出台的关于加强食品安全工作的意见，大家齐抓共管，来保证我们市民能够吃到放心安全的食品。

王楠：就是我们要动员群众，并且要把问责监管领导的责任，要追究到人，来管这个问题。

凌飞：而且要纳入地方政府政绩考核当中。

王楠：好，我希望我们的市民都能来关注一下这个即将出台的举报奖励办法，把这个措施用好，让我们每个人都成为食品安全积极的监督员。

凌飞：我觉得，目的不是举报以后有什么奖励，而是更加关注我们目前的生活当中所遇到的食品安全方面的问题。刚才朱市长在看这个短片的时候，一直眉头紧锁，刚才您说的也非常好，我们也是希望这个问题各个部门、各个区都能把它当一个大事情来办。

王楠：好，谢谢朱市长。在我们的节目现场，还有省市主要媒体的记者代表，他们在工作当中深入基层，体察民情，下面我们有请来到现场的记者代表说说他们的民生观察。

凌飞:我们有请一位记者。

【《新华日报》记者提问】

记者:我是《新华日报》记者,我有一个关于拆迁方面的问题,请问市领导,我在云龙湖珠山风景区采访的时候,我了解到当年这片区域应该是一片棚户区,是一片城中村,环境应该是非常差的。现在我看到的是环境优美的,环境非常好的一片区域,获得了一个彻底的变化。拆迁问题是一个不可回避的问题,尤其短短两年之内,50万平方米这么大一块区域完成了拆迁。我想请问市委常委副市长王昊先生,这里是怎样妥善解决拆迁的问题,怎么才能够让绝大多数百姓感到满意?谢谢。

【徐州市委常委、副市长王昊回答】

王昊:首先感谢记者对我们珠山景区的肯定,珠山景区是我们整个徐州市棚户区改造的一个缩影。这几年按照省委省政府对徐州棚户区改造的要求,拆迁了接近500万平方米。珠山景区这个地区过去是三个城中村和沿湖的一些小的棚户区。2010年开始对这三个城中村和棚户区进行了综合的搬迁改造,总共投资达到了30亿元,拆迁了50万平方米,然后建设了现在的珠山景区。当时拆完之后,建什么?干什么?社会方方面面也有很多的议论。大家知道,徐州是一个老的工业城市,是一个煤炭基地,过去长期以来生态环境比较脆弱。老百姓对绿地渴望应该说非常强烈。市委市政府最后还是定下来,顺应民意,建设云龙湖的一个景区。可以说珠山景区是徐州历史上最昂贵的一个景区。加上土地的价值,它的价值应该接近200亿。但是我感觉土地和投资都是值得的。开园之后,五一放假几天时间达到四十多万人,可见老百姓对这片景区的欣赏程度。

谈到城市拆迁,这是一个全国性的难题,这几年徐州的拆迁力度比较大,几年下来拆了接近500万平方米,总体上是比较平稳的,没有出现大的群体性的伤亡事件。主要原因是,在拆迁过程中,市委市政府制定了一整套的拆迁工作机制,这个机制概括起来主要有这么几个方面:一是市场化的评估机制,这个是最重要的。老百姓的房子,按照什么钱来给他补偿。我们是按照城中村、棚户区,按照同区域二手房的价格来进行评估,一句话,不能让老百姓吃亏,让老百姓拿到拆迁补偿的钱,在就近能买到房子。第二,就是我们的定销房的建设机制。这几年我们新建的定销房是480万平方米,应该说是一个巨大的数字。而且我们的定销房都是按照商品房的标准建的,市委市政府有一个承诺,决不让今天的定销房变成明天的棚户区。所以现在定销房小区里景观配套已经达到一个平方300块钱,一般的商品小区还达不到这个标准。第三条,就是我们建立了一个弱势群体的救助机制。因为在棚户区和城中村里有很多弱势群体老百姓,确实是买不起房子。我们有几条,一条就是符合经济适用房和廉租房标准的,就直接在经济适用房和廉租房里安排。第二个,实现产权共有,你买不起房子,你有多少钱,就给你相应的多少钱产权的房子,无偿的给你住。什么时候经济条件好了,再按照现在的价格回购过去。最后,我们建立了一个棚户区拆迁弱势群体的慈善救助基金,现在有接近三千万元。实在买不起房子,你申请。我们有几条标准,符合这个标准,政府给你买房子。第四条,就是一个畅通的投诉机制,我们整个棚户区改造的城市拆迁过程当中,我们一个项目在动之前就反复征求老百姓的意见,拆迁安置方案、补偿标准老百姓满意以后,我们才动手,这个满意率是90%。90%的老百姓表决同意我们再动手做下面的工作。在整个的拆迁过程中,每一个项目都有投诉中心,及时倾听老百姓的心声,解决老百姓提出的问题。在这个机制下,应该说徐州的棚户区改造拆迁圆满顺利地完成了省委省政府交给我们的任务。下一步我们启动了第二期,我们有信心,再经过几年的时间,徐州市城中村和棚户区会得到全面彻底的改善。谢谢主持人。

凌飞:好。王副市长刚才从珠山景区的建设和拆迁项目,说到整个棚户区拆迁的工程。我觉得这也算是徐州的一个模式,值得去推广。刚才介绍珠山景区的时候,王副市长特别骄傲的。王楠来到徐州可能还没有时间到珠山景区去转一转,我建议你应该去看一看,特别好的一个景区,特别美。

王楠:对。也希望这个好的做法能在全省推广。那么节目进行到现在呢,我们现场提问的环节马上就要结束了。刚才问题涉及了很多的方面。我们最后再有请朱市长给我们广大的观众和网民朋友讲几句话,朱市长。

【徐州市市长朱民总结】

朱民:谢谢主持人。今天的直播活动尽管时间不长,但从广大听众、观众、网民、媒体所反映的问题来看,涉及教育、卫生、食品安全、城市建设、交通、环保以及城市拆迁、城市管理等许多领域。这些领域都市民的切身利益所关注的,也是整个社会关注的热点。充分体现了广大的市民和媒体对我们在政府工作的高度关心和关注。我也想借这个机会代表市政府对我们广大市民表示感谢,也对我们的媒体朋友们表示感谢。

今天的直播活动大家所反映出的问题,从我个人来讲,也是深受教育和启发,我到徐州工作时间不长,也是通过今天这个直播活动,帮助了解了许多在百姓日常生活中所涉及的具体问题和我们管理服务方面的薄弱环节。我们也期望政府的各部门以及各级政府,能够以今天这个直播活动作为契机,进一步增强我们的群众观念,恪守群众利益无小事这一理念,进一步加大服务的力度,加大抓落实的力度,确实为全体市民办实事,解难题。当然,我们也希望能通过这个政风热线,通过我们"声、屏、报、网"四位一体进一步加强媒体对政府工作的关注和监督。媒体的监督可能有时候比我们自身的监督来得更直接,反映的问题可能更真实。那么通过省市"四位一体"联动的模式,也通过我们这个政风热线,拉近我们政府各部门跟市民的距离,也希望我们市政府的领导同志和各工作部门的负责同志,能够经常地走进热线,零距离地跟市民沟通、交流,也通过这种沟通交流近距离地听到市民的呼声、反映的问题,来改进我们的工作,使我们政府为民服务的水平能够越来越好,使我们为民服务的针对性越来越强,这也是我参加政风热线直播活动的收获。活动只有一个多小时,但是我们这种机制、这种沟通、这种服务是需要在直播之后不断地延伸,不断地完善和提高的。再一次谢谢广大市民朋友和我们的媒体朋友。

凌飞:谢谢朱市长的点评。

王楠:那在我们今天直播现场两部电话 12345 和 80809393 一共接到热线电话 257 个,这些老百姓咨询的问题涉及了房管、公安、建设、教育工商等部门,节目之后我们会把这些问题交办到相关部门,希望这些问题都能得到及时的解决。

凌飞:好,朋友们。今天江苏省纪委副书记、省监察厅厅长、省政府纠风办主任江里程自始至终都在节目现场。接下来,我们有请江书记讲话,有请。

【江苏省纪委副书记、监察厅厅长江里程讲话】

江里程:各位听众,各位观众,各位网友,现场的朋友们,大家好。今天省市政风行风热线"四位一体"联动直播走进徐州,在徐州举办省市政风行风热线"四位一体"大型联动直播活动,在此,我谨代表江苏省纪委、省监察厅、省政府纠风办向积极参与这次联动直播的广大听众、观众和网友,和现场的朋友们,以及一直关注政风行风热线的同志们表示衷心的感谢。

这次活动的主题是"关注民生幸福,建设美好徐州",确定这个主题就是要深入落实省委省政府关于八项工程的工作部署,全力推动各级党委政府实施民生幸福工程,在保障和改善民生上出实招,见实效,就是要通过政风行风热线平台借助多种媒体联动联播,进一步凝聚监督合力,切实解决群众反映强烈的突出问题,就是要倾听群众呼声,吸纳群众建议,促进各部门各行业进一步加强和改进政风行风建设。

徐州市委市政府始终高度重视行风热线四位一体工作,市级行风热线实现了三个全覆盖:上线部门连续三年保持在百家以上,市政府 103 个主要职能部门以及和群众密切相关的各个行业和领域全覆盖,电视电台播出音视频周一到周五全覆盖,向县市区地域节目辐射全覆盖,热线工作一直走在全省的前列。今天,徐州市人民政府市长、副市长以及所属的各区政府的区长和担任民生幸福工程建设的市各有关部门主要负责人,在直播现场接受群众咨询、投诉,听取意见,解决问题,充分体现了徐州市委市政府关注民生幸福,建设美好徐州的决心和态度。在今天的直播活动结束后,还将召开现场办公会,对本次活动中群众的咨询投诉问题，会商交办，落实责任部门，明确办理时限，确保群众反映的事情，事事有回应，件件有落实。

政风行风热线办的好不好，重在解决问题，贵在群众满意，希望各部门各单位牢固树立宗旨意识，始终恪守群众利益无小事的理念，想群众之所想，急群众之所急，真诚倾听群众呼声，认真解决群众反映的问题，同时希望广大群众积极表达意愿、咨询政策，反映问题，参与决策，帮助各级政府部门和单位加强管理、完善制度，促进政府部门提高为民服务的能力和水平，推动民生工程取得实效。

最后，衷心祝愿广大听众、观众、网民和市民朋友们身体健康、生活幸福、万事如意，祝徐州的明天更加美好，谢谢大家。

【结束语】

凌飞：好。掌声感谢江书记热情洋溢的讲话。谢谢。

王楠：一个多小时的节目就要结束了。今天我们通过热线交流，通过现场的问答拉近了心与心的距离，我们有个共同的目标和方向，我们更希望省市政风行风热线“四位一体”联动直播走进徐州能够成为一个新的起点。

凌飞：市长走进《行风热线》与百姓沟通零距离，我们也期盼在全社会的共同努力下，徐州的民生幸福工程建设稳步推进，也期盼我们的社会更加公平公开，也希望970万徐州人民生活更加幸福，安居乐业。

王楠：好的，今天的节目到这里就结束了，下一站我们四位一体联动直播将会走进宿迁，欢迎您的关注，再见。

凌飞：再见。

【出歌曲《徐州之恋》】

附录二　徐州行风热线六周年庆典实录

一、徐州行风热线六周年庆典流程和活动实录

热线暖民心、纠风促和谐

——徐州市行风热线开播六周年庆祝晚会

时间:4月18日下午

地点:徐州电视台演播大厅

主持人:

徐州电视台经济生活频道主持人:吴玉涵

徐州人民广播电台新闻广播主持人:玉军

(1) 片头+总VCR。

2003年,徐州城市的上空有了这样的声音:"倾听百姓心声、接受群众监督,各位好,欢迎收听行风热线直播节目,我是金诚。"

这是一条为民务实的答疑线、这是一条为民解难的帮困线,这是一条政府与群众的连心线。六年,弹指一挥,行风热线在风雨中迎接阳光,在沟通中凝聚民心,在关注中不断前行。

六年来,行风热线上线单位由最初的25家,发展壮大到100家,基本上涵盖了我市政府各主要职能部门,以及和人民群众密切相关的各个行业和领域。

六年中节目悉心安排、精心策划,接受群众咨询投诉2万余件,为民办实事一万多件,群众满意率达到96%以上,在媒体和各参与单位的共同努力下,一大批群众关注的热点难点问题得到解决,在行风热线的呼吁下,一系列政策相继出台。

踏着六年扎实的脚步,我们继续向前,做百姓群众的贴心人,做社会矛盾的减压阀,做行风建设的监督岗。

电波在城市的上空回响,这是城市最和谐的声音,这是城市最美丽的彩虹,热线暖民心,纠风促和谐,徐州市行风热线开播6周年庆祝晚会现在开始。

(2) 开场歌舞:徐州行风热线主题歌《心的方向》。

作词:李晓雷

作曲:董瑞华

演唱:刘政、李楠

伴舞:徐州市歌舞团

心的方向

李晓雷　作词　　董瑞华　作曲

穿越你的声音，我流泪的眼睛。
期盼你的笑容，我全部的生命。
在每一次热切的期望里，
在每个人的故事里，

总有一种信任，让我坚强
总有一份真情，让我感动

握住你的手，心与心的桥梁
温暖你的心，手与手的方向
在每一次热切的期望里
在每个人的故事里

总有一缕阳光，给我力量
总有一个梦想，带我飞翔

男：热线暖民心

女：纠风促和谐

男：尊敬的各位领导、各位来宾

女：现场以及电视机前的观众朋友们

合：大家好！

男：这里是《热线暖民心　纠风促和谐》——徐州市“行风热线”开播六周年庆祝晚会的现场，我是主持人玉军

女：我是主持人吴玉涵，在刚刚的开场曲的歌词中，有一句歌词我记得特别清楚，就是“握住你的手，心与心的桥梁，温暖你的心，手与手的方向”，我想，这就是行风热线栏目最深刻的写照。

男：由市纪委、市监察局、市纠风办、徐州广播电视台共同打造的《行风热线》栏目，自2003年底开播以来，已经走过了六年风雨历程。

女：在各级党委、政府、各上线部门单位的大力支持下，《行风热线》栏目在不断探索中发展、创新，深受广大听众朋友的喜爱。

男：今天，我们相聚在这里，表彰先进、授予荣誉、树立榜样，以求在未来的工作中取得更加优异的成绩。

女：首先有请市纪委纠风室主任、市政府纠风办副主任佟滨宣读表彰决定。

我们掌声有请。

男:有请。

(3) 佟滨宣读表彰决定。

由徐州市纪委、徐州市监察局、徐州市政府纠风办和徐州广播电视台联办的“行风热线”直播节目,在各级党委、政府、各上线单位的大力支持下,在探索中不断发展创新,在服务社会、服务民生中发挥了积极作用。为进一步做好“行风热线”工作,经研究决定,对在2007～2009年度“行风热线”工作中表现突出的鼓楼区人民政府等10个最佳上线单位、市交通运输局等10个群众满意上线单位、市公安局等18个优秀组织单位和纪建武等20名先进个人予以表彰。

希望受表彰的先进集体和先进个人,珍惜荣誉,不断进取,在今后的工作中,再接再厉,扎实工作,努力创造新的成绩。各上线单位要向先进学习,做好和落实好“行风热线”各项工作任务,增强为民服务和为民办事的责任意识,创新工作思路,完善工作方法,为把徐州的明天建设得更加美好做出新的贡献。

男:好的,谢谢佟滨主任。行风热线六年的发展,可以说很多人都在默默无闻的奉献着,因为有了这么多人无私奉献和默默地付出,才有了我们今天《行风热线》栏目的卓越成绩。

女:是的,接下来我们首先要颁发的就是先进个人奖,获得2007～2009年度“行风热线”先进个人奖的是——。

(4) 播放先进个人奖获奖VCR。

获得《行风热线》先进个人的有:

① 徐州市医保基金管理中心主任:纪建武。

② 徐州市社会保险基金管理中心主任:田广全。

③ 徐州市公安局政治部宣传处《徐州警视》执行制片:孙晓兰。

④ 徐州市城市房屋拆迁管理办公室副主任:杨晓之。

⑤ 徐州港华燃气有限公司公共关系事务部经理:徐彦。

⑥ 徐州市交通运输局纪委主任科员:杨兰彬。

⑦ 云龙区文化教育体育局纪委书记:孙震。

⑧ 徐州市市政公用事业管理局纪委副书记:孙建国。

⑨ 徐州市中心医院行风办主任:孙海云。

⑩ 徐州市交通运输管理处副处长:王行宇。

⑪ 中国移动徐州分公司客服部经理:胡云萍。

⑫ 徐州市城乡建设局纪检组副组长、监察室主任:权太光。

⑬ 徐州市纪委驻人口计生委纪检组副组长、市监察局驻徐州市人口计生委监察室主任:魏玫。

⑭ 泉山区政府办公室主任：迟国兴。

⑮ 徐州市城市客运管理处处长：王伟军。

⑯ 徐州公交有限责任公司党委书记监事会主席：孟庆华。

⑰ 鼓楼区文化教育体育局局长：李乐东。

⑱ 徐州市住房公积金管理中心办公室副主任：张凤军。

⑲ 徐州市体育局纪委副书记、监察室主任：张峰。

⑳ 徐州火车站党委副书记：李凤山。

（片花＋颁奖音乐）

女：有请徐州广播电视台副台长王成诚为获奖人颁奖

（先进个人第一组颁奖）

男：接下来，我们继续有请第二组10位先进个人奖获得者上台领奖。

女：有请徐州市纪委纠风室主任、市政府纠风办副主任佟滨为获奖人颁奖。

（先进个人第二组颁奖）

（颁奖结束，采访鼓楼区文化教育体育局局长李乐东）

女：您好，李局长，请留步！李局长是行风热线的老朋友了，自行风热线开播以后，您就经常到我们栏目，与群众直接的沟通和交流，而且解决了很多的问题，那我们想知道，您参与了这么多期的节目，最深感受是什么？

李乐东：行风热线栏目已经开播六周年了。六年来，行风热线栏目在广大人民群众和有关部门的关心支持下，不断地走向成功和成熟。我作为一名基层教育工作者，亲眼看见了这个历程，而且，我本人多次参与这个栏目的活动，也深深地体会到，这个栏目对我们各项事业发展的关心支持和监督，尤其是在我们行业建设当中，我们所遇到的一些难点、热点和焦点问题。因此我非常感谢这个栏目，同时也希望这个栏目越办越好。

女：好的，谢谢！其实我们最要感谢的，那就是您，有了你们的帮助，也让我们老百姓找到了光的方向。

(5) 民乐表演。

① 节目：新民乐《光芒》

演奏：雪影女子乐坊

② 节目：《变脸》

表演：王静

男：《行风热线》栏目自开播以来，受到了党和政府、各职能部门以及社会各界企事业单位的大力支持，因此，今天我们的晚会现场也特别设立了优秀组织奖以感谢他们的大力支持。

女：接下来我们将要颁发的就是优秀组织奖，获得2007～2009年度“行风热线”优秀组织奖的如下：

（6）播放优秀组织奖获奖 VCR 颁奖词。

获得《行风热线》优秀组织单位的有：

① 云龙区政府：云龙区政府坚持执政为民，创建服务型政府。从群众最不满意的事情抓起，从群众最困难的事情帮起，从群众最企盼的事情做起，开创了行风政风建设的崭新时代。

② 贾汪区政府：行风建设中，在百姓和政府间架起一道连心桥。振兴崛起中，加快工业结构调整步伐、转变经济发展方式、全力推进山水园林城区建设，正在成为徐州后花园。

③ 徐州市公安局：他们保一方平安，促一方和谐，他们维护社会稳定、打击刑事犯罪、服务经济社会发展，老百姓亲切地称他们为“人民卫士”。

④ 徐州市委农村工作办公室：为切实改进工作作风，提高工作效能，他们以加快新农村建设为重点，以强化基层基础建设为依托，进一步拓宽工作领域，增强服务意识，为我市新农村建设做出新的贡献。

⑤ 徐州市总工会：他们把“密切联系职工，关心职工生活，帮助职工解决困难”作为行风建设的重要抓手，积极落实“组织起来，切实维权”的工作方针。他们是党联系职工群众的桥梁纽带。

⑥ 徐州市工商行政管理局：他们大力推行行风建设，徐州工商局上门帮扶、面对面交流、点对点服务。查处取缔无照经营，为个体工商户做好服务，有力促进了我市经济和谐发展。

⑦ 徐州市质量技术监督局：他们牢固树立“行风建设是一项永不竣工的工程”的思想，努力当好徐州经济社会发展的“技术推进器”和“质量监控仪”。

⑧ 徐州市文化广电新闻出版局：一部部作品引领时代精神；一次次出击净化心灵环境。他们是经济发展的助推器、社会和谐的润滑剂，有坚不可摧的软实力。

⑨ 徐州市教育局：他们采取多种举措切实推进效能机关建设，坚决治理教育乱收费等与人民群众利益密切相关的教育问题。在他们的努力下，我市教育体系不断完善，教育实力不断增强。

⑩ 徐州市民政局：他们坚持以民为本、为民解困，切实解决群众关心的热点、难点问题，树立了勤廉为民的良好形象。

⑪ 徐州市卫生局：他们把卫生行风建设作为解决百姓“看病难，看病贵”问题的基础工程和提高医疗卫生服务水平的永恒课题。他们让医疗服务充满温馨，使医患关系更加和谐。

⑫ 徐州市住房保障和房产管理局：徐州市住房保障和房产管理局紧紧围绕

“数字房管、和谐房管、依法行政、服务百姓”的目标，大力加强住房保障工作，认真抓好老居民小区整治，积极促进房产市场的繁荣与发展。

⑬ 徐州市政府行政服务中心：擦亮徐州第一窗口，营造优良发展环境。他们是我市经济发展的晴雨表，也是直接体现政府效能的一面镜子。

⑭ 徐州市安全生产监督管理局：他们为全市安全生产保驾护航，坚决打击非法违法生产行为。2009 年共受理群众信访线索 108 件，办结率达 100%，消除了安全生产事故和隐患。

⑮ 徐州市城市管理局：他们坚持以人为本，从人民群众最关心的事情做起，坚持依法行政、文明执法，努力打造文明有序的城市环境。

⑯ 中国电信徐州分公司：他们秉承“用户至上，用心服务”的理念，以亲和、细致的服务感动客户。服务无止境，中国电信用心追求客户满意。

（片花＋颁奖音乐）

女：有请徐州市委市级机关工委副书记王成群为获奖单位代表颁奖，有请

（颁发第一组优秀组织奖）

男：感谢颁奖嘉宾，接下来有请第二组获得 2007～2009 年度“行风热线”优秀组织奖的获奖单位。

女：有请，徐州广播电视台党委书记、台长李爱彬为获奖单位颁奖。

（颁发第二组优秀组织奖）

男：好，谢谢！观众朋友们，2009 年 5 月 29 日，一通电话打进了《行风热线》，打进电话的是一位普普通通的农民，但其所反映的事情却可一点都不普通，究竟发生了什么事情？

（7）情景剧《暖人的热线》。

编剧：王岩

表演：仲兰、金诚、李晶、李楠、西颂

男：《行风热线》栏目从开播起，就定位为新闻舆论监督栏目，栏目的宗旨之一就是为人民群众解难。

女：六年来，栏目共接受群众咨询投诉两万多件，其中解决了一万多件，群众满意率达到 96%以上。

男：在今天活动现场，组委会也特别设立了群众满意奖，以对这些单位加以鼓励。

女：接下来要颁发的就是“群众满意上线单位”奖，获得 2007～2009 年度“行风热线”“群众满意上线单位”奖的是

（8）群众满意奖 VCR 颁奖词。

获得《行风热线》群众满意上线单位的有：

① 徐州经济技术开发区管委会：在强手如林的激烈竞争中脱颖而出，成功晋升为国家级经济技术开发区。是我市重点建设的综合工业基地和高新技术产业中心，现已培育形成了工程机械、工业电子、生物医药、现代食品、综合物流等优势产业。美国、德国、法国等十余个国家和地区的客商在此投资。活力四射，成为徐州第一经济增长极。

② 泉山区政府：他们高度重视行风建设，以群众的利益和满意度为根本出发点，解决群众关心的热点问题，保障群众长期享受发展成果。

③ 徐州市人口和计划生育委员会：他们以《行风热线》节目为平台，增强工作透明度，及时宣传政策法规，帮助群众解决实际问题，确保人口计生整体工作水平不断提高。

④ 徐州市交通运输局：他每一个前进的步伐，都凝聚了人们关注的目光。他已形成立体化交通格局，今年将再投资55亿元用于高速铁路、高速公路、国省干线公路、水运、港口五个方面的建设。资金投入总量为历年之最。徐州交通枢纽地位进一步巩固，百姓出行效率进一步提高，地方经济和社会发展活力将进一步增强。

⑤ 徐州市人防办：市人防办多次走进《行风热线》，参与“评议市级机关百名处长活动”，解决听众反映的人防工程投诉问题，有效促进了参评处室工作整改，取得良好社会反响。

⑥ 徐州市规划局：他们始终把《行风热线》作为对社会政务公开的重要窗口，局主要领导多次走进行风热线节目，做到事事有回音、件件有落实。

⑦ 中国建设银行徐州市分行：加强行风建设，提高服务质量一直是他们长抓不懈的重点工作，被建设银行总行列为全国60个优先发展的中心城市分行之一。

⑧ 中国农业银行徐州市分行：他们以行风建设为抓手，始终以为广大市民提供一流金融服务为使命，目前已发展营业网点118个，全行本外币存款400亿元，业务规模位列同业首位。

⑨ 交通银行徐州分行：他们提供“一流的服务质量、一流的工作效率、一流的银行信誉”，不仅担负着徐州交通、经济的发展，也担负着徐州10万退休职工工资发放的职责。

⑩ 江苏银行徐州分行：他们甘当中小企业的“加油站”，成立三年来先后为民生工程、城市建设、信息科教等一批与中央、省市财政挂钩的重大基础设施项目，投入资金60余亿元。

⑪ 徐州市妇幼保健院：“关爱妇幼、呵护健康”。它是一所集预防、保健、医疗、教研为一体的三级甲等妇幼保健院，承担着徐州市及周边地区的妇女儿童医

疗、保健等任务，建院以来，已有 20 万个新生命在此诞生。以病人为中心，大力加强行风建设，坚持把追求社会效益、维护群众利益、构建和谐医患关系放在第一位。

（片花＋颁奖音乐）

男：有请徐州市委宣传部副部长高成富为获奖单位颁奖。

（“群众满意上线单位”颁奖）

（采访交通运输局党委副书记、纪委书记姚江太）

女：姚书记，请留步。今天我们交通运输局获得了“群众满意上线单位”奖，我觉得特别佩服，因为能获得我们广大群众的满意和认可是非常不容易的，我知道，这背后有我们很多艰辛的汗水和努力。

姚江太：通过这个栏目，我们广大的社会群众，了解了交通、理解了交通，行风热线栏目的确也起到了为群众排忧解难，为社会化解矛盾的作用，为我们徐州的经济建设和社会建设做出了很大的贡献。六年来，我们交通系统参与这个节目，为群众排忧解难千余件，受到了社会各界的好评，我们通过这次活动，更加抓好我们的窗口建设，抓好队伍建设，在今后的工作中，做得更好，让群众满意，让政府放心。

女：说到形象与风采啊，接下来我们就去感受一下，下面这三个单位的魅力与风采。

（9）节目串烧。

《礼仪展示》

表演：徐州供电公司

摇滚快板《徐州地税新风赞》

表演：徐州市地税局

舞蹈《奏响正义凯歌》

表演：徐州市公安局

男：经过六年的发展，《行风热线》栏目的上线单位已由最初的 25 家，发展壮大到 102 家，基本涵盖了我市政府各主要职能部门，以及和人民群众密切相关的各个行业和领域。

女：这些政府部门和单位的领导经常走进演播室，接听群众的咨询和投诉，解决了一大批群众所想、所盼、所急的热点难点问题，其中一些节目中当场无法解决的，也带回去一一落实，一一答复。

男：正是有了这些上线单位认真负责的态度，《行风热线》栏目在我们广大人民群众的心中的地位不断的攀升。

女：好，我们接下来要揭晓的就是获得 2007～2009 年度《行风热线》最佳上线单位奖的获奖单位。

（10）播放最佳上线奖获奖 VCR 颁奖词。

获得《行风热线》最佳上线单位的有：

① 鼓楼区政府：事关群众事，政府放心上。鼓楼区政府充分发挥新闻舆论的社会监督作用，通过《行风热线》加强党和政府与人民群众血肉联系，开创了经济发展、社会和谐、人民安居乐业的良好局面。

② 九里区政府：作为首批上线单位，九里区政府和《行风热线》一同走过六年风雨历程。六年来，他们倾听群众呼声，为百姓答疑解难，让来自九里的声音始终在城市上空回响。

③ 徐州市人力资源和社会保障局：他们切实转变工作作风，努力规范人力资源市场，促进人力资源合理流动、有效配置；统筹建立了覆盖城乡的社会保障体系。

④ 徐州市城乡建设局：城建重点工程、棚户区改造、房地产业、建筑业的健康发展都离不开他们的辛勤努力。他们深化行政管理体制改革，成为城市建设的“参谋部”，经济发展的“先行军”。

⑤ 徐州市国土资源局：真诚交流、心心交融，他们倾听百姓呼声、解答百姓问题，向社会做出依法行政、为民服务的公开承诺，已经连续两次被评为《行风热线》最佳上线单位。

⑥ 徐州市地方税务局：“行风热线，件件有回音”，每天，他们都用自己的实际行动诠释着“聚财为国、执法为民”的工作内涵。

⑦ 徐州市食品药品监督管理局：他们以参与《行风热线》节目为契机，改进工作作风，推进政务公开，为促进我市食品、医药经济健康协调发展做出积极贡献。

⑧ 徐州供电公司：秉承“真诚服务，共谋发展”的服务理念，把行风建设和优质服务工作放在重要位置。通过着力打造“公平正义、诚信友爱”的市场形象，树立起“国家电网品牌”。六年来，公司主要领导积极上线，各职能处室落实问题及时、快速，有效地促进了工作整改，提高了办事效率。

⑨ 中国工商银行徐州市分行：他们拥有领先的金融市场地位，优质的客户基础。通过不断加强行业人员作风建设，提升市场竞争力，打造卓越的品牌价值。

⑩ 徐州市儿童医院：“孩子的健康　他们的追求”。近年来，徐州市儿童医院 6 次走进《行风热线》，解决听众咨询、投诉问题上百件，受到群众一致好评！多次荣获市、局先进集体、市十佳医院、市级文明单位，先后获得省、市科技进步和新技术引进奖及科研立项 40 余项。

（片花＋颁奖音乐）

女：有请徐州市纪委常委、监察局副局长李新民为获奖单位颁奖。

（最佳上线奖颁奖）

男：感谢颁奖嘉宾。

女：谢谢，六年的时间，大家通过“行风热线”节目，解决了很多群众所想、所盼、所急的热点难点问题，我知道此刻大家心中一定是感触良多，有千言万语。但是，我想请大家用一句话来概括心中的感受，好么？开始——

（11）表态发言。

鼓楼区政府代表李金豹：只要把群众反映的诉求，当大事当急事，认真地加以解决，相信群众一定会认可。今天感谢各界对鼓楼区的认可，这是对鼓楼区的鼓舞与鞭策，我们下一步会努力做得更好！谢谢！

徐州市儿童医院代表曹军华：徐州市儿童医院将坚持以病人为中心的理念，积极提高医疗质量和服务质量，为患者更好地服务。

九里区政府代表李淑侠：我们九里区委区政府将带着这份责任和信任，与行风热线栏目组共同携手共进，来更好地服务百姓、服务社会、服务民生，为我们徐州市的经济社会发展做出积极地贡献。

中国工商银行徐州分行代表王晓光：今年是我们工商银行服务的价值年，我们要以此为契机，借助行风热线的平台，进一步强化我们的服务意识，创新服务产品，提升服务水平，最大限度地满足客户需求，使我们工商银行成为客户最满意的银行。

徐州市人力资源和社会保障局代表朱云翔：这份奖项是一份荣誉，也是激励和动力，我们将不懈地努力，把我们的工作做得更好。

徐州供电公司代表唐新龙：行风热线的开播，为我们徐州供电公司和用户之间沟通增加了一个桥梁，为我们了解客户需求，了解我们工作中存在的不足，提升我们的服务，起到很大的作用，在此，感谢行风热线栏目，祝行风热线越办越好。

徐州市城乡建设局代表姜建国：行风热线这个栏目，为我们打造廉洁高效、便民为民服务型机关建设，推动城乡建设事业又快又好发展，起到了积极的作用。

徐州市食品药品监督管理局代表王朝建：感谢行风热线六周年来，对我市食品药品监督事业的支持，今后我们仍然要以行风热线为联系广大市民的纽带和桥梁，做广大市民食药安全的贴心人和安全卫士。

徐州市国土资源局代表梅成仓：感谢社会各界对国土资源管理的关心关注支持和理解，感谢对国土资源管理提出批评意见建议的同志们和朋友们，我们将一如既往，保护资源、保障发展，维护权益、服务人民，不遗余力地为振兴徐州老工业基地，提供有效地资源保障。谢谢！

徐州市地方税务局代表朱红根：今后我们将继续秉持阳光办税、效率服务的理念，真诚服务社会，服务广大的纳税人。谢谢！

女：好的，谢谢，谢谢各位的承诺。

男：观众朋友们，在今晚的演出现场，我们还有幸请到了一位实力派的新星，她的歌声醇美动听，被誉为天籁之音，她就是来自云南的才女朱婧，掌声有请。

(12) 女声独唱：《阿诗玛》。

演唱：朱婧

伴舞：徐州市歌舞团

男：六年来，我们以电波为媒介，架桥梁，促沟通，筑和谐。

女：六年的锐意进取，我们以诚心换信心，用真情换口碑。

男：虽有风雨，但一路有你，有你们，相随相伴

女：我们坚信，阳光总在风雨后，到那时，拨开云雾，又见彩虹

(13) 结束歌舞：《又见彩虹》。

演唱：张霞　张剑平

伴舞：徐州市歌舞团

男：解决百姓困难，架设沟通信任的新桥梁。

女：促进行业作风建设，构建和谐社会大家园。

男：亲爱的观众朋友们，《热线暖民心　纠风促和谐》——徐州市“行风热线”开播六周年庆祝晚会到这里就全部结束了。在以后的工作中，《行风热线》栏目将继续以“增强执政能力，构建和谐社会，优化发展环境，架设沟通桥梁”为宗旨，为党和政府分忧，为人民群众解难。

女：我们将与各级党委、政府、各上线部门单位一起，以更加认真负责的态度，为您服务。

男：观众朋友们，再见！

女：再见！

二、原创小品《暖人的热线》剧本

暖人的热线

编剧：王岩

【时间】近期

【地点】乡间，李大毛的家

【场景】一桌两椅凳，一电话等

【人物】

丈夫李大毛 ………………………………………………… 西颂

李大毛妻 …………………………………………………………………… 李楠
节目主持人 …………………………………………………………………… 仲兰
农工办金主任 …………………………………………………………………… 金诚
栏目记者 …………………………………………………………………… 李晶

【幕启】丈夫持收音机自舞台一侧上

夫:(方言)不跳舞不唱歌/不打牌不自摸/就喜欢听广播/不花钱怪节约……哦,听啥节目?……《行风热线》! 好的没法说,句句在心窝。……你看,这说着说着,又到《行风热线》的点儿了,您得等会,我得开机了……

主:(画外:音乐亲切,话语得体)“倾听百姓心声,接受群众监督。”欢迎您收听《行风热线》直播节目,今天我们请来的嘉宾是徐州市农工办的主任。

【妻子】风风火火上,

妻:(紧接　嗓门颇大)李—大—毛!

夫:(不解地,瞅着收音机,自言自语)咦,我的个亲娘来,出了古了,怎么我李大毛哧溜一下子跑到热线里边去了?

妻:李大毛,李大毛! 李—大—毛!

夫:(恍然)不对! 是俺媳妇吹“集结号”了,抓紧。

妻:李—大……

夫边接茬边进屋。

夫:毛……你喊得我心里都发毛。唉,你能小点儿声不? 我都几十岁了,你硬硌硬老是小毛大毛的……

妻:咋喊? 喊你阿毛? 喊你鸡毛? ……

夫:别毛了,你耽误我的正事儿了。

妻:你还有正事儿? 整天搂着个话匣子听“女孩放电”……

夫:我咋搂着女孩放电?!

妻:哟! 你还想得挺美哪,我说你搂着话匣子放电。

夫:哎哟,哪是“放电”,是行风热线。

妻:好好好,等会儿再“行风热线”,家务活抓紧干。

夫:家务且慢,先听热线,今天正好是关键,嘉宾来自农—工—办。

妻:农工办?

夫:对,农工办。值得一听,和咱有关系。

妻:和咱有关系? 和你有关系? 和我有关系? 还是和咱俩的关系有关系?

夫:你扯哪去了,你听:

主:(画外)听众朋友们,您现在听到的是《行风热线》节目,今天我们特别邀请到市农工办的金主任走进直播间,如果你们有什么问题请拨打热线电话,金主任会做出满意的答复。

妻：打个电话就能解决问题，哪有那好事？

夫：你甭不信，我在这里边听得多了：什么机关商店，交通水电，医院车站，扯皮拖欠，行风热线，啥事都办。

妻：你吹的滴溜乱转。

夫：你听啊！

金：（画外）听众朋友们好，农民朋友们，你们好！我是农工办的老金，欢迎您拨打直拨电话，反映农村的问题、农业的问题，特别是和您的切身利益有关的问题……

妻：农村的问题、农业的问题、利益的问题、你还记得咱那个耕地赔偿款不？

夫：……对，打热线。

妻：能行？

夫：管乎不管乎，反正听广播免费，打热线又不要托人……（欲拨电话，怯）

妻：（欲抢着拨）电话是多少？

夫：80808093。

妻：（边拨边自言自语）80808093，（免提，待接的音效）女孩的热线你记得挺清楚……

夫：……（无奈摇头）

主：喂，你好！

妻：是我吗？

主：是你。

妻：是你？

主：不是我。

妻：那是谁？

夫：（挤开妻子）是俺！俺是李家沟的农民，叫李大毛，大人物的大，毛毛虫的毛。

妻：能不能说点值钱的？

夫：噢，我是大人物的大，毛主席的毛……

主：老乡您好。您别紧张，有什么问题您慢慢儿讲。

双方轮流争着讲话——

夫：俺家有耕地15亩。

妻：国家规定都得补。

夫：文件一亩八百五。

妻：只给七百八十五。

夫:一亩差了六十五。

妻:总共是九百七十五。

夫:欠了几年心里堵。

妻:今天请您给做主……

主金:你们确实说出了农民的苦!

夫:你这话?

夫妻:靠谱?

金:老乡啊,你们反映的事情非常有代表性……

主:这笔欠款你们应该全部拿到……

金:我们会尽快进行实地调查……

主:如果情况属实的话……

金:我们会帮助你们把钱要回来……

夫:你说得不孬。

妻:啥时候能办?

夫:电话挂了我们哪儿找您去?

妻:你住在啥地方?

夫:您吃了吗?

妻:您贵姓?

夫妻:……喂(略失望)没音了?! 挂了?! ……

夫:热线热线。

妻:不给面见。

夫:啪嗒挂断。

妻:情况有变。

夫:咱先吃饭。

妻:该咱的钱还得拖欠。

夫:……不会吧?

夫妻:吃饭!

退至舞台一侧作准备吃饭状。

【画外】《行风热线》的音乐,混播:听众朋友们,我们的嘉宾和记者将就今天直播时段接听的问题进行走访和调查,争取在第一时间解决农民兄弟的困难……

(记者和金主任上)

记:请问李师傅在家吗?

夫妻两人上。

夫:李师傅?谁是师傅?

金:李大毛同志在家吗?

妻:哎,找你的。

记:你好,我是行风热线的记者。

金:你好,我是市农工办的金……

夫:金主任?你看你看,还是坐热线来得快,今天头一摸见到活的了。

妻:你们是……

金:我们今天来,就是要告诉你们一个好消息,你们反映的问题我们已经到村里和镇里做了调查,完全属实。

妻:那这个钱……

夫:啥时候给?

金:镇里的领导已经表示:就在这几天,这笔钱就会补给你们。

夫:太好了!孩子他妈,怎么样,我早就夸了不?

妻:你夸什么了?

夫:行风热线,行风热线,李大毛的事儿,马时就办!

众笑。

妻:嘿嘿,你刚才可不是这么说的……

金:我们今天还有一件事麻烦您哪。

夫:您只管说。

记:今天,正好举行全市行风热线表彰会,特设了一个听众热线荣誉奖,因为你们反应的问题特别有针对性,网上投票一致选您,请您到场领奖并现身说法。

夫:那可不管,我喜欢听行风热线,没有胆量抛头露面……

妻:去啊,看看话匣子里谁"放电"!

众笑。

夫:那咱……走!

【音效】"徐州人民广播电台……徐州新闻广播 FM 93、中波 1269"……《行风热线》表彰大会现在开始…欢迎获奖者登台……

【行风热线的片头曲】

【众击节相和,谢幕】

【剧终】

参考文献

[1] 郭庆光. 传播学教程[M]. 北京:中国人民大学出版社,2003.
[2] 江苏省地方志编委会. 江苏省志 · 广播电视志[M]. 南京:江苏古籍出版社,2000.
[3] 李民,李宏. 领导干部如何应对大众传媒[M]. 北京:中共中央党校出版社,2008.
[4] 李希光,赵心树. 媒体的力量[M]. 广州:南方日报出版社,2002.
[5] 龙永枢,杨伟光. 领导者媒介形象设计[M]. 北京:社会科学文献出版社,1997.
[6] 孟伟. 声音传播[M]. 北京:中国传媒大学出版社,2006.
[7] 唐绪军. 中国新媒体发展报告(2014)[M]. 北京:社会科学文献出版社,2014.
[8] 王浦勉. 政治学基础[M]. 北京:北京大学出版社,1995.
[9] 王强. 彩云长在有新天——徐州广播电视台掠影[M]. 北京:中国广播影视出版社,2007.
[10] 王强. 谁持彩练当空舞——徐州广播电视台回忆录[M]. 北京:中国广播电视出版社,2007.
[11] 吴缦,曹璐. 新闻广播研究[M]. 北京:北京广播学院出版社,1997.
[12] 吴为章. 广播电视话语研究选集[M]. 北京:北京广播学院出版社,1997.
[13] 张君昌,张建庚. 21 世纪中国广播电视大趋势[M]. 北京:中国广播电视出版社,2012.
[14] 张隆栋. 大众传播学总论[M]. 北京:中国人民大学出版社,1993.

后　记

20世纪80年代以来，徐州广播发展一路高歌猛进，新闻立台、创新新闻节目形态，始终与热线监督类节目的创新发展息息相关。2003年12月1日《行风热线》节目开播，是徐州广播热线监督类直播节目最具有划时代意义的创新之举，她秉承于1986年《听众信箱》的节目理念，充分吸收1993年以来《热线直通车》节目形态探索的成果，在市纪委纠风办的工作平台上独树一帜，广播媒体的影响力异军突起。到2014年，《行风热线》十年发展已成星火燎原之势，省市政风行风热线“四位一体”联动直播行动走进徐州，朱民市长走进徐州《行风热线》直播室，实现真正意义上的市长上线，更是标志着徐州行风热线十年发展的辉煌成就。

1998年，我加入《热线直通车》团队，从专职记者、编辑、导播到策划人和评论主持，到2014年参与组织省市政风行风热线“四位一体”走进徐州联动直播行动——除了短暂离开这个栏目外，我一直伴随这个节目的成长和发展，《行风热线》节目隆重地开播、艰难地起步、韧性地拓展、高调地繁荣，《行风热线》十年发展也始终与社会进步、民生发展相始终。

我一直想从广播媒体视角探讨2003～2014年《行风热线》十年实践，对广播节目发展理念的创新、节目形态创新和场外活动所产生的深刻影响；《行风热线》节目拓展外延、丰富内涵，对重构广播新闻节目格局的重要推动作用，以及徐州《行风热线》“声屏网报四位一体”的全媒体传播对于当下主流媒体舆论传播的样本意义和思考，总结成书，作为自己重要的业务总结和人生路标。同时也想留下一本关于徐州广播的前世今生和《行风热线》十年发展的史料性专辑。2012年鼓足勇气立项，开始收集资料，2014年匆促成稿，欲交付出版。此时新媒体发展正方兴未艾，于是又重构篇章，增加2009年以来《行风热线》全媒体传播和《行风热线》四位一体联动监督的内容，最终书名为《政风行风热线：全媒体时代的舆论传播》。

在此，首先衷心感谢徐州市纪委副书记、市监察局局长刘章华，徐州广播电视传媒集团党委书记、台长李爱彬，市纠风办副主任、市纪委纠风室主任佟滨对我的关心和支持；衷心感谢市纪委纠风办领导：黄河清、李化龙、李敬权、廖凯、陈志强、朱林、唐自辉等对我始终如一的倾情帮助、悉心指导，并提供珍贵的图文资料和工作回忆。

其次，真诚感谢广播电台的领导和同事：尤玉乔、高宁、孟淑芳、邵长江、朱辉、李金锁、彭婷、李晶、臧静茹、周超等，以及在电视《行风热线》栏目工作过的领导和同事：刘建玲、苗海江、张军、朱晨昕等对我的无私帮助，提供珍贵的论文、节目文档、节目表、图文资料和诸多有益的教诲。真诚感谢广电集团党政办领导和同事：孟宪东、王冬成、朱贺等为我提供珍贵的简报、广播电视大事记等珍贵的图文资料。在漫长的写作过程中，我始终感受到真情、尊重和自信。

最后，非常感谢中国矿业大学出版社周立钢副社长、孙浩主任、齐畅老师，我的大哥金加农先生鼎力相助，还有我家人的关怀和鼓励。

思考与积累、写作与成书历时多年，一可谓披肝沥胆、竭尽全力，无奈何本人才学疏浅，一家之言难免偏颇，然聊胜于无，权且抛砖引玉。二是苦于资料缺乏，尤其相关广播电台和新闻广播的史实，一些文字记录与当事人记忆有出入，难以落实的部分只好含泪舍弃；一些史实不能确证参与人员，只好简单记事。还有引述一些研究成果难以一一联络作者，叩请方便，在此略作说明，真诚致歉。总之，尽一人之力实在难以周全，错漏谬误之处难免，冀领导、同事及各位方家批评指正。再次感谢！

李晓雷

2017 年 10 月 19 日